長崎奉行物語

サムライ官僚群像を探す旅

本田貞勝 著

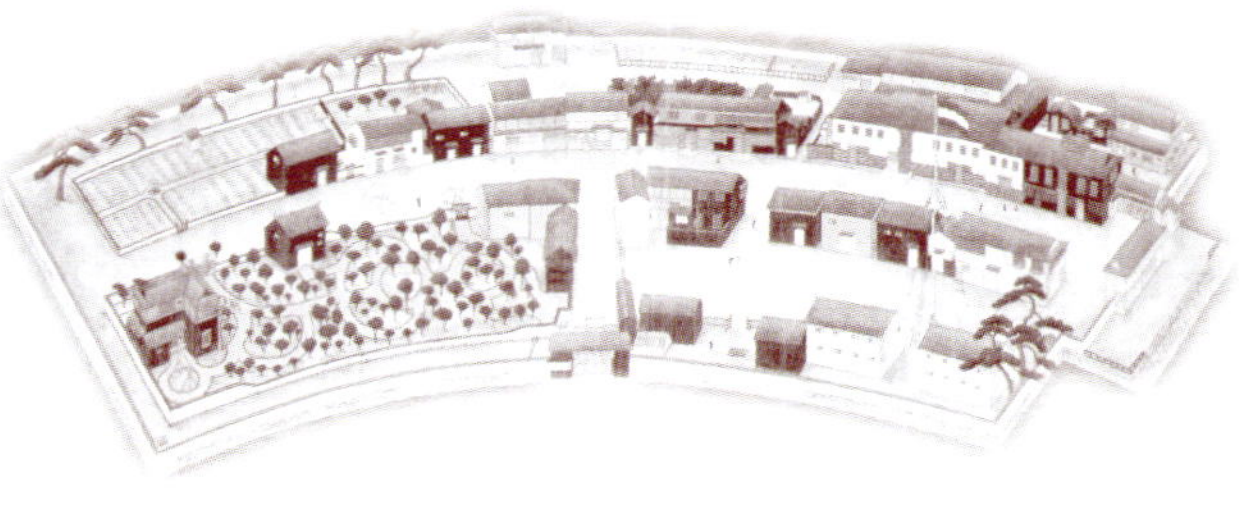

川原慶賀が見た、外交都市・長崎

長崎歴史文化博物館蔵『唐蘭館絵巻』より

「出島出入絵師」、川原慶賀。
商館員の一人であるデ・フィレニューフェから、西洋画法の技法を修得して、緻密で正確なタッチ、奥行きのある構図と写実的な色彩を持つ作品を残している。
動植物や風俗までのありとあらゆるものを描いた。
甲比丹ブロムホフや商館医シーボルトの求めに応じて、長崎の町並みや人々を描いた作品からは、江戸時代の国際都市の様子を、窺い知ることができる。

宴会図

蘭船入港図

蘭船出港図

阿蘭陀人、
唐人、
そして日本人。

観劇図

荷揚水門図

蘭船荷揚図

出島図

出島を抱える地の奉行

目次

土蔵

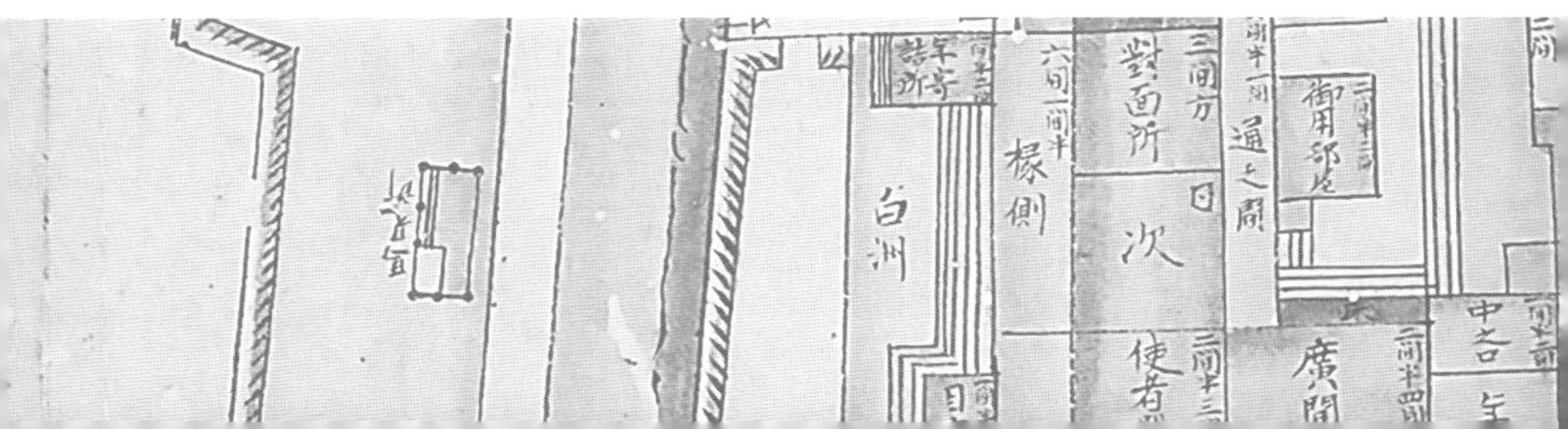
白洲
椽側
對面所
次
廣間

本書の刊行に当たって

長崎県知事　中村法道

「長崎」は地名のブランドだ。

語源は長い岬だから日本中に長崎という地名がある。

しかし、一般的に長崎といえば、ここ「長崎」の地を連想させる。

それは、近世の海外交流が長崎を軸に行われていたことによるものと理解している。

長崎は、日本が国を閉ざしていた時代にも、唯一の外国との窓口として、西欧だけでなく中国をはじめとする東アジア諸地域とも交流していた。長崎港から見た「竝《な》みよろふ山」（斎藤茂吉）の景観は勿論すばらしいが、なお、ここには時空を超えた何かがあるようだ。

戦国時代の終わり頃、長崎にポルトガル船が入港した一五七一年からの長崎の統治者を私なりに調べてみた。

まずキリシタン大名として有名な大村純忠がいる。また純忠が長崎を寄進したイエズス会の存在もある。続いて鹿児島の島津氏が一時長崎を占領したことがあり、さらに島津氏を討つために、豊臣秀吉が大軍をもって九州に下り、長崎に代官・奉行を置いて支配した。

長崎の開港以来およそ三〇年間、長崎の支配者はこのように変化してきたが、徳川幕府が成立してから明治維新までの二六五年間は、江戸の将軍から任命された長崎奉行が赴任し支配してきた。

本書の知恵を借りると、その任務は長崎の行政・司法だけでなく、外交や貿易管理、長崎港の警備、さらには将軍の舶来品買物役も担っていたという。

しかしながら、天領長崎を支配する重要な役目であるにもかかわらず、何かしら影が薄いとして、著者は「長崎奉行探し」を始められた。

長崎奉行の中には「すぐれた指導者もいればそうでない方」もいるそうだが、本書によって、これまで影が薄かった長崎奉行に光が当たり、正当な評価が進むことを、著者とともに願い、期待している。

振り返ってみると、私たちが習い、学んできた歴史は、業績華やかな人物や華々しい事件・出来事が多かったのではないだろうか。地域的には、江戸や京都の歴史が中心であった。

「長崎」の歴史にしても、例えば蘭学・医学の発展の歴史など十分に評価されていないところがあるらしい。その分野を研究し究めた古賀十二郎先生は、「私は、この長崎に住むことを一つの特権と思います」と出身校である長崎商業の会誌に書いておられるそうだ。その言葉に、長崎の歴史を大切に思う気持ちが反映されている。

歴史を学び、歴史に学ぶという歴史は、中央の歴史だけではない。身近な地域の歴史、その地域の人々が辛抱して創りあげ、継承してきた歴史こそ大切であると考えている。そういった意味で、現在本県が登録を推進している二つの世界文化遺産候補である「明治日本の産業革命遺産」、「長崎の教会群とキリスト教関連遺産」を考えてみたい。

詳しい説明は省略するが、どちらにも長崎県域に住まい集った人々が辛抱して創り上げ、継承してきた文化財と、それにまつわる歴史的ストーリーがある。

現代に生きる私たちは、そうした文化財を保存するとともに、遺産形成の経緯やその価値と歴史的意義を学ぶことも大切であると思う。おわりに、本書は、著者が新聞記者魂を奮い起こして、百人を超える長崎奉行探しに挑んだ苦心作である。多くの読者に、長崎奉行探しをしていただきたいと切に願っている。

長崎奉行からみる歴史と人の生き方

長崎歴史文化博物館館長　大堀　哲

　このたび出版された『長崎奉行物語』は、研究者・学者とは違った視点、切り口から書かれていて、これは多くの人に楽しみながら読まれるだろうと確信しました。

　その文体が軽妙、ソフト、ユーモアに富んでおり、とても親近感を持たせてくれます。

　それだけではなく「歴史には興味がない」という若い人の心をも、知らず知らずのうちに歴史の面白さへと導いてくれる魅力があります。それは著者の本田さんが長く新聞記者をされ、綿密な取材とその検証、分析などを通して培われた目、感覚、経験などが随所に活かされているからです。

　そして何よりも読者と一緒に奉行探しをしよう、一緒に考えてみようという謙虚さが、読者によっては縁遠かったかもしれない長崎奉行を身近な存在に感じさせてくれるように思います。読者サイドに立つ物語の展開は、著者のヒューマンな温かさのあらわれで、それが本書全体に貫かれており、きっと読者の共感を呼ぶことでしょう。


　ここで本書の理解に役立てる意味で、「長崎奉行所ゾーン」と「長崎の歴史文化ゾーン」を設置している長崎歴史文化博物館の常設展示をご紹介したいと思います。当博物館は、長崎県と長崎市が一体となって平成十七年十一月三日に開館し、満九周年になりました。既に国内外から五百万人以上の来館者をお迎えしましたが、初めて建物の前に立った人たちから異口同音に、〝おー！〟〝これは何だ！〟という感嘆の声が発せられます。長崎は江戸幕府の直轄地・天領であり、この地を治めたのは幕府から派遣された百二十七代（本書では百二十九代。その理由は本書参照）百二十六人に及ぶ長崎奉行でした。

　この博物館の長崎奉行所立山役所は江戸時代の絵図面や発掘された遺構をもとに、できるだけ忠実にその公的な部分が復元整備されたものです。建物自体が展示物ともいえるもので、メッセージ性を持っております。

奉行の役割は、長崎の行政全般、西国一帯のキリシタン探索、抜荷（密貿易）取り締まりなどでした。この奉行所ゾーンには、国指定重要文化財の「犯科帳」や「踏絵」などキリシタン関連資料のほか、「奉行ってどんな人？」の見出しで、奉行の家柄・家禄、収入（本給・副収入）、出世コースなどの人気展示コーナーがあります。そして第八十四代奉行・遠山左衛門尉景晋（おなじみの遠山の金さんの父）を俳優の風間杜夫演ずる「奉行の一年」の上映（一回約十二分）も、奉行への関心を高めるのに大きな役割を果たしております。また、土日曜祝日の奉行所お白洲での寸劇は来館者の最も人気プログラムです。

これも本書とのかかわりがありますので、簡単にご紹介しておきましょう。

「長崎奉行〇〇の守様《かみさま》ご出座──！」の呼び出しがスタート。観客は、内心は笑いながらも事前に練習したように「はっはぁー！」と頭を垂れる。最初の緊張するシーンです。着座した奉行が「皆の者、面《おもて》を上げぇ──い！」と発し、お裁きが始まります。寸劇の最後は奉行が発する「これにて」に続き、観客が「一件落着！」と合唱して終わります。一回約二十分で一日五回、開館以来一度も休むことなく、既に五千回を超えました。これを演ずる役者は、地元長崎の市民劇団員二、三人の外はボランティアスタッフです。多いときに

長崎県立歴史文化博物館概観

史実をもとにしたお白洲での寸劇

寸劇をはじめ、臨場感がある中で歴史を体感

は奉行所の廊下やお白洲の庭にあふれんばかり、一回二百人にもなることがあります。こうした観客を巻き込んだ参加体験型の展示演出を実施している博物館は、全国では例がないでしょう。奉行や奉行所の役割などが、楽しみながら学べる場です。寸劇が終わると、観客はニコニコ顔でちょんまげ姿の役者と記念撮影し、書院などの展示へと移ります。

寸劇の内容は、犯科帳と呼ばれる長崎奉行所の裁判記録にある史実を再現したものですが、観客を楽しませるためのほどよいアミューズメントとパフォーマンスは工夫しております。半年ごとに内容（犯科帳）が変わるため、楽しみにされリピーターとなる方が多くおります。

さて幕府から派遣された百二十七代に及ぶ奉行については、その人柄や仕事ぶりなど実に多様です。好感の持てる奉行もあれば、容赦なくキリシタンを厳しく弾圧した冷酷な奉行もおりました。奉行所ゾーンの展示のような「上司にしたい奉行」もいたようです。巷で伝えられるように自分の蓄財のみに執心した奉行ばかりではなく、名奉行も存在しました。例えば経済通で長崎聖堂を復興するなど文化事業に力を尽くし、長崎のまちづくりを行った押しも押されもせぬ名奉行といわれた第二十四代牛込忠左衛門重忢、享保の大飢饉の時、諸国から米を集め、長崎から餓死者を出さなかったと伝えられる第四十八代大森山城守時長、フェートン号事件で責任を取って自害した第八十二代松平図書頭康英などは、歴史に名を残した名奉行として知られております。

このような「名奉行」が在任した時代は、社会が安定し庶民も安心して暮らせたと思います。いま、「名奉行」といわれる人はどういうタイプになるのでしょうか。いずれにしても、奉行にまつわるエピソード、その生き方、仕事に対する姿勢など、本書を通して考えさせられることは少なくないと思います。奉行という官僚人生の悲喜交々の姿が伝わってきますが、これは今も昔も変わらないようです。改めて「公のために尽くす」とか、「信念に生きる」とはどういうことか、「責任を取る」ことがいかに重要か、といったことなど考えさせられるのではないでしょうか。本書は長崎奉行の実像探しの旅から始まったのですが、著者は深いところで人間の生き方を見つける旅をしていたように思います。多くの人に読まれることを期待しております。

（日本ミュージアム・マネージメント学会会長）

面白すぎる学術書

長崎外国語大学総括副学長　溝田　勉

とにかく、読み始めたら止まらない。題名は一見、堅そうで近寄り難い代物と思いきや、実に面白い探偵物である。そしてユニークな学術研究書だ。わが国近世の歴史を如実に浮き彫りにした内容とその構成は、四十年間ジャーナリスト人生をこなした筆力によって楽しく下支えされている。当時の九州地域全体にとって、権力の象徴ともいえる「長崎奉行」が人間的眼差しで十二分に視られ、語られている様子は流石である。ただし、古希を迎えた御人が長崎の坂地にある歴代の奉行たちの墓参りを兼ねて調べ回ったとは、相当体力のいる作業であったに違いない。

そもそも「長崎奉行」に関する学術研究書は稀である。私自身一九八〇年代後半に旧文部省から行政官として初めて長崎大学に赴任した際（ある意味では低位の奉行に似ている？）当時同大学の教育学部教授であった外山幹夫氏から「長崎奉行」を寄贈頂いたことがある。ところがその文庫本を約半分読破したあたりで頁をめくる手が止まった。まず読み方のわからない登場人物がやたらに多いのだ。昔人だから姓名が長く、ルビが付されていない個所が頻出で、随分詰まった内容との自覚は保持しているものの、活字の小ささが目立ち読みづらかった。著者の本田貞勝さんは普段、政治記者としての実力が全国レベルである。自身が国連合同事務所に勤務中、全国紙の編集委員と対話や議論を重ねていた。この経験からも彼の国政に対する論評は厳し過ぎる点も多いが、実に的を得ている。普段「総括の貞勝」と当方は勉強会で役目をお願いしているほどである。ところが一転、このたびの著述に関する限り、長崎奉行各人に寄せる優しさと、背景を探る眼差しは珍しくも抜群である。この点、並の学術研究論文では味わえない秀味が随所に伺える。つまり江戸近世の歴史をそれ相応に評価肯定する態度が土台にあるような気がする。

さて、私のようなものが一友人として素直なコメントを記す栄誉に浴するのだから、本音について以下の三つの視座から推薦する旨を伝えたい。

先ずは、江戸の将軍家を中心とする権力構造のだらしなさを垣間見れる点である。

それにしても、よくもまあ色々ありながら二六五年も太平文化の徳川時代が続いたものと感心極まりない。長崎や西九州を通じた交易や宗教、さらには文化遺産と称される諸々が国内外を出入り往来した。公式には全てが「長崎奉行」を通じた建前であろう。これらに触手を示した将軍家が片や幕藩体制を整えつつ、少なくとも経済や文化の礎を長崎ルートに求めた兆しが十分に推理される。本書では、あぶり出された歴史的事実の断片や背景を調べ上げ、同ルートに特化して関わった人格像に迫っている。この人物探しが実に面白い。自身はかつて四国の片田舎で高校時代を過ごした。二年の時、単位獲得のために選んだ科目が格別の「日本史」だった。何と一年間の全ての内容が「幕藩体制」だったのだ。前に「徳川」とも後に「結末」とも何の字句もない。担任の教師は八十八カ所の一霊場寺の住職で、五十分間の授業中に黒板一杯に白チョークでびっしり、しかも達筆で徹底した講義ならぬ講記を成された。

生徒の我々としては、まさか大学入試の「日本史」の出題が江戸の「徳川幕府」に集中するとは思えないので、キーワードとおぼしき箇所をノートに書きまくった程度の記憶しかない。こうした過去の記憶を辿りながら本書を読むと、先述のだらしなさとは対照的に初代家康を象徴とする将軍家が、優秀な側近官僚軍団と合議を重ね、長年月にわたる国家保安システム造りに細心入念だったことが浮かび上がってくる。本書強力推薦の第一の理由がいささか長引いた。ひとえに長崎地域が近代国家幕開けの起点役を果たしたこと、結果としては「長崎奉行」が歴代にわたって幕引き役だったと記しておきたかったことによるものだ。

そこで第二の推薦理由に移る。（拙文の調子まで本田氏の運びに似てきた）

海外との接触、つまり公式外交ルートの大半は当地長崎が担った事例が、タイミングにおいても本書における「奉行」交代や新任に強く関わってきたことを明らかにしている点である。対象国・地域がポルトガル、オランダや明・清にわたる中国、近代に突入前の英国、ロシア、フランス、ドイツさらには米国であれ。従来の総人数一二五人から一二九人に書き改められた「長崎奉行」それぞれが、文字通り裃の襟を正して対処した鎖国時代の「要石」的存在だったのだ。

時代的には先に出島、後には丸山が非公式な交渉や情報交換の場となった。一方で「通詞」や「通事」増員の必要性を高め、幕末から明治に至るわが国の大転換期に〝交渉〟人材育成の教習場となった事実を本書は示している。

国の行方というよりも自らの活躍を願って西九州地域に数多くの若者がたむろした。当時最先端の科学技術や国際情報を貪り、かつ身につけようとする訓練センターとしての役割が長崎の土地柄であった。

港の機能が横浜や神戸に移転するに従って時代は変わったが、「奉行」が関わるか否かで民衆間のいわば戯れ事に過ぎないのか、それとも国全体に影響を及ぼしかねないのか明確に分岐した。すなわち本書が外交面のあばきを詳らかにしている点である。この状況が明治に至る幕産共同体から政治官僚共同体を産む萌芽を形作ることになったのではあるまいか。

こうした点を読むと、本書推薦第三の理由に至る。

すなわち当著作が、長崎に関わる者に対して大いなる自信と励ましを与える縁となっている点である。

長崎を含む九州地域全体で、学ばず放置してはならない課題に応えるヒントを数々提示してくれている気が致すのである。

今後の長崎地域活性化のためには、これまでのような歴史やロマンを売り物にした観光産業としての明治村的な出島やグラバー園に頼っていたのでは心もとない。歴史的遺産に頼らずとも地球大の視野の獲得は臨める筈だ。武士《さむらい》の世を顧みれば、平安・鎌倉の時代よりも織豊政権《しょくほうせいけん》以降の歴史を正しく探索調査することの方に価値がある。信長が、かつて世界制覇に乗り出す夢を見た節のあること、秀吉が現在佐賀県の名護屋を拠点に朝鮮征服を試みたこと、実現性あることとないことも含めて歴史の歩みは、可能な限りの史実を小学生、中学生の時代から学ぶくせをつけておかないとグローカルな人物は育たない。

過去二〇～三〇年に及ぶ「社会的連携」をコーディネートできるグローバル人材はなかなか育成がおぼつかないのだ。

グローバル人材といっても、実用に供する外国語の習得にとどまらず、本書で培えるような国際的教養を身につけておく必要がある。旧文部省出身者として、義務教育段階からの副読本に採用されるよう勧めたい故である。

なぜか。長崎は一九四五年八月九日、一発の原爆で壊滅した。

当地の復興は今日まで完璧に進んだかに見えるが、人間の内面へのそれは未だしだ。

加えて、原爆の非人道性を世界に訴えるべく過去十年余りにやっと「平和学習」が根付きつつある。

実は、この後者の担い手育成には前者が必要なのだ。出身国・地域の拠って立つ歴史を知る者が、グローバルに活躍できる。

マイナスをプラスに転化できる取り組みは、本書が示唆している最大の財産だと信じる。

とにかく、一人でも多くの人に「長崎奉行」探索の旅に加わっていただき、色々な想像を巡らせつつ楽しみながら自己実現を図っていただくよう念じて推薦の言葉としたい。

（元国連・ユニセフ駐日代表　医学博士　教育学博士）

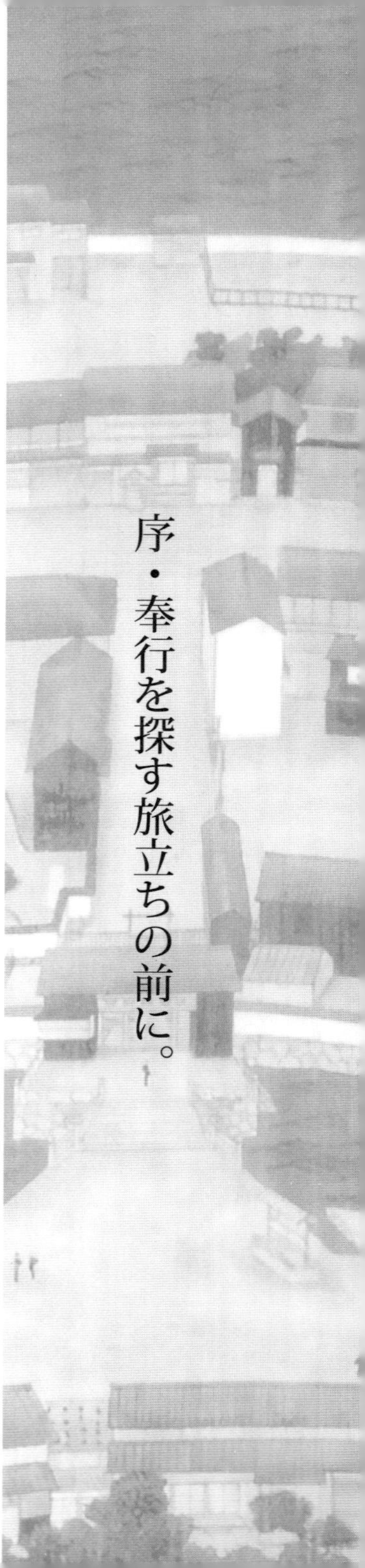

序・奉行を探す旅立ちの前に。

日本近代化の礎《いしずえ》となった長崎《ながさき》。
その歴史は深い。

江戸《えど》時代という二百六十五年続いた徳川幕府《とくがわばくふ》、外国文化を遮断した鎖国政策と密接に連動したためだが、それに宗教や原爆の断面が加わると、西の果ての一地方都市だというのに歴史の容量はとてつもなく巨大化し、重みを増す。

幕府の直轄地であった長崎に藩主の姿はなく、取り仕切っていたのは長崎奉行。江戸から差し回された一役人、今でいえば中央から天下ってきたエリート官僚という趣だが、その職責は天領の行政区域をつかさどるにとどまらない。貿易、外交、軍事、宗教、さらには九州全体にまで目を光らせる存在であった。

単なる遠国奉行《おんごくぶぎょう》ではないのだ。

それだけ重要な存在であったにもかかわらず、なぜか地元で影が薄いと感じるのは筆者だけだろうか。

長崎市内に住んでいる人たちに聞いても「よく知らない」という答えが多い。せいぜい「長崎奉行は儲かったらしい」「犯科帳《はんかちょう》によく出てくる」「最後の奉行は江戸へ逃げ帰った」くらいの答えだ。

あまり存在感がないのである。

著書では鈴木康子《すずきやすこ》花園大学教授が二〇一二年出した本の名前もそのものずばり『長崎奉行』（筑摩書房）がある。新長崎市史編纂委員長でもあった外山幹夫《とやまみきお》長崎大学名誉教授（二〇一三年死去）が書いた『長崎奉行』（一九八八年刊、中央公論社）は古本屋で見つけた。インターネットにも各種情報があり、先輩各位の長崎歴史物などを読み調べていくと、次第に長崎奉行の実像が浮かび上がってきた。

すぐれた指導者もいればアホな奉行もいる。総じて多士済々であり、面白い群像なのだ。疑問も数々あり、それらを調べて行くうちにまるでパズルが解けるように奉行の人となりが鮮明になっていく。

最初は、長崎で亡くなった奉行さんの墓巡りでもするか、と気軽な気持ちで始めた長崎奉行探しだったが、その職責の重要性と功績の大きさが少しずつわかるにつれて「これは地元だけでなく多くの人にも知ってもらわなければ」という強い希望に変わった。

せっかく知ってもらうのだから私と一緒に考えてほしいと思い、初歩の段階から書き出していくことにした。

新聞記者出身の筆者は、何事にも疑問を持ち、疑問を持ったら調べ、できるだけ現場を踏んでわが目と耳と嗅覚で検証する。物事は一面からだけでは見極められない。せめて両面から、できれば立体的に見つめて真実に迫る作業が必要だ。

地元の目で見つめ、江戸（中央）からの視線も気にかけ、できれば海外はどう見ているかも考えてみたい。

そうしていくうちに武家社会の現実や徳川幕府の断面、宗教弾圧の歴史、長崎の繁栄と果たしてきた役割、鎖国政策の実情などが浮かび上がってくる。

同時に時代にほんろうされる人間の喜びや悲しみ、信念に裏打ちされた指導者の気概、政治の愚かさや大切さが感じられるから不思議だ。

二〇〇九年に出した拙著『龍馬の長崎』（長崎文献社）は、幕末の風雲児坂本龍馬の足跡をたどりながら長崎との関わりを書いたもので、長崎奉行については最後の奉行といわれた河津伊豆守《かわづいずのかみ》と前奉行の徳永石見守《とくながいわみのかみ》、能勢大隅守《のせおおすみのかみ》など数人しか登場しない。それもさらりと触れただけだ。

龍馬は三十三年の生涯。江戸時代からみれば幕末のわずかの時間。長崎奉行のことなどほとんど意識しなかった。

河津伊豆守を長崎奉行百二十五代目と書いたのは、長崎市史年表にあるのをそのまま信じたからだ。

私はこの『長崎市史年表』（一九八一年長崎市発行、四二四頁）という結構大きく分厚い本を机上に置き、記者現役のころからことあるたびに長崎の歴史を振り返ってきた。

年号の後にその年の奉行と代官の名前、主な出来事が記述され、下段の参考事項には県内、国内外の主要な出来事を書いてあり、郷土の歴史を再確認する意味で重宝した。拙著『龍馬の長崎』もここから生まれたようなものだ。奉行は一人の時もあれば二人、三人、多い時は四人だったこともあり一定しない。それぞれ時代を反映して変動してきた。長崎で亡くなった人も十指に余り、いつかは墓巡りをしたいとは思っていた。

まずは百二十五代を検証しようと調べ始め、いきなり初代は誰か、の疑問にぶつかった。

長崎市史年表では文禄《ぶんろく》元年（一五九二）奉行は寺沢志摩守《てらさわしまのかみ》とある。前年は当然奉行はおらず、長崎代官《だいかん》は鍋島飛騨守《なべしまひだのかみ》である。当時の日本を治めていたのは豊臣秀吉《とよとみひでよし》。長崎の地がキリシタン大名大村純忠《おおむらすみただ》によってイエズス会に寄進されたのを知り、天《てん》正《しょう》十六年（一五八八）長崎、茂木《もぎ》、浦上《うらかみ》を没収、鍋島飛騨守を代官にしたのだ。

秀吉は文禄元年長崎の本博多町《もとはかたまち》に長崎奉行所を置き、肥前唐津《ひぜんからつ》の領主寺沢志摩守を初代奉行に任命した。

時代は移り慶長《けいちょう》三年（一五九八）秀吉は六十三歳（数え歳）で没。徳川家康が関ケ原の戦いを制し慶長八年（一六〇三）征夷大将軍《せいいたいしょうぐん》に任命され、江戸に徳川幕府を開いた。江戸時代の始まりである。そして長崎奉行に任じられたのが三河以来の幕府の側近小笠原一庵《おがさわらいちあん》。新長崎市史によると初代奉行はこの小笠原である。「江戸時代の長崎奉行」を前提としているからだろう。初代をだれにするかで以降の数え方がまるで違う。長崎奉行を主題にすれば、寺沢志摩守を例外扱いするのは不自然ではなかろうか。

「初代奉行論争」はまだ始まったばかりだ。

それはともかく徳川幕府が崩壊するまでに果たして何人が奉行になったのか、名前を書き出してしまえばわかるではないかと考えた。いきなり権威のある人の本に頼るのではなく、まず自分で調べ、概要を把握する。

そこからいろんな疑問も湧き出してくる。たとえば名前が少しずつ変わってくる。

その名前が読めない。伊勢守《いせのかみ》、河内守《かわちのかみ》、備前守《びぜんのかみ》、対馬守《つしまのかみ》などやたら同じ名前が出てくる。果たして同一人物なのか。違いをわかろうとするには氏名、官名、通称を点検しなければならない。ところが武士たちは出世するに従って名前を変えるから厄介だ。奉行同士のつながりはないのだろうか。親子二代とか、祖父と孫とか。ジャーナリスト出身の筆者は学者と違って考えることが実に俗っぽい。

その俗っぽい疑問から思わぬ答えが出てくることもある。時として謎解き。まるで推理小説の一場面に遭遇することだってある。今はまだその扉を開ける前の段階。

書き出してしまって驚いた。総勢何人か簡単にはわからないのである。百二十数人であることは確かだが、任期がまちまちで、複数だと江戸在府《ざいふ》と長崎在勤《ざいきん》に分かれる。長崎で亡くなった人もいれば、長崎に来ないまま異動した人もいる。

長崎奉行だけなら分かりやすいが、長崎惣奉行、奉行並、奉行代、奉行事務取扱の人だっている。二度務めた人がいるかもしれない。それらをどう考えて数えていくか。いきなり難問である。

根底になぜ徳川幕府が二百六十五年も続いたのか、わずか十五代の将軍でどのようにして幕藩体制を維持したのか、その権力構造は、など疑問や興味ある課題は尽きないが、私の奉行の知的レベルはその程度。

これらの疑問を胸に秘め、興味深く二冊の『長崎奉行』を読んだ。

いずれも読みごたえがあって面白かった。外山氏のそれは「江戸幕府の耳と目」という副題が示す通り、鎖国時代の海外交易都市を掌握した長崎奉行を包括的に描いている。鈴木氏のは「等身大の官僚群像」という副題で主に七人の奉行に絞って書き込んであった。参考文献に裏打ちされた内容で、さすが学者の研究成果だと感心させられたが、一方でもっと別の視点で書いてもいい要素がたくさんあると強く思った。

それが今回『長崎奉行物語』を書こうとした動機だ。

外山氏の『長崎奉行』には、巻末に資料として長崎奉行一覧表がある。初代の小笠原一庵から百二十四代の河津伊豆守祐邦《すけくに》まで氏名、通称・官名、前職、補任年月日、離任年月日、後職、備考まで載っている。私が最初にこの本を読んでいたら「なるほどこれが長崎奉行の一覧か」で終わっていたかもしれない。ところが前述の疑問があるものだから、外山氏がかかわった最新の長崎市史の長崎奉行一覧表と比べてみた。内容が相当変化していた。

新しい一覧表は「江戸時代の長崎奉行」を掲載したとし、初代小笠原から奉行、惣（総）奉行、奉行並、奉行代まですべて網羅している。

あとで触れることになる大村藩主、大村丹後守純煕《おおむらたんごのかみすみひろ》の奉行、その後の惣奉行就任、水野筑後守の二度にわたるお勤めもそれぞれ一人として勘定し、総勢百二十八代としている。

消えた人もいれば入ってきた人もいる。名前も相当数変わっており、これらを一つひとつチェックするのは案外楽しい。

また、長崎奉行の直属の上司は、江戸城にいる老中《ろうじゅう》である、と大抵の本に書いてある。さて老中が出てきた。老中って何、何人いるの、に始まり、その上はどうなっているか、下の組織はどうか、幕藩体制とは何か、と中学生のころを思い出すばかりである。

　人生に復讐は必要なのだ。この復讐ではない。復習だ。

江戸幕府と長崎奉行職

　徳川幕府は二百六十五年続いたわけだから時代によって多少の変化はあるが、ざっと見てみよう。トップは将軍である。時には大御所《おおごしょ》（隠居した将軍の尊称）がそばにいて采配を振るう場合もある。

　将軍の下には一万石以上の領地を与えられた大名《だいみょう》がいる。その数ざっと二百六十諸侯。大名も将軍との親疎関係により親藩《しんぱん》、譜代《ふだい》、外様《とざま》に分けられ、加賀《かが》百二万石の前田《まえだ》家や薩摩《さつま》七十七万石の島津《しまづ》家など大大名から一万石の小大名までさまざま。大名役は臨時に置くこともある大老《たいろう》を除けば老中、京都所司代《しょしだい》、大坂城代《じょうだい》、若年寄《わかどしより》、奏者番《そうじゃばん》、寺社奉行《じしゃぶぎょう》、大坂定番《おおさかじょうばん》の七つ。中でも老中が長官的な立場にあり、通常四〜五人で全国支配の諸政務を担っていた。

　長崎奉行は初期のころを除いて直接老中の指示を仰いだ。

　幕府の職制をついでにいえば、大名たちの下に一万石未満でお目見《めみ》え以上の旗本《はたもと》、お目見え以下の御家人《ごけにん》がいた。お目見えとは将軍へ謁見できること。旗本は将軍直属の家臣団で、江戸中期には約五千二百家あったといわれる。

　旗本役は格式の高い順に諸大夫《しょだいぶ》役、布衣《ほい》役、お目見え以上の役の三職階に分かれ、将軍にお目見えが許されたのは布衣役以上。お目見え以上の役は許されていなかった。長崎奉行は一部の例外を除いてほとんど布衣役だったが、時代の流れとともに長崎の役割が増し、途中から諸大夫役に格上げとなった。そのへんのドラマはあとから出てくるはずだ。

　それにしても徳川幕府はなんと身分制度のうるさかったことよ。今述べたのは幕府の頂上付近の話である。その下にピラミッドのようなすそ野があり、中級、下級武士たちがいた。全国各地には各藩主の下で家老以下実に厳しい階級社会があった。すべて将軍を頂点とする幕藩体制を維持するための仕掛けだったのだ。格差をつけ、序列化することによって将軍の権威を高める仕組み。参勤交代に至っては諸藩の国力増強抑止、服従表明の両面を狙ったにくい作戦と言っていい。

長崎奉行は寛永《かんえい》十五年（一六三八）長崎常駐に改められるまでは、六月に長崎に行って十月に江戸に帰るのが原則だった。南蛮船が六月ごろ入港し、十月ごろ出港するためだ。

初期の奉行の仕事は南蛮貿易の監視・管理に重点が置かれ、行政の実務は「町年寄」という町人の有力者に委ねる独特のシステムをとっていた。

ところがあとから詳しく触れることになる悪徳奉行竹中采女正重義《たけなかうねめのかみしげよし》が罷免されて二人制となった。その後、島原《しまばら》の乱の際に二人とも長崎にいなかった反省から必ず一人は長崎に在勤する体制となった。

そのころには出島《でじま》も完成し、鎖国体制は強化された。

奉行はキリシタンの取り締まりとともに唐蘭貿易の監視、治安の維持と次第に権限が拡大した。開国を求めて外国船が盛んに長崎に入港すると、外交官としての任務も加わり、軍事・防衛の面から九州各藩を取り仕切る役割も担った。

奉行の下には家臣のほかに江戸から派遣された与力や同心などの幹部がいて、その下に町年寄《まちどしより》や唐通事《とうつうじ》、阿蘭陀通詞《おらんだつうじ》、地役人《じやくにん》などが千人ないし二千人規模で構成されていた。

約三百年の幅があり、時代によっていろいろな変化がある。

一概には言えないし、現代人の目から単純にものを判断するのは誤解を生じる恐れもある。

出来事を丹念に見ていくと、前後に何があったのか、当時の将軍はだれか、そのころの世界の動きはどうであるか、など同時並行で点検していくと新しい発見がある。そこらへんを注意しながら長崎奉行を巡る旅に出よう。

その前に年月日の表記を断っておかねばならない。

現代は陽暦（新暦）、西暦が主流。

本来は西暦を主体にして書いたほうが理解は得やすいのだろうが、何しろ題材が江戸時代のことであり、長崎市史年表をはじめ文献はほとんど陰暦（旧暦）を用いている。


ここでは陰暦を主体に書き進めたい。

しかし、年号だけでは時代をとらえにくいと考え、カッコ書きで西暦を入れたいと思う。

わが国が太陽暦（新暦）を採用したのは明治《めいじ》六年（一八七三）からである。

ただし、途中で外国人が登場する場面があると思う。

そこでは西暦を優先し、年号をカッコ書きにしたい。そのほうが文意に沿うからだ。


本などで年表をつくる場合、読者に誤解を与えることがある。

たとえば明治元年は一八六八年だが、逆は必ずしも真ならず、一八六八年は慶応《けいおう》四年と明治元年を含む。

旧暦は大の月、小の月があったり、閏《うるう》年月があるなどとにかく難しい。

年月には気をつけたいと思っている。

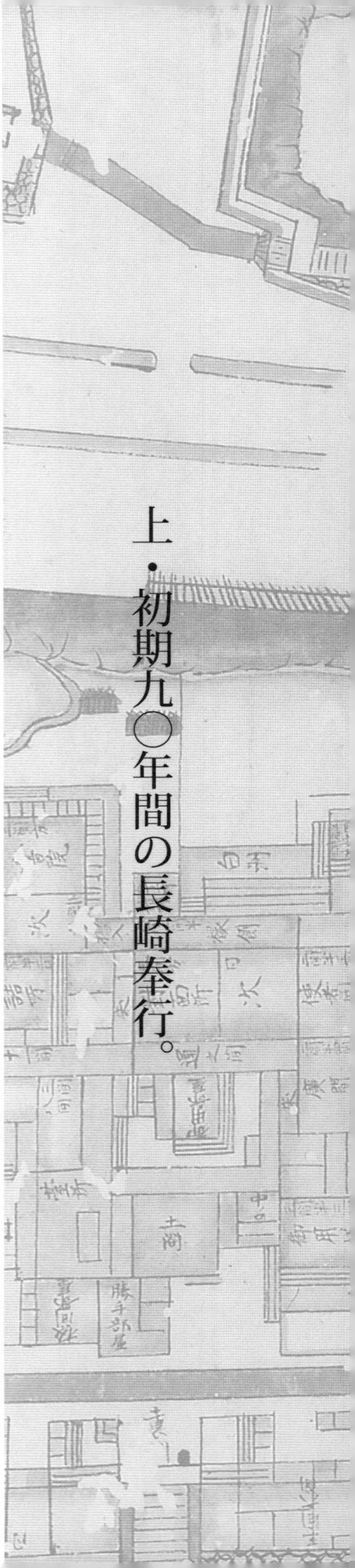

上・初期九〇年間の長崎奉行。

唐津藩主が初代

初代奉行寺沢志摩守広高《てらさわしまのかみひろたか》は文禄元年（一五九二）から慶長七年（一六〇二）まで十年間務めた。市史年表では、寺沢について、

> 重臣を長崎に派遣して事務をとらせ、自身は時々出かけて政務をとったが、実際は町年寄の自治に委ねた。
> 文禄三年か四年ごろ受洗したが、慶長二年（一五九七）には迫害者の側に立っているから、おそらく受洗後間もなく棄教したものと思われる。
> 日本奴隷売買禁制の法令を犯した売り手、仲介者を死刑に処す、

との記述がある。

寺沢家は元美濃《みの》、尾張《おわり》の豪族。織田信長《おだのぶなが》の家臣となっていたが、本能寺の変後、秀吉に仕えた。広高は十二万三千石の唐津藩主となった。

筆者は数年前、唐津城を訪れ、天守閣から玄界灘《げんかいなだ》を眺めたのを思い出した。しかし、寺沢が長崎奉行をしていたことを気にも留めなかった。秀吉が朝鮮征伐の拠点にした名護屋《なごや》城跡の見学が印象深かったからかもしれない。

あらためて寺沢を知るには今一度現地に行ってみなければと、冬のある晴れた日、長崎から佐賀県唐津市へ向かった。「唐津城」にカーナビをセットし、高速道路を使い、多久《たく》インターで降りて一般道路を走ったが二時間足らずで到着した。かつて長崎から唐津の虹の松原まで約五時間かかった記憶がよみがえった。それはともかく久しぶりに見た唐津城は、城を

左：初代唐津藩主寺沢広高が七年の歳月をかけて建てた唐津城（唐津市東城内）右：唐津城天守閣から虹の松原方面を望む

要にした砂浜が翼を広げたツルのようにも見えることから「舞鶴城《まいづるじょう》」とも呼ばれている。明治に入って取り壊され、昭和四十一年（一九六六）文化観光施設として完成したものだ。

四百円の観覧料を払っていざ天守閣へ。東に虹の松原、北に玄界灘、西や南に唐津市街地が広がって三百六十度のパノラマは実に美しい。二階の唐津藩政資料展をくまなく見て回った。

寺沢が初代藩主として七年がかりで築城したことや約百万本の黒松を植林した虹の松原の偉業、新田開発、言行録などは詳しく説明してあったが、長崎奉行を十年間務めていた記述は全く見かけなかった。「藩主が長崎奉行を兼務していたことなどここではさほど重要ではないのだ」と感じた。

帰路も同じコースをたどった。

長崎の資料では、「重臣を長崎に派遣し、寺沢自身は時々出かけて政務をとった」とある。それが本当なら寺沢や重臣たちはどのようにして長崎まで行ったのだろうかと想像してみた。参勤交代がまだない時代のこと。街道の整備も十分でないはず。主人が馬で家来たちは徒歩だったのではないか。唐津から西に歩き、伊万里《いまり》への進路は取らず、多久方面へ出て長崎街道を目指すのが地形的には一番近い。塩田《しおた》宿か嬉野《うれしの》宿で街道に入り一路長崎へ向かう選択。それともさらに東進して白石《しろいし》か肥前浜《ひぜんはま》あたりで有明海《ありあけかい》に出て、海路諫早《いさはや》へ向かい、そこから長崎街道に合流するコース。

もしそうだったとすれば馬は使えない。いずれにしても急ぎ足で四日間はかかるはずだ。ゆっくりいけばもっと時間を要する。寺沢自身は果たして何回往復したのだろうか。中央の情勢（関ケ原《せきがはら》の戦い）や唐津藩のこと、長崎との距離を考えればそんなに多くなかったと筆者は推測している。

寺沢は文禄四年（一五九五）関ヶ原の戦いで徳川方につき、天草《あまくさ》一円を加増されて十二万三千石となった。江戸時代になって長崎奉行を免ぜられ唐津藩主に専念していたが、寛永二年（一六二五）家督《かとく》を次男堅高《かたたか》に譲り、二代目藩主寺沢兵庫頭《ひょうごのかみ》堅高が誕生した。広高は寛永十年（一六三三）死去、間もなく堅高は不運に襲われる。

寛永十四年（一六三七）島原の乱が起こったのだ。幕府の圧政に苦しんでいた島原や天草の住民二万人以上が一斉に蜂起、天草の住民は富岡《とみおか》城を攻撃して城代《じょうだい》を敗死させた。一揆勢は原城にたてこもって抵抗したが、幕府軍によって全滅した。この不始末によって唐津藩は全藩没収の危機にさらされたが、天草四万石の没収だけで事なきを得た。しかし、堅高は正保《しょうほう》四年（一六四七）理由不明のまま江戸で自ら命を絶った。享年《きょうねん》三十九歳。嫡子《ちゃくし》がいなかったためお家断絶となった。

島原の乱は長崎奉行にも災難が及ぶ。その奉行の話はもう少し後だ。

目的はキリシタン一掃？

慶長八年（一六〇三）徳川家康は征夷大将軍に任命され、江戸幕府を開いた。

長崎奉行に任命されたのは三河以来の幕府の側近である小笠原一庵。三千石、毎年四月着任、十月に帰る手順。三年の在任中に長崎、京都、堺の商人にポルトガル船生糸の一括購入の特権を与える糸割符法《いとわっぷほう》制定に尽力し、奉行所に唐通事を置いた。

外山氏の『長崎奉行』によると、家康が隠居の身であった小笠原に目をつけたのは、彼が熱心な真宗門徒であったためキリシタンの多い長崎の地からその信徒を一掃し、代わって仏教を興隆させたいという意図によるものであったとし、家康から白羽の矢を立てられた彼は、与力十人を添えられて長崎へ下向したとある。

たしかに小笠原は奉行所に五人の目付役を置き、キリスト教徒を探索させている。鍛冶屋《かじや》町に正覚寺《しょうがくじ》（現小島《こしま》町に移転）も建った。しかし、幕府がキリシタン禁教令を発したのは慶長十七年（一六一二）で、長崎の教会群が破壊されたのは慶長十九年のことだ。寺院が相次いで建てられたのは元和《げんな》から寛永時代である。「家康から白羽の矢」というのは本当だろうか。

小笠原は慶長十年に佐渡奉行に転出した。

キリスト教弾圧に狂奔したのはその後の奉行たちである。長谷川一門と悪名高い竹中采女正。まず長谷川一門を見てみよう。

市史年表では慶長十一年（一六〇六）から長谷川左兵衛《さひょうえ》、元和元年（一六一五）から寛永《かんえい》二年（一六二五）まで甥《おい》の長谷川権六《ごんろく》となっている。ところが外山氏は『長崎奉行』の中で、小笠原の次は長谷川羽右衛門《はえもん》を認めなければならないとし、長谷川権六の後に長谷川忠兵衛《ちゅうべえ》を挙げている。

それにはわけがあったとして詳しく述べてあったが、ここでは省く。念のためインターネットを調べたら長谷川三人を挙げている記述もあった。

長崎市立桜町小学校の地下にあるサン・ドミンゴ教会跡資料館（長崎市勝山町）

最新の長崎市史は、長谷川左兵衛藤広と長谷川権六藤正である。羽右衛門と忠兵衛は外してあった。どう解釈するかだが、私は長谷川羽右衛門重治は左兵衛の兄で上使として長崎に来たのではないか、長谷川忠兵衛藤継は左兵衛の弟で、奉行の兄とともに長崎に来て監察したのを奉行扱いされたのではないかと推測している。前職は左兵衛が長崎買物係、権六が奉行下代と新長崎市史は記している。いずれも「将軍の長崎買物係」と形容され、将軍家の家政機関としての側面をもっていたと外山氏はみている。

長谷川権六はもともと朱印船貿易家で、奉行になってからは長崎、平戸にとどまらず薩摩までも貨物の貿易管理を束ねていた。長崎歴史文化博物館ではこの人を「長崎くんちの始まりに貢献」と記している。くんちが始まったとされるのは寛永十一年（一六三四）。長谷川権六の奉行在任は元和三年（一六一七）末ごろから寛永三年（一六二六）春ごろまでで、少し前のこと。なにに貢献したのか調べてみたら寛永二年（一六二五）修験道者《しゅげんどうじゃ》の青木賢清《あおきけんせい》が西山郷に社殿を建立、諏訪《すわ》・森崎《もりさき》・住吉《すみよし》の三神を合祀、これを長谷川権六が保護援助したとある。青木はその後、榊原、神尾両奉行の援助を得て諏訪神事を始めており、元々の貢献は権六にあったというのだろう。

とはいっても左兵衛、権六両奉行時代のキリシタン弾圧はひどいものだった。

慶長十九年（一六一四）山のサンタ・マリア教会（立山町《たてやま》）、サン・フランシスコ教会（桜町《さくら》）サント・ドミンゴ教会（勝山町《かつやま》）サン・ジョアン・バウチスタ教会（筑後町《ちくご》）など十教会が破壊され、高山右近《たかやまうこん》らキリシタン、宣教師百四十八人がマカオとマニラに追放された。元和《げんな》七年（一六二一）西坂《にしざか》でスピノラ神父ら五十五人が殉教、元和の大殉教といわれた。

寛永三年（一六二六）使番の水野河内守守信《みずのかわちのかみもりのぶ》が奉行就任して弾圧はいっそう強化された。

長崎略史によると、「奉行水野河内守、この年（寛永三年）大いに天主教徒を駆逐す。改宗する者は耶蘇の像を踏ましめ、かつ簿冊に捺印せしむ。この輩を転びの族という。その改めざる者はこれを追い、その山中に隠れ、仮屋を造りて住する者、これ皆これを追う。踏絵の法、実にこの時に濫觴《らんしょう》す」とある。踏絵が行われたのである。

原文は「追う」ではなく「逐う」である。どう読むか辞書のお世話にならなければならない。「濫觴」などという難しい単語に出合うのも久しぶりだ。物事の始まりという意味。昔の人は難解な言葉をよく使う。でも勉強にはなる。

ところで水野は旗本から初めての長崎奉行就任である。しかも官位の従五位下《じゅごいのげ》に叙されているのだ。これから先旗本からの奉行登用が主流となるが、先鞭をつけたのは水野だ。これから二百年以上あとに別の水野奉行が登場するはずだから、ここでは水野河内守を踏絵奉行と記憶しておこう。

長崎奉行物語は時の移ろいからして実に壮大だと思いませんか。

悪代官のモデル？

次に登場するのが竹中采女正重義。

着任は寛永五年（一六二八）冬とみられる。水戸黄門はじめ時代劇で「おぬしも悪よのう」と含み笑いする悪代官のシーンをよく見かけるが、これらは竹中の悪行をヒントにしてつくられたのではと思わせるほどやりたい放題、悪さの限りを尽くしている。

歴代奉行の中で最悪と言えるだろう。

竹中は豊後府内《ぶんごふない》二万石の大名。異例の人事である。戦国時代の軍師で有名な竹中半兵衛《はんべえ》とは親戚関係。妻の家系も三河の徳川家に近く元々出自は悪くない。外様とはいえ大名をもってくるには理由があるはず。

鈴木氏は「当時九州には外様大名が多く存在し、幕府は問題があれば即刻処罰して領地没収を断行しようと機会をうかがっていた。もし問題が起こった際に、幕府が直接手を下すより、竹中を通じて問題を処理すれば、幕府が強引に行ったという印象が幾分薄らぐ。外様大名である竹中の長崎奉行就任は、幕府にとってはまことに都合がよかった」と鋭く分析している。実際、肥後《ひご》の加藤忠広の改易事件や筑前黒田家のお家騒動が起こった際、竹中は率先して処理に当たったというのだ。

長崎市史は、旗本から大名に奉行職が変わった理由は、キリシタン禁制を強化するための臨時的措置であろうと書いてある。

この異例の人事が、とんでもない事件を引き起こす。

竹中は寛永十年（一六三三）二月まで奉行を務めた。何しろ権力が掌中にあるお殿様である。役人にわいろまがいの贈物をする風習の土地柄もあって私腹を肥やすのは造作もない。おまけに女好きときている。美女と聞くと町人の妻だろうと娘だろうと自分のものにしなければ気が済まない。人の妾《めかけ》には手を出す、わいろはもらう。

まだある。

当時は将軍の朱印状《しゅいんじょう》なしでは海外渡航はできない。ところが竹中は勝手な裁量で海外渡航を認めたり、自分の私貿易船をつくっていた。唐船の積載品を取り上げるなどは朝飯前で、ルソン占領計画に加担していたという話まである。

幕府が竹中の屋敷を調べたら御禁制の名刀がザクザク出てきたという。ほかにもたくさん悪さがあるのだが、多すぎて書くのが嫌になってしまう。興味のある方は自分で調べてほしい。

長崎奉行年表録には、竹中の箇所に「人ハヨキ人ナレ共、色ニフケリテ家滅ス」と付記されている。誰が書いたのだろうか。真実をついている。

竹中の犯行は、長崎の商人平野三郎右衛門《ひらのさぶろうえもん》が江戸まで上って江戸町奉行所に訴え出て明るみになった。

「竹中はひどい」という風評は江戸にも届いていたらしく、幕府は徹底して詮議したうえで竹中を罷免し、切腹を命じた。一人奉行が犯罪の温床になったとの反省があるのだろう。竹中を罷免した寛永十年から長崎奉行を二人制とした。竹中を任命した将軍はだれかと調べたら三代将軍家光《いえみつ》だった。人事のミス、つまり幕府の失点を制度の改革によってかわしているように思えてならない。このような批判のかわし方は、現代にも通じているように感じるのは意地悪すぎぎか。

家光は海外との貿易をめぐって竹中が不正をしたことに激怒したのだろうか。その年から奉書船《ほうしょせん》以外の海外渡航の禁止、在外五年以上の日本人の帰国禁止・貿易制限などいわゆる第一次鎖国令を出す。

一奉行の犯行は国政にまで影響を与えたのである。

二人奉行制へ

次に長崎奉行に登用されたのが目付《めつけ》の曾我又左衛門古祐《そがまたざえもんひさすけ》と下田《しもだ》奉行だった今村伝四郎正長《いまむらでんしろうまさなが》。

家光はこの二人に覚書《おぼえがき》十七カ条の職務規定を渡し、外国船との対応、貿易に関する仕法などを指示している。

幕府は竹中の悪事によほど懲りたとみえる。

両奉行は外国船の来航期が過ぎると長崎を離れ、曾我は目付に復帰、今村は下田奉行に戻った。竹中の後だけに今村の善政について触れておかねばなるまい。

今村は近世初期の静岡県下田の基礎を築いた偉人、恩人として地元では名奉行の誉れ高いのである。第二代下田奉行だった今村は、武ヶ浜《たけがはま》防波堤の築造工事の先頭に立って指揮を執り、工事費用に自らの給料や財産までも惜しげもなく投げ出して二年後に完成させたほか、町の区画整理、防風林作りや魚付き林作りなど数々の政策を実施して民政、経済の基礎をつくり、人心のよりどころを与えた人物。

竹中に爪の垢でも煎じて飲ませたいぐらいだが、今村のような名奉行にこれからどれだけ巡り合えるか楽しみでもある。

初代寺沢から数えると九代奉行が榊原飛騨守職直《さかきばらひだのかみもとなお》。寛永十一年（一六三四）書院番組頭《しょいんばんくみがしら》からの登用だ。

同時に任命されたのは作事奉行《さくじ》の神尾内記元勝《かんおないきもとかつ》。

このころの長崎の様子を見てみよう。

教会が破壊され、代わって寺院の建立が目立ち始めた。市史から拾うと、大光寺《だいこうじ》、光永寺《こうえいじ》、延命寺《えんめいじ》、大音寺《だいおんじ》、本蓮寺《ほんれんじ》、法泉寺《ほうせんじ》、清水寺《きよみずでら》、三宝寺《さんぽうじ》、浄安寺《じょうあんじ》、観善寺《かんぜんじ》、聖徳寺《しょうとくじ》、崇福寺《そうふくじ》、春徳寺《しゅんとくじ》、光源寺《こうげんじ》、長照寺《ちょうしょうじ》、地福院《ちふくいん》、西勝寺《さいしょうじ》などが慶長十九年（一六一四）から寛永九年（一六三二）までに建った。

榊原らが来た年は、ポルトガル人を収容するために出島の築造が始まり、興福寺《こうふくじ》の唐僧黙子如定《もくすにょじょう》が中島川に日本最初のアーチ式石橋を架けた。両奉行の援助もあって初めて九月七日、九日を祭日とし、七日大波戸の御旅所《おたびしょ》に諏訪《すわ》、住吉《すみよし》二社の神輿渡り、九日環御の儀式を行い、遊女高尾《たかお》・音羽《おとわ》が踊りを奉納した。長崎くんちの始まりである。

神尾が作事奉行に戻って目付の仙石大和守久隆《せんごくやまとのかみひさたか》が就任したが、わずか十カ月で同じ目付の馬場三郎左衛門利重《ばばさぶろうざえもんとししげ》に代わった。

島原の乱が残したもの

寛永十四年（一六三七）榊原、馬場両奉行の時に先にもふれた島原・天草の乱が起こった。この歴史的な百姓一揆は、キリシタンの悲劇でもあり、詳しく歴史的な経過をたどると博士論文にも匹敵するほどの内容を秘めている。よってここでは詳しく触れない。

広辞苑を使わせてもらうと、島原の乱は一六三七〜三八年（寛永十四〜十五）天草および島原に起こった百姓一揆。キリシタン教徒が多く、益田四郎時貞《ますだしろうときさだ》を首領とし、その徒二万数千人が原城《はらじょう》址に籠城、幕府の上使として派遣された板倉重昌《いたくらしげまさ》はこれを攻めて戦死、ついで老中松平信綱《まつだいらのぶつな》が九州諸大名を指揮して城を攻略した、とある。ずいぶん簡単だ。本書は長崎奉行が主題であり、そこに関する部分だけ触れておかなければならない。

国指定重要文化財の眼鏡橋

一揆が起こったのは寛永十四年十月二十五日。

この時榊原、馬場両奉行は江戸にいて長崎不在だった。急きょ西下して城攻めに加わる。

幕府は十二月、板倉を総大将にして九州諸大名の兵で原城を攻めたが、戦闘はこう着状態となった。年明けて原城を総攻撃、その際板倉は戦死する。間もなく老中松平信綱が到着、十二万五千余の大軍で原城を包囲して兵糧攻め。

一月十一日から二十五日にかけてオランダ軍艦に頼み、海と陸から四百発以上の砲弾を撃ち込ませた。そして二月末、討伐軍は原城を総攻撃、立てこもった益田四郎はじめ二万七千余人は全滅した。

さて犠牲者の数だが、最近のテレビ報道はよく三万八千人との数字が出てくる。三万七千人、あるいは二万七千人とまちまち。南島原市の担当者に聞くと、諸説あるので市としては決めていないが、幕府の公式記録として三万七千人という数字があるという。

同年六月に入って幕府は榊原飛騨守を評定所《ひょうじょうしょ》に召喚、軍法に反し、抜け駆けしたとして免職・閉門の裁定をした。後に榊原は閉門を解かれ、先手鉄砲頭となった。市史年表にあるのはここまで。

いったいどんな抜け駆けをしたのか知りたいと思っていたら外山氏の『長崎奉行』にあった。

オランダ軍艦からの大砲攻撃で、戦況はほぼ最終段階を迎え、信綱らは最後の総攻撃を二月二十八日と決めていた。ところが榊原飛騨守はこの約束を破り、ひそかに三十人の部下を伴って抜け駆けをした。彼らは城内に入って火を放ち、二の丸まで焼きたてた。鍋島軍はこれを見て城に乗り込み、遅れをとった他の攻撃軍も慌てて城に攻め込み、二十八日落城した。

つまり、榊原は功を立てたのではなく軍紀を乱したのである。

この島原の乱は、幕府に少なからずショックを与え、いろいろな変革のきっかけとなった。

まずキリスト教への警戒心を強め、出島に収容していたポルトガル人を国外に追放し、ポルトガル船の日本渡航を禁止した。また平戸にあったオランダ商館を長崎に移転させることにした。乱発生当時、奉行が二人とも長崎にいなかった反省から常時在住に改め、新たに与力五人と同心二十人を奉行に付属した。

それまで長崎奉行は将軍の私的な直属の要素が強かった。しかしあらゆる意味で長崎の重要性が増したため寛永十五年から老中直属とした。はっきりと行政に組み込み、組織を強化したと言えよう。

信綱はこのころ長崎奉行に命じ、烽火山番所《ほうかさんばんしょ》、野母遠見番所《のもとうみばんしょ》を造らせている。異国船に対する警戒と緊急時の近隣諸侯への急報体制の強化であることは言うまでもない。

波乱の中にいた馬場は承応《しょうおう》元年（一六五二）一月まで長崎奉行を務めた。在任十五年八カ月。歴代奉行で最長記録である。

その間に大河内善衛兵正勝《おおこうちぜんべえまさかつ》、柘植平右衛門正時《つげへいえもんまさとき》、山崎権八郎正信《やまさきごんはちろうまさのぶ》、黒川与兵衛正直《くろかわよへいまさなお》と一緒に仕事をした。大河内は使番から、柘植、山崎、黒川はいずれも目付からの奉行就任。寛永十八年（一六四一）鎖国体制を完成させた時期にあたり、馬場のような長崎の事情に精通した人材が必要だったのだろう。黒川も在任十四年一カ月。歴代二番目に長かった。

長崎に眠る

山崎は、市史年表によると慶安《けいあん》三年（一六五〇）十月十七日没、春徳寺に葬る、と記されている。長崎奉行の中で初めて任地で亡くなった奉行である。長崎で亡くなった奉行は記録によると十六人。長崎市内の五つの寺院にお墓があるという。いずれすべての墓を訪ね歩かなければならないが、まずは長崎市夫婦川《ふうふがわ》町にある春徳寺を訪ねた。

買い物客でにぎわう新大工町商店街。そのど真ん中を突っ切るシーボルト通りは、「長崎街道ここに始まる」の石碑があるように長崎から小倉につながる長崎街道の出発点であった。そこからものの五分も蛍茶屋《ほたるぢゃや》方向へ歩くと市立桜馬場中学校が見える。校庭の手前から山手へだらだらと坂を登ると春徳寺の甍が目に飛び込む。

この地には昔、古い寺院があった。永禄《えいろく》十二年（一五六九）これを改造して長崎で最初の教会、トードス・オス・サントス教会が創建された。先にも少しふれたようにこれが幕府の命によって破壊された。春徳寺は寛永七年（一六三〇）岩原郷《いわはらごう》（立山町）に創建されたが、同十七年（一六四〇）長崎代官の尽力もあってこの地に移転した臨済宗の寺院。

トードス・オス・サントス跡として県史跡に指定され、イエズス会の宣教師アルメイダ

長崎街道の始発地、長崎市新大工町

百三十年以上の時を隔てて並ぶ奉行の墓。土屋駿河守守直（左）と山崎権八郎（右）ともに春徳寺

がこの地で初めてキリスト教の布教をしたことを記念するアルメイダ布教碑がある。

長崎では珍しく広大な県史跡の東海家《とうかいけ》の墓も境内にある。東海家は始祖の徐敬雲《じょけいうん》が中国人で、元和三年（一六一七）長崎に来た。唐通事となった二代目東海徳左衛門《とくざえもん》が両親の菩提を弔うために建てた。

ここで余談を一つ。

筆者の高校時代の同級生に東海君がいた。新聞コラムに東海家の墓を書いたのがきっかけで同君が東海家の子孫であることを初めて知った。ほかに上野君、宗君、雨森君がいた。風の便りでは写真家で有名な上野彦馬《うえのひこま》、対馬の宗《そう》家、朱子学者の雨森芳州《あめのもりほうしゅう》の子孫だったという。そんな話題をしていたら最近、大浦お慶《けい》の子孫まで現れた。詳しく聞いたら信憑性のある話だ。考えてみれば筆者たちの親の世代は明治末期、祖父たちは明治の初期ごろ、曾祖父の世代は幕末に生まれるか、活躍している年代だ。

狭い長崎のことである。先祖に歴史上の人物がいても不思議ではない。高校時代はわざわざ家系のことを口に出すことはなかったので誰も知らなかったのだ。宗、雨森両君は残念なことに早世した。

余談が過ぎた。話を春徳寺に戻す。

「長崎奉行のお墓があるというので訪ねてきたのですが」

「はい、ありますよ。事前にアポイントを取ってほしかったのですが、きょうは特別にご案内しましょう」

と若い僧らしい方が先に立って案内してくれた。舎利殿《しゃりでん》の横からくぐり戸のカギを開けて大悲閣道場《だいひかくどうじょう》の前に入った。なるほどアポイントしなければならない意味がわかった。寺院だからといって常に自由に入って行ける訳ではないのだ。

山崎権八郎の墓は実にひっそりとして地味だった。歴代奉行の中では小さい墓のようだ。前職は目付。禄高は千石である。

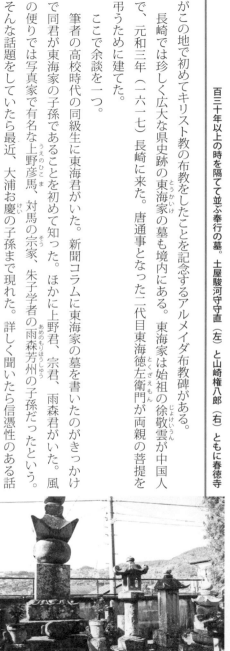

それまでの奉行の中では一番低い禄高。

実はその左隣にもうひとり長崎奉行の立派な墓があった。天明《てんめい》三年（一七八三）大坂町奉行から長崎奉行になった土屋駿河守守直《つちやするがのかみもりなお》の墓である。土屋は翌年長崎で亡くなりここに埋葬された。そのそばには土屋の家臣だった日置甚太夫清雄《へぎじんだゆうきよお》の墓もあった。土屋家の家老だった日置は江戸への帰路、小倉で病死（実は殉死）したので駿河守のそばに埋葬したのだという。

殉死したというのはどういうことなのか。事情はよくわからないが、封建時代の上下関係が悲しく伝わる。

土屋と山崎の墓は並んで建っている。しかし時間差は百三十年以上である。春徳寺は昭和《しょうわ》二十年（一九四五）の原爆で山門を除くすべての建物が被災、本堂、書院、鐘楼などは戦後改修された。両奉行の墓も別々にあったものを後の時代に移築したと考える方が自然だろう。時を越えて並んだ両奉行の後ろには山の上までビルや住宅が建ち並び、長崎らしさを演出していた。

選別される国際情報

山崎権八郎をもっと知りたい、と着任前後の長崎の歴史を調べていたら「オランダ東インド会社にとってのポルトガル使節船来航事件」という松尾晋一長崎歴史文化博物館研究員の論文に出合った。

そこに山崎奉行が登場する。

幕府は島原の乱の後、寛永十六年（一六三九）ポルトガル船の日本渡航を禁止した。通商回復要求のためマカオからポルトガル船三隻が七月、長崎に来航したが、幕府は大目付井上筑後守を派遣してポルトガル側の要請を拒絶し、再来すれば撃破すると通告した。

そして悲劇が翌年起こった。五月に再びポルトガル船が使節ルイス・パエス・パチェコを乗せて長崎に来航、貿易再開を求めた。上使として派遣された大目付加々爪民部少輔忠隆《かがつめみんぶのしょうただたか》は使節を引見し、前年の通告を実行することを申し渡し、六十一人を西坂で斬り、残り十三人を釈放、船は金銀財貨の積み荷のまま西泊で焼き捨ててしまったのだ。

今考えれば外交問題に発展しかねない大変な事件である。

それから七年後の正保《しょうほう》四年（一六四七）六月、ポルトガル修好使節乗り組みのポルトガル船二隻が長崎に来航、再び通商を請うた。びっくり仰天したのは日本側のほうである。

狼煙《のろし》を上げて周辺の諸大名に出兵を要請、奉行の馬場は急飛脚《きゅうひきゃく》を出して使節の渡来を幕府に知らせた。九州・四国から諸候の兵が続々集まりその数何と五万人。兵船は千五百を超えた。当時の長崎の人口は四万人前後と言われていた。町民たちは戦禍を避けようと付近の山林へ逃げ込み、中には大村領まで避難した者もあったという。

ここまでは筆者が市史年表に書いてある出来事を列挙したまで。以前からこの一連の事件が気になっていたのだ。

ここから論文の出番となる。

幕府はポルトガル使節に帰路に着くよう命じるが、その判断が使節に伝えられるまでの約二カ月間、長崎には五万人の兵が集結、長崎港を封鎖するものものしい警備が敷かれた。

松尾研究員はこの時長崎に商館を置いていたオランダ東インド会社の対応に注目し、オランダ東インド会社にとっては、ポルトガル使節船来航がいかなる意義を持ったかを考察し、この事件の歴史的意義解明の一助としたい、というのだ。読んでみたが専門的で詳しく紹介するのは難しい。また長崎奉行物語の本筋からもずれる。

そこで筆者なりに解釈して奉行山崎権八郎に焦点をあてる。

要するにオランダ東インド会社はポルトガル船の動向を幕府に報告するよう義務付けられているので、できるだけ正確な情報を伝えようとしていた。いわゆる『オランダ風説書《ふうせつがき》』である。そこにはオランダとポルトガルが結んだ休戦協定という一種外交問題としては微妙な内容も含まれていた。商館長と通詞とのやりとりでも受け止め方に温度差があり、最終的に商館長が休戦協定のことをありのままに知らせたいというのに対し、山崎奉行は「休戦に及んだ事実を報告するのは構わないが、実情は混とんとしており、どんな事態が起こるか分からない」との態度だったというのだ。

まるで「不確かなことは言うな」と言っているように筆者には感じる。商館長は山崎奉行の指示にそのまま従ったようだ。

ここで筆者が言いたいのは、奉行所の現場で通詞たちも奉行も幕府や自分たちの職責を守るために懸命になっている姿だ。

ただし、自分に都合よく解釈したり、自己保身の態度が垣間見える。商館長が伝えた情報が長崎で選別され、幕府に正確に伝わらなかったことをオランダ東インド会社側は悔やんでいる。

その後の経過を述べておかねばならない。

通商不許可、来航厳禁を通告されたポルトガル船は八月初旬帰途につく。

幕府はこの事件を教訓に九州の諸侯に緊急情報の連絡機関の長崎駐在を指示する。これを「聞役《ききやく》」という。

薩摩、肥後、筑前、佐賀、長州、対馬、久留米、小倉、柳川、島原、唐津、平戸、大村、五島の十四藩が置いた。

ちなみに薩摩の聞役には、松方助左衛門《まつかたすけざえもん》という人がいた。明治になって首相を務めた松方正義《まさよし》である。

幕府はさらに思いがけない措置に出る。寛永十年（一六三三）から定期的に続けていたオランダ商館長の江戸参府（甲比丹《かぴたん》参府）を許さなかったのだ。

理由は、前年のポルトガル船入港の予報を怠ったため。「おい、おい、それは違うんじゃないの」と言いたくなるが、幕府は翌年も同様の措置をとった。

オランダ側はポルトガル船の入港情報や休戦協定を報告しようとしたが、長崎奉行所がそうさせなかったのだ。非は日本側にあるのに、お咎めはオランダ側にきた。慶安三年（一六五〇）甲比丹ボロンコスは本国使節とともに参府と拝賀を許され、ようやく元の姿に戻った。

この間、山崎はずっと奉行の職にあった。幕府とオランダの間に挟まれ相当の心労があったことだろう。その年の十月に亡くなっており、まさしく殉死の様相だ。小ぶりの墓が哀れでもある。

甲比丹の江戸参府については後に詳しく触れることになるだろう。話を本筋に戻す。

賑わう南蛮貿易と唐人

二人奉行制の中で馬場と山崎がコンビを組んだのは足掛け八年と長かった。

黒川と承応《じょうおう》元年（一六五二）任命された甲斐庄喜右衛門正述《かいのしょうきえもんまさのぶ》とのコンビも足掛け八年に及んだ。

このころは鎖国体制が完成して外国貿易の監視にしっかり力を入れる時期。

堀普請奉行だった甲斐庄が長崎奉行に就任した時、将軍家光は甲斐庄を招き、わが国が外冦《がいかん》によっていささかでも領土がかすめられるようなことがあれば日本の恥辱であるぞと言われ、その責任の重大さを説き、「さらば長崎奉行の職は大事なれば、よく心ゆるびなく、おごそかに慎むべし」と、言い含められたという。（外山氏『長崎奉行』）

江戸初期の長崎を見ると、荒れ狂った宗教弾圧が島原の乱でいったん終息し、鎖国とともに南蛮貿易が盛んになり、特に唐船の入港が目立つようになった。馬場、黒川、甲斐庄たちが外国貿易の基礎をつくったといえる。

唐船の話から、例によって疑問の虫がわいてきた。

唐人屋敷、唐通事、唐船と何気なく使っているが、なんで「唐」なのか。日本史で学んだ遣隋使、遣唐使でもわかるように中国の歴史年表では隋は六〜七世紀、唐は七〜十世紀。日本で言えば大和朝廷から平城京遷都、平安京遷都時代で、随分昔である。また唐船は中国からだけでなくベトナムやインドネシア方面からも来ていたと聞いている。なぜ唐なのか。

調べていけばいきつくもんですね。地元の作家だった田栗奎作《たぐりけいさく》氏（故人）の『埋もれた歴史散歩・長崎』（制作・発行長崎書房）がそのことにふれていた。田栗氏の学識を聞こう。

長崎には開港このかた、世界各国から多くの人が亡命している。そのなかで中国の人が多いのは言うまでもない。中国からの亡命が最も多かったのは、明《みん》国から清《しん》国にかわる動乱期だったといわれている。わが国の年代にすると大体、慶長末期から鎖国の初期にかけての四、五十年間になる。亡命の明人たちは有能学識の人が多かったので帰化してほとんど唐通事になった。一説によると、この人たちは口をそろえて自分たちは唐人だ、と言っていたらしい。

唐といえば、数百年も前に滅んでいる国だ。どうしてそんな古い国名を持ち出したのか分からないが、なにかそこには亡命者だけが知る、一抹のさびしい影がのぞいているようでもある。

中国から来た人たちが亡命なのか、単に経済的理由かは定かでない。

田栗氏の考えに納得するかどうかは読者のみなさんの自由だ。

なお馬場、黒川、甲斐庄時代の唐船入港数は年間平均五十二隻。多い時は百隻近くの年もあった。

唐船とは長崎県大百科事典によると、中国沿岸各地や台湾、ベトナム、カンボジア、タイ、マライ半島、南洋諸島から中国人が船主となって貿易に来た船をいう、とある。どこから来たかは明らかだ。なお唐船は仕出し地の遠近によって口《くち》船（南京、厦門、台湾、広東など）中奥《なかおく》船（温州、福州、漳州、東京など）奥《おく》船（ベトナム以南、インドネシア、南洋諸島など）に分けられていた。

長崎奉行の話に戻ろう。甲斐庄は万治《まんじ》三年（一六六〇）六月五日、江戸で没、となっている。ということは在職死亡らしい。

すぐに使役の妻木彦右衛門重直《つまきひこえもんしげなお》が後任に充てられた。

妻木は二年足らずで寛文《かんぶん》二年（一六六二）勘定奉行に転出、後任は目付の嶋田久太郎利木《しまだひさたろうとしき》。

隠された稲生奉行の死

長年務めていた黒川が寛文四年（一六六四）十二月、大目付として転出、寛文五年（一六六五）稲生七郎右衛門正倫《いのうしちろうえもんまさとも》が奉行に就任してこの物語は前半の大きなヤマ場を迎える。

市史年表によると、稲生は前目付で録高千五百石（千石とも）、三月発令、七月着。寛文六年（一六六六）二月十七日没。光源寺埋葬。情報はこれだけである。

関連した記事を探すと、寛文五年に奉行所与力五人を十人、同心二十人を三十人に増やすとある。稲生が亡くなるひと月前に嶋田は江戸町奉行に転出しており、後任には先手弓頭の松平甚三郎隆見《まつだいらじんさぶろうたかみ》、使番の河野権右衛門通成《こうのごんえもんみちなり》が充てられた。

ここで「おやっ」と思うことがあった。

新長崎市史では、稲生と松平の間に下曽禰三十郎信由《しもそねさんじゅうろうのぶよし》が長崎奉行代として載っているのだ。市史年表にはいっさいない名前である。前職は使番、久留米目付、在任期間はわずか三ヵ月。なんで下曽禰なる人物が割り込んでくるのか分からない。

その答えが鈴木氏の『長崎奉行』に詳しく書いてあり、読んでみてびっくり仰天した。

鈴木氏は、稲生の死去の背景に何かただごとではない事態があったように思え、稲生は長崎で不可解な死を遂げたとみているのだ。説明はこうだ。

稲生の死は二月十七日で、通常の奉行交代期からはずれていたため長崎は奉行不在となった。この時幕府は、まるで長崎で暴動でも起きたかのような素早い対応をした。まず天草藩主戸田伊賀守忠昌《とだいがのかみただまさ》を長崎へ派遣して監視させた。つぎに目付として諸国を巡察していた使番の下曾根三十郎（原文のまま）を久留米から長崎へ向かわせた。長崎の情勢がかなり深刻な状態となっていることが推測されるというのだ。

さらに『寛宝日記《かんぽうにっき》』の記述として、稲生は十七日午後六時前後に死去し、翌日の午前二時前後にはその亡骸は諫早《いさはや》を通って江戸へ向かって運び出されたとなっている。死去してからまだ数時間しかたっていない。

家老二人と家臣百二十人が亡骸に随行したということであるから稲生が死去する前から江戸出立への周到な準備がなされていたことになる。そして長崎では稲生配下の詰衆と与力・同心六十六人が残って昼夜巡視した。死後直後の長崎は厳戒態勢が敷かれた。家老たちが亡骸とともに江戸へ直行したのはなぜか。長崎ではなく江戸において、つまり幕府が遺体検分する必要性のある事例であり、しかも長崎で葬ることに対しての強い拒否反応があったとしか考えられない、というのだ。

鈴木氏は、長崎地下人によって何らかの手段、たとえば毒を盛られて殺されたのだとすれば、この後の状況、つまり稲生の家臣の動きや幕府の対応がすべて自然な動きのように思えるとして、さらに後任の河野権右衛門が屋敷に長崎の町人を入れなかったこと、長崎出身でない医師を側近としたことも、この稲生の死がどのようなものであったかを示唆しているように思える、と書いている。

稲生の死去について、ほとんどの長崎の地誌類に「光源寺に埋葬された」と簡単に記されている、と同氏が指摘するように、私は稲生の死につゆほどの疑いも持っていなかった。もし、長崎奉行が何者かに殺されたとすれば、それは徳川幕府の権威の失墜であり、大いなる汚点である。外国の目があることでもあり、万に一つも表沙汰になってはならない。隠そうとするのは当然だろう。

稲生さんには気の毒だが、話は俄然面白くなった。もう少し真相を確かめてみたい。早速現場に飛ぼう。

まずは光源寺である。

浄土真宗本願寺派の光源寺といえば、長崎市民はすぐ「飴屋《あめや》の幽霊《ゆうれい》」を思い出す。

同寺は産女《うぐめ》の幽霊という箱に納められた幽霊像を所蔵しており、毎年八月十六日にご開帳していることで有名。場所は長崎市伊良林《いらばやし》一丁目。というより寺町通りにある寺院の一番北側のお寺と説明した方がわかりやすい。近くには竹ン芸で知られる若宮《わかみや》神社がある。

長崎奉行物語で訪ねたいお寺は五つ。そのうち光源寺と晧台寺、大音寺は寺町界隈にある。

いずれ読者のみなさんは訪ね歩くこともあろうからこの際おさらいをしておきたい。光源寺から南に向かって禅林寺《ぜんりんじ》、深《じん》崇寺《そうじ》、三宝寺《さんぽうじ》、浄安寺《じょうあんじ》、興福寺《こうふくじ》、延命寺《えんめいじ》、長照寺《ちょうしょうじ》、晧台寺《こうたいじ》、大音寺《だいおんじ》、発心寺《ほっしんじ》、大光寺《だいこうじ》、崇福寺《そうふくじ》、八坂神社《やさかじんじゃ》（もと現応寺《げんおうじ》）、清水寺《きよみずでら》。すべて風頭山《かざがしらやま》の山麓に集まっている。一つの山麓にこれだけの数が集中しているのは全国的に珍しいそうだ。

光源寺は中島川《なかしまがわ》から少し高台の住宅街に囲まれたところにあり、ややわかりにくい。

立派な山門が目印。山手に墓地が見えたが、いきなり墓地に行くわけにもいかず、事務所らしき建物に入って「長崎奉行を調べている者です。稲生さんの墓を訪ねたいの

稲生七郎右衛門正倫の墓（光源寺）

ですが」と声をかけると、「はい、今詳しいものを呼びます」との返事だった。

すぐに現れたのが楠住職《くすのき》（当時）。初対面だが、テレビで見覚えがあったのでそうとわかった。「長崎奉行の墓ですか。ありますよ。こちらです」と率先して案内していただいた。それは奥の墓地ではなく、山門に近い一等地にあった。以下は住職との会話である。

「長崎奉行にふさわしい立派な石塔ですね。だけど左端にあるのはちょっと変じゃありません。本来なら中央になければいけないはずなのに」

「F家という篤志家《とくしか》が自分の墓地内に建ててくれたからです。前は別のところにあったのでしょう」

「光源寺は以前、銀屋町にありましたね。そのころ奉行の稲生さんは亡くなった。銀屋町に埋葬されたのでしょうか」

「それはわかりません。この寺は寛文と延宝年間の大火で銀屋町の寺が類焼したためこちらに移転したのです。だから古い書類は全くありません」

「実は稲生さんが亡くなった後、遺体は江戸へ運ばれたという記録があるのです。前後のことを考えると稲生さんの死は謎なんですよ」

「記録があるならそのほうが信憑性がありますね」

楠住職はあっさりと、記録のあるほうが信憑性があるとおっしゃった。

稲生奉行の死は三百四十年以上前の話である。おまけに江戸期の長崎は大火事が多かった。寛文の大火、明和の大火、末次の大火など。古文書類のほとんどが焼失してしまった。証しとなるものは残っていないのである。もはや推測のしようもない。頂いた『光源寺の歴史』の小冊子年譜には、寛文六年（一六六六）長崎奉行稲生七郎右衛門病没のため、当寺墓地にて荼毘《だび》す、と書いてある。

稲生家はどうなっているだろうとネットで調べてみた。

江戸時代埼玉県のほぼ中央にある坂戸《さかど》市多和目《たわめ》を知行していた旗本で、元々は尾張国山田郡稲生村出身。平賀から稲生に改名したらしい。江戸市ヶ谷の寺に稲生家歴代の墓があり、長崎奉行を務めた七郎右衛門正倫の墓もあった。写真付きだから疑う余地はなく、墓石に刻まれた寛文六丙午年二月十七日はまさに亡くなった日である。

稲生の墓は長崎と江戸両方にあることがはっきりした。記録からみて亡骸は江戸に葬られた可能性が強い。

しかし、なぜ亡くなったかは不明のままだ。稲生は着任時の年齢は四十歳と働き盛り。それがわずか七ヵ月で病死するとは考えにくい。やはり何らかのトラブルで殺されたと考えたほうが合点がいくが、真相は永遠の謎である。

それでも当時の幕府の対応から稲生の「謎の死」を探るヒントが隠されていると私はみている。

推理はこうだ。

稲生が着任する二年前の寛文三年（一六六三）三月、長崎で空前の大火があった。

筑後町から出火、折からの強風にあおられて全域に燃え広がり、六十六町のうち残ったのは出島町など三町のみ。六町が半焼、あとの五十七町は全焼、奉行所や寺社も全焼した。

奉行所は復興に全力を挙げた。道路の狭さが大火の一因とみて大がかりな区画整理に乗り出した。通り筋四間、脇町三間、溝幅一尺五寸の決まりをつくり、町割りを大胆に実施して浜町では新たに築地工事に着手した。

全域で復興の槌音が響き、市外から働き手がどっと流れ込んでそれは活況を呈したに違いない。

一方、海外貿易は順調に伸びて、その恩恵に浴しようともくろむ人々の流入も激しくなり、町はいっそう賑わい、同時に風紀の乱れも懸念された。

そんな中での奉行殺害である。

そのころの長崎は外国貿易で経済的にも財政面からも幕府にとって重要な地位を占め、事件の悪影響は最小限に食い止めなければならなかった。強力な善後策も必要だ。長崎奉行は最も重要なキーパーソンで、凡庸な人物では通用しない。

そこに起用されたのが河野権右衛門通成である。

犯科帳の始まり

河野は着任の際、外国人からの八朔礼《はっさくれい》を辞退したいと幕府に願い出ている。金銭面で身辺をきれいにしておきたいとの意思表示だろう。

長崎の町人を屋敷に入れない、長崎出身ではない医師をそばに置いていたなどは日常の身辺警戒を自覚してのことだろう。彼は六年余りの在任中、高い人徳を表す『言行録』を残している。

何より筆者が注目しているのはあの有名な『犯科帳』が彼の着任の年から始まっていることだ。『犯科帳』は寛文六年（一六六六）から慶応三年（一八六七）まで二百年にわたって書きとめられた長崎奉行所の判決記録である。犯科帳研究の第一人者森永種夫《もりながたねお》氏（故人）が「長崎における刑法であるが、江戸時代における日本全国の刑法を類推して差し支えなく、単なる地方史料にあらずして、日本法制史の中心史料」と言われたように法制上貴重な史料。それだけでなく江戸時代の社会風俗や庶民の暮らしぶりを赤裸々に表す歴史資料でもある。

これを一奉行の発案で始めたとはとても思えない。幕府中枢の意図が明確に伝わっていたはずだ。だからこそ奉行の河野は、法制上の長官でもある立場をしっかりわきまえ、範となるような言動に終始した。稲生奉行の死と関連があるとしか思えない。

森永氏は長崎県立図書館に所蔵されていた百四十五冊に及ぶ犯科帳の存在に驚き、内容の研究に功績をあげられた。おかげで『犯科帳』は時代劇の種本といわれるまでに文化芸能面でも欠かせぬ存在となった。筆者は発想が俗っぽいものだからすぐに「犯科帳がつくられた動機は何か」になってしまう。刑事事件の判例は社会を映す鏡。後世にきちんと伝えておかなければと幕府中枢が考えて、河野奉行に指示したとすればたいしたものだ。そうでなく河野奉行の発案ならもっとすごい。いずれにしても稲生奉行の死と関連した出来事と記憶したい。

鈴木氏の『長崎奉行』では、稲生奉行の不可解な死を取り上げたのはあくまで話の前置きで、本題は「仏と閻魔《えんま》の顔を持つ男」として河野奉行を詳しく書いている。

その中のエピソードをひとつ紹介したい。

河野は江戸へ戻る際、長崎の屋敷で使った諸道具や手回り品を、武具以外はすべて長崎の役人たちに分け与えた。河野が言うには、私は貧乏なので、この諸道具も江戸へ送りたいが、そうしたら「権右衛門は長崎から荷物をたくさん持ってきたが、どんなに私腹を肥やして得た財宝がその中に入っているのだろうか」と人々が怪しむかもしれない。だから長崎からは宝に見えるような荷物を江戸へは持って帰らない、というのだ。河野奉行はそういう男だ。

ついでながら鈴木氏は河野権右衛門通定としているが、筆者は河野権右衛門通成としている。下の名前が違う。こういう例は長崎奉行だけでも二十数人いた。参考文献の『柳営補任《りゅうえいぶにん》』か『寛政重修諸家譜《かんせいちょうしゅうしょかふ》』によっても違うらしいが、よくわからない。出世のたびに変わることもあるからだ。

河野に関しては、外山氏は『長崎奉行』で通定だったのを新長崎市史では通成としている。本書では最新の研究成果として新長崎市史を採用している。

立山役所と西役所

本博多町にあった奉行所は、奉行二人制によって屋敷を東西に分け、東屋敷、西屋敷と呼んでいた。

寛永十年（一六三三）奉行屋敷から出火して五、六町を延焼する火事があり、外浦町《ほかうら》にも奉行屋敷を建てた。ところが寛文の大火で両屋敷とも焼失、その年に再築したものの火災があれば常に延焼の危険が伴う土地柄。そこで奉行所の分離建設を幕府に申請したのが、寛文十一年（一六七一）就任した牛込忠左衛門重忝《うしごめちゅうざえもんしげのり》。その年の暮れに許可が下り、大目付井上筑後守が長崎に下向した時に使われていた立山《たてやま》の屋敷跡で建設が始まり、延宝《えんぽう》元年（一六七三）完成した。これが立山役所である。旧役所を西《にし》役所と呼んでいた。

奉行所はよく火災に遭う。延宝六年（一六七八）外浦町から出火して西役所が類焼、元禄十一年（一六九八）西役所から出火して全焼してしまうのだ。享保《きょうほう》三年（一七一八）西役所、立山役所ともに全面改築、その後時々増改築はあったものの

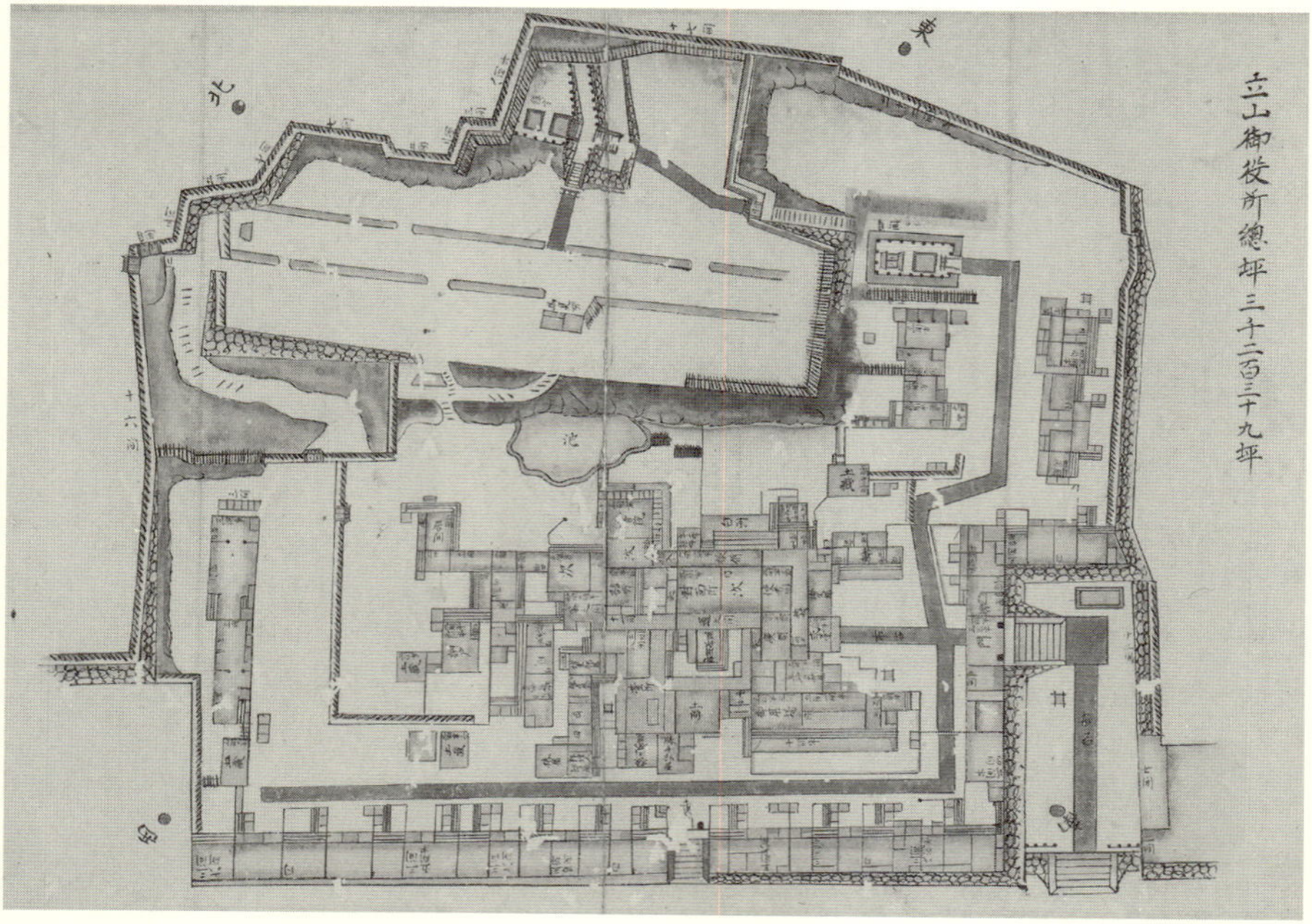

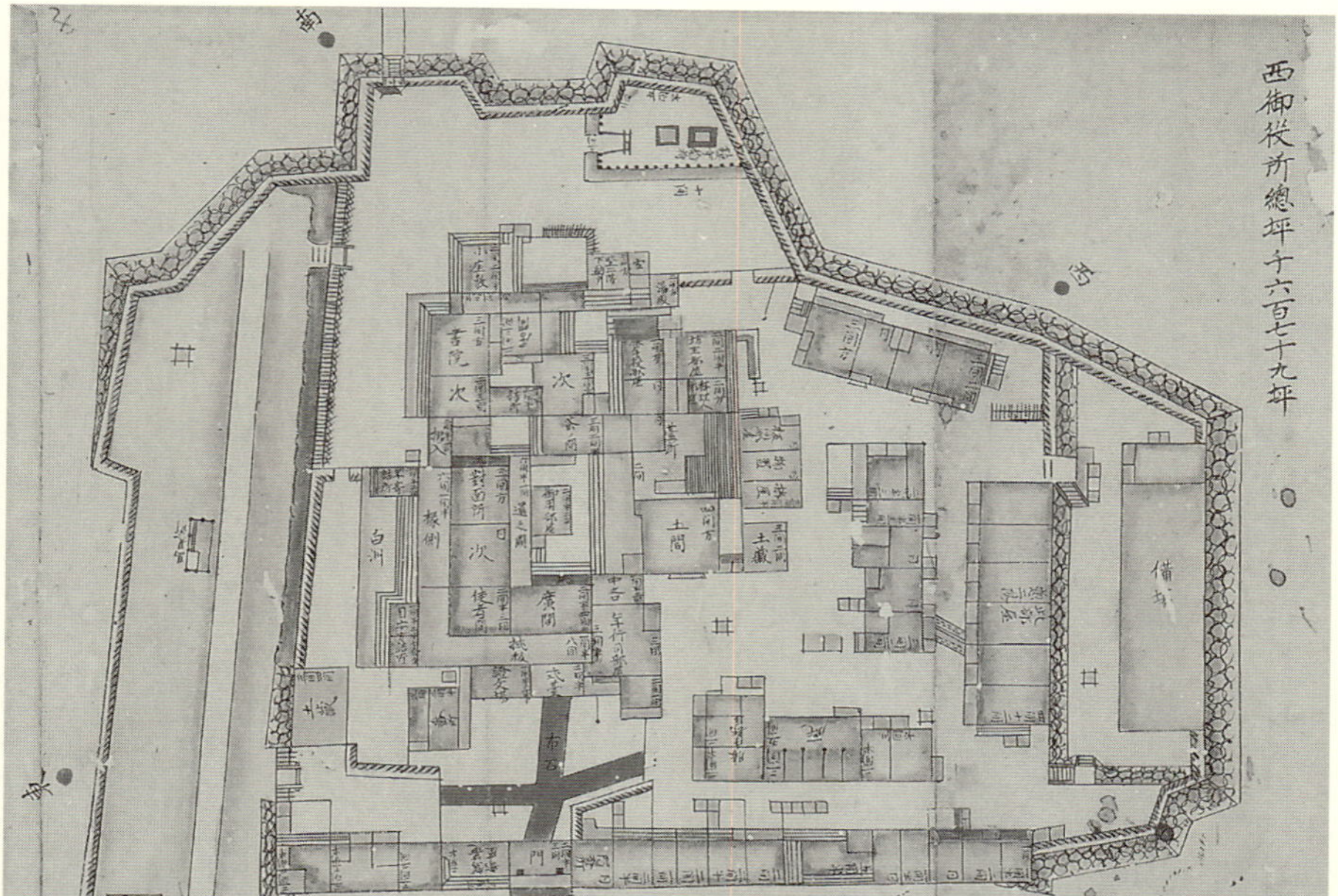

上：立山役所見取り図　下：西役所見取り図（長崎歴史文化博物館蔵）

大体この時の規模・形態で明治維新を迎えたようだ。

奉行所建物の歴史を紹介したついでにもう少し詳しく見てみよう。

立山役所は面積三二三九坪（約一万七百平方メートル）。御本屋九棟、土蔵五棟、ほかに七棟、三十二部屋からなる長屋があった。この役所跡には県立美術博物館や知事公舎があったが、取り壊されて平成《へいせい》十七年（二〇〇五）県市立の長崎歴史文化博物館としてオープンした。建設の際、旧長崎奉行所の石段や庭園などの遺構が出土したため石段を補強、奉行所入り口として当時のままで活用されている。建築家黒川紀章《くろかわきしょう》氏（故人）の設計。

西役所は一六七九坪（約五千五百平方メートル）。御本屋六棟、土蔵四棟、長屋七棟、番所一棟があった。絵師川原慶賀が描いた長崎奉行所西役所図をみると、南側に出島を見下ろし、西側は船着き場がある大波戸を臨んでおり、狭い長崎にあって木々にも囲まれた一等地。現在は県庁がそびえ立っている。その県庁は二〇二〇年には長崎駅近くに移転するという。跡地をどう活用するかがこれからの街づくりの焦点だ。

文化奉行

それはさておき牛込奉行を高く評価しているのが外山氏と医師で郷土史家の中西啓《なかにしあきら》氏（故人）である。「歴代の長崎奉行のうち出色の人物の一人として、牛込忠左衛門勝登《かつなり》を上げることに異論はないであろう」と外山氏。「牛込奉行が文芸復興の精神を持ち合わせていたことは長崎の街の人たちに幸いであった。彼の努力は長崎の文化の進展に極めて効果的。名奉行の名をほしいままにした人」と中西氏。いずれも手放しの褒めよう。

牛込奉行は何をしたのか。第一は、貨物市法売買法《かもつしほうばいばいほう》の制定と実施のようだ。つまり従来の貿易のやり方を改革したのだ。

こういう話が突然出てくると、経済にからきし弱い筆者は後ずさりしたくなる。できれば避けて通りたい。そうもいかないとなると、過去からの流れを大雑把《おおざっぱ》でもつかんでおかなければ理解できないから、また復習に時間をとられる。一緒に復習してもらいましょう。

ポルトガル船が平戸に来たのが天文《てんぶん》十九年（一五五〇）。平戸から横瀬浦《よこせうら》、福田《ふくだ》を経て初めて長崎に来たのが元亀《げんき》二年（一五七一）。この年から本格的な南蛮貿易が始まった。牛込奉行が着任するちょうど百年前だ。

秀吉時代から長崎、京都、堺の貿易商人に異国渡海の朱印状を渡す朱印貿易が始まったが、江戸時代に入ってすぐの慶長九年（一六〇四）糸割符法に改められた。割符とは割り付け・分配の意。長崎、京都、堺（後に江戸、大坂が加わる）の商人にポルトガル船舶載生糸の一括購入の特権を与えたもので、これによってポルトガル商人の不当な高値輸入を防いだ。輸入した生糸を糸割符仲間に所定の比率で配分するのでこの名前がついた。

その後、例によってポルトガル船の渡航禁止、鎖国によるオランダ船、唐船だけの貿易となり、糸割符制度は続いていたのだが、明暦《めいれき》元年（一六五五）これをやめて相対貿易とした。

黒川、甲斐庄両奉行の時である。

相対貿易とは自由売買が原則。幕府は糸割符商人だけに利益を独占させるより、一般商人にも取引を許したほうが、物価抑制策の面からもいいと考え廃止したようだ。おさらいはここまで。

幕府は寛文十二年（一六七二）唐蘭貨物市法売買法を制定、翌年から施行した。これに深くかかわったのが牛込奉行と同年着任した使番だった岡野孫九郎貞明《おかのまごくろうさだあきら》である。横道にそれるが、岡野も孫九郎か孫次郎か両説ある。ついでに言えば牛込忠左衛門も〝重忢〟か〝勝登〟かで悩むところである。

この貨物市法は、奉行所が直接貿易全般に介入し、価格の安定を指図するもので、これまでの貿易のやり方を覆す一大改革である。なぜこれをしたかといえば、糸割符制度を廃止して自由売買にした結果、輸入品価格の主導権が外国商人側に握られ、価格がますます高騰した。追い打ちをかけて対価として支払う銀の海外流出がひどくなり、国内産出の銀の減少もあって歯止め策を採らざるを得ない局面に立たされたのである。

どんなやり方か。

これが実に荒っぽく手前勝手なのだが、後に長崎の町民全体に恩恵をもたらすので、詳しく説明したい。

糸割符商人五ヵ所（長崎、京都、堺、江戸、大坂）から目利き役を出させ、輸入貨物を評価させて帳簿を提出させる。

長崎奉行はこれを基に比較的低い適当な価格を決め、唐人、オランダ人に知らせて、同意すればその価格で購入させ、不同意なら荷を積み戻させた。購入した貨物は先の評価の内、最高価格で五カ所商人や諸国の商人に売却する仕組み。この取引を担当するのが、五カ所商人で組織する市法会所。以上の購入価格と、国内商人への売却価格の差から生じた利潤は、会所の利益として五カ所及び諸国商人の買い高に応じて配分することになった。

この市法売買法の実施に際し、唐船取引については、その貨物の三分の一に対する益金は三分一銀と称して長崎の町に配分することにした。市法売買法による益金（増銀）も町全体に「地下銀《じげぎん》」として配られることになった。これらの地下銀は町役人の給料や町入費に使われるほか箇所銀《かしょ》（家持ちへの配分）かまど銀（借家人への配分）として町民に均等に配分されたのだ。こんなシステムはほかのどの地方にもない。長崎が特殊な貿易基地であったため町全体が恩恵を受けたのである。

それにしても大胆な改革だ。「価格は自由競争」というのが世界の常識。あまりの一方的な制度改革にバタビアのオランダ総督が長崎奉行に書状を送り、「およそ商売で買い手側から一方的に値段を決定するなど聞いたことがない」と市法売買法に不満を表明したほどだ。当然幕府から無視されてしまった。

読者のみなさんはバタビアを御存知か。筆者は猛勉強の甲斐あってこれくらいはわかるようになってきた。インドネシアの首都ジャカルタ。オランダ領時代の名である。オランダ東インド会社は当時バタビアに本社を置いていたのだ。

唐蘭船側には大打撃であったろう。しかし、価格に不満だからといって積み戻したのでは赤字が出るだけだ。持ち帰ることはほとんどなく決定価格で売却するのが常であったらしい。日本側が貿易の主導権を回復したのである。さらに幕府は全国の貿易商人を組織化し、総貨物額を決めて従わせるようにした。幕府が貿易に深く介入したのである。ようやく銀の流出に歯止めがかかり、長崎に繁栄をもたらした。

この年、奉行所は、区域の大きな町十三町を分割して二十七町にした。町民に配分される貨物が町域の広狭で差が生じたためだ。これによって長崎の市街は七十七町。丸山、寄合、出島を合わせて総町八十町となった。諏訪神事の踊り町の順番も一年十一ヵ町七年回りと決まった。

牛込奉行らの改革が長崎の町民に歓迎されたのは言うまでもない。牛込奉行が江戸へ帰るたびに盛大な見送りの列が続いた。

あまりに派手な見送りが慣例となったため牛込は延宝四年（一六七六）貿易商人の派手な見送りを自粛するよう厳命したほどだった。

牛込は約十年の在任中、文化面でも大きな足跡を残した。

市史から拾ってみると、寛文の大火で焼けた立山書院を再興し、京都から来て塾を開いていた儒者南部草寿《なんぶそうじゅ》を聖堂祭酒に任じた。長崎での最初の官学といわれている。

江戸前期の天文学者、将軍吉宗《よしむね》に謁見したことでも知られる西川如見《にしかわじょけん》は南部の塾で宋学を学んでいる。松の森神社各社殿の改築は牛込奉行の喜捨によるものだ。長崎村十善寺郷で初めて薬草園を開いた。後に唐人屋敷になったところだ。また長崎上水道の原型を造ったといわれる倉田水樋《くらたすいひ》の完成に尽力した。このほか鳴滝《なるたき》、梅香崎《うめがさき》の名付け親としても知られる。立山役所では松囃子《まつばやし》、仕舞い、能が演じられ、俳諧や連歌をたしなむ者を集めて鑑賞したという。

とにかく牛込は文化人であった。

経済や文化面で大きな功績を残しただけでなく、末次平蔵《すえつぐへいぞう》事件にかかわったことも忘れてはならない。江戸初期に朱印船貿易で巨利を収め、長崎代官を歴代務めた町民最大の実力者末次家の密貿易が発覚した。

延宝四年のことだ。代官末次家四代平蔵茂朝の使用人が唐小通事と共謀して中国人から船を買い取り、船頭を雇ってカンボジアにわたり、密貿易を企てたのである。何しろ地元実力者の犯罪。牛込奉行はただちに幕府に報告、幕府は四百人を超える捜査陣を下向させて取り調べに当たった。

その結果船は二重底だったことが判明、日本の絵図、刀、武具類の抜荷が明らかになった。

犯罪が明らかになれば幕府の処分は厳しい。主犯格らは市中引き廻しのうえ磔、その子供も獄門か遠島、末次一家は直接関与しておらず死罪は免れたが島流しとなり、茂朝の家屋敷、財産はすべて没収されて没落の運命をたどった。

牛込奉行は硬軟併せて長崎の町に確かな足跡を残した。

とここまで書いた後、筆者はまた長崎奉行探しを続けた。そうした中で胸の奥でひそかに思っていたことがあった。

郷土史家の第一人者である越中哲也《えっちゅうてつや》前長崎史談会会長は「長崎奉行」をどう見ておられるのだろうということだ。面識がないわけでもないので、お会いしたら率直に伺おうと思っていたら、膨大な量の『長崎談叢』（長崎史談会編）の中に「長崎奉行牛込忠左衛門勝登」と題する越中先生の論文を見つけた。しかも四回にわたっての大論文だ。

「寛文大火後の整備を大いに進め、立山奉行所の創建、市法貨物商法の開始など町政、貿易上多大の功績を残し、文化学問の分野にも大いに貢献、歴代奉行の中でも高く評価される」との評価に接した。

これで安心して牛込奉行を卒業できそうだ。

さてここで一息入れようと思う。

初代奉行寺沢から牛込・岡野まで歴代をすべて見てきた。九十年間の歩みだ。

ここまでくれば当初の迷いはだいぶ薄れてきた。

長崎奉行が何代続いたかは百二十九代とはっきり答えを出したい。

そのうち再任が一人、重任が一人。実質百二十七人が長崎奉行に名を連ねた。

よってこれからは迷いなく何代目奉行と書くことにしたい。

さらに付け加えたいのは、牛込が赴任して以降、将軍の黒印状《こくいんじょう》と老中の下知状《げちじょう》が長崎奉行に発給されてきたことだ。黒印状は鎖国政策やキリシタン禁制など指示した将軍直接の文書。下知状はポルトガル船に関する規定で、通商再開要求拒絶や江戸への通報、福岡・佐賀両藩による長崎港警備、不測の事態の際の武力発動、近隣諸藩の動員などを定めており、長崎奉行の職権がはっきりと拡大したことを意味している。

新たな段階に入り、新しい発見は今後も続くと思うので乞うご期待。

奉行の「格」とは？

岡野の後を受けて延宝八年（一六八〇）二十六代目に就任したのが目付の川口源左衛門宗恒《かわぐちげんざえもんむねつね》、後の川口摂津守《せっつのかみ》である。この年、将軍家綱《いえつな》が没し、弟の綱吉《つなよし》（家光の四男）が五代将軍となった。後に川口の昇進に関係がありそうなので記憶しておいてもらいたい。

同年は諸国に風水害、干害があり、長崎は米不足で町民は困窮していた。翌年も米不足は続き、長崎でも餓死者が出た。このため福済寺や崇福寺では施粥をして窮民を救った。さらに次の年も飢饉となり、崇福寺は施粥のための大釜（市有形文化財として現存）を造った。川口奉行は着任早々、飢饉対策に追われたに違いない。

飽食の現代では想像できないかもしれないので、江戸時代の天領長崎の米事情を調べてみた。

水田がほとんどないため米の生産は少なく、消費量の大半は他国からの移入に頼るほかなかった。古くは肥前米、肥後米が入るのみ。なお不足する分は長崎奉行所から地役人を諸国にやって、長崎会所の経費で買い入れさせていた。

その後、地役人の買い付けをやめ、豊後国から一万四千石、石見国から四千石を長崎に回送させることにした。その中から奉行はじめ地役人などの切米扶持米その他いっさいをまかなったうえ、石見米千石が一般に売り出されたという。

米だけでなく農産物のほとんどが他国頼みだった。豊作の時は何でもないが、いざ他国に天候不良、災害、飢饉などがあればその影響をもろに受けるのが商業貿易都市の宿命。

長崎奉行は全国の飢饉に目を光らせて、神経をとがらせる職務も帯びていたのである。

牛込奉行らの改革で打撃を受けた唐蘭商人たちは、積載貨物量を増やすことで利潤の減少を補おうとした。中国では遷海令《せんかいれい》を解除したこともあって唐船が長崎に殺到、これによって輸入量が増大し、金の海外流出が一層激しくなった。ここで遷海令の説明をしている暇はない。

長崎県にゆかりのある鄭成功《ていせいこう》も関係している話なので、興味のある人はじっくり調べてほしい。

何とか打開策をと考えた幕府は貞享《じょうきょう》元年（一六八四）調査団を長崎に送り込んで貿易の実態を検分、その結果出てきたのが市法貨物売買法を廃止して糸割符商法を再興するというもの。しかしそれでは不十分だとして翌年提案されたのが、年間の貿易額を規定する定高貿易法の実施である。

この「御定高制度《おさだめだかせいど》」導入の指導的役割を果たしたのが川口奉行、と鈴木氏は指摘する。

年間の貿易総額を唐船は銀六千貫目（金十万両）、蘭船は銀三千貫目（金五万両）。白糸の輸入は唐船が輸入総額の四分の一、蘭船は三分の一と定め、金銀に代わって銅の輸出を奨励する内容。

元禄《げんろく》二年（一六八九）からは唐船の長崎来航を七十隻に制限する措置も取った。この年に唐人屋敷が完成、唐人たちは居住を制限されることになった。

外国貿易統制を主導した川口は元禄三年に従五位下《じゅごいのげ》を叙爵、晴れて摂津守となった。

それまでの長崎奉行は二十五代のうち従五位下だったのは初代寺沢志摩守、五代水野河内守、六代竹中采女正、九代榊原飛騨守、十一代仙石大和守の五人だけ。長崎奉行在任中に叙爵されたのはもちろん初めてである。よって鈴木氏は「長崎奉行の位階を上げた男」として川口を取り上げている。

本書で先に「長崎奉行のほとんどが布衣役、途中から諸大夫《しょだいぶ》役に格上げになった、そのへんのドラマはあとから出てくるはずだ」とつい思わせぶりな書き方をしてしまった。今そこのところです。

幕府の対応を見ていると、善しにつけ悪しきにつけ時代とともに変化している様子が見て取れるのだ。

布衣役は官位は与えられないものの六位相当とされ、殿中儀式などの際、布衣という無地の狩衣《かりぎぬ》を着用できる役職。幕府の高官たちの装束は平服と礼服を儀式の内容によって分け、礼服の場合、将軍家は直垂《ひたたれ》、四品《しほん》が狩衣、五位の諸大夫が大紋《だいもん》というように細かく決められていた。そうなると江戸城内で使われる部屋も将軍との親疎関係、身分の差、序列の差によって区別され、殿中席の上下も序列によって決められた。

驚いたことにこの決まりごとは本丸御殿に登城する際にも設けられていた。

大名や役高五千石以上の役人以外は大手門《おおてもん》の手前、下馬所《げばしょ》で駕籠や馬から降りなければならない。

それから先も決まりに従って供の人数を減らし、大名といえども下乗橋《げじょうばし》の手前で駕籠から降り、決まりに従って供の数を減らされ、玄関からは大名一人の行動となるのだ。

並の大名は玄関に刀を持ち込むことはできない。家来の刀番は玄関の外に控えるしかなかった。しかし、刀番が玄関式台へ上がる大名もいた。大藩である加賀金沢《かがかなざわ》藩主前田氏、因幡鳥取《いなばとっとり》藩主池田氏以外は全員徳川一門である。たとえ二、三万石の大名でも御三家の分家だから別格なのだ。とくに御三家は大広間溜《たまり》まで刀を持ち込むことが許されていた。ことほど左様に江戸城は　藩や武士たちを序列化し、将軍の威光を強烈に印象付ける空間でもあった。

なぜ世界史にもまれな長期の単独政権が続いたのか秘密の一端を覗いた感じだが、それはともかく川口奉行は摂津守になったのである。先ほどの続きでいえば、大部分の遠国奉行は江戸在勤の際、江戸城内の芙蓉の間に席があり、長崎奉行はその末席に座らされていた。他の奉行に与えられていた従五位下の位階は長崎奉行にだけは一部を除いて長く与えられることがなかったとし、鈴木氏は『御役人代々記』から面白い話を引用している。

私の解釈を加えながら要約すると、松平甚三郎《まつだいらじんざぶろう》（二十二代長崎奉行）が縁あって老中久世大和守《くぜやまとのかみ》にお会いになり、「芙蓉《ふよう》の間《ま》にいる遠国奉行はみな従五位下諸大夫なのに、長崎奉行だけが無官でいる。長崎奉行だけ布衣を着ているのも見苦しく、まるで長崎奉行の仕事が他の遠国奉行より劣っているように見える。どうか従五位下諸大夫に任じていただけたら大変ありがたい」と言った。

久世大和守は理解を示して老中が集まった席でこの件を持ち出したところ、大老の酒井雅楽頭《さかいうたのかみ》はこう言った。「それは叶わぬことだ。長崎奉行というのは外国の商人を支配する役職である。外国人を軽んじるためにわざと位階の低い者を任じて外国人を支配させている。今もし従五位下諸大夫の者をその役職に任じて外国人を支配したならば、それは作法違いとなる。外国人を日本人の位階の低い役人が支配することによって、外国にまで将軍の威光が高くなるという思惑で芙蓉の間でも末席に座らせている。たとえ申請があってもそれは無理なことだ」と。

一同寂《せき》として声なく、この件は終わってしまった。

言いにくいことだが、当時の幕府首脳の感覚はこの程度である。手前勝手で将軍の権威ばかりを気にしている。現場の苦労などつゆほどもわかっていない。まして世界がどのように進んでいるか心を掛けた者がどれほどいただろう。鎖国時代の日本を海外の人たちがどのように見ていたか、おいおいふれていきたいと思う。

オランダ人の将軍拝謁

ここでタイミングよく、オランダ商館付きの医師エンゲルベルト・ケンペル登場となる。

ドイツ人ケンペルは十年にわたる世界旅行の途中、旅行費用工面のためオランダ東インド会社付きの医師として就職、元禄三年（一六九〇）長崎にやってきた。川口が奉行の時である。

ケンペルは没後、日本に関する遺稿が「日本誌」として出版された。

その中で川口についての記述がある。

「第一の奉行は川口源左衛門。守の称号を授けられたあとは名を呼ばず、川口摂津守といい禄高は四千七百石。押し出しは立派な五十歳前後の男だが、狡猾にして陰険、オランダ人の大敵である。公正ならざる峻烈な判官《ほうがん》だが、運のよい世渡り上手な幕臣である」

ケンペルが何をもってそう判断したのか定かでない。しかし、オランダ人の大敵とぼろくそに言っているところをみると、川口が進めた経済政策の効果が表れた証し、と見ることもできる。

私はケンペルが元禄四年（一六九一）と翌年の二回、商館長（甲比丹）に随行して江戸参府したことに注目している。時の将軍は五代目綱吉である。

この江戸参府について、オランダは商売上の利益を上げるために非キリスト教徒の支配者に跪《ひざまず》いた、とヨーロッパでは厳しい批判を受けた。

だが、オランダ人は将軍に拝謁できることが名誉なことだと知っていた。オランダ人は商人である。商人が将軍に拝謁することなど本来ないことだったからだ。それが証拠に中国の商人は拝謁どころか貿易が終わったら、来た船に乗って帰路につかねばならないのである。

甲比丹はまるで外国国王から派遣された使節団長のように取り扱われた。綱吉がケンペルの時に謁見した二回は間違いなくそのようだ。

元禄四年二月三十日（一六九一年三月二九日）「蘭人四人とも簾《すだれ》前にめして御覧あり。音曲を聞《きこ》しめ給《たま》う」と『徳川実紀《とくがわじつき》』には手短に記されている。

ケンペルが初めて拝謁した時、綱吉はケンペルが学識豊かな人物であることを見抜いていたようで、医学上の治療方法についてさまざまな質問をしている。

「ヨーロッパに長生きの薬はあるか」。とっさに長いラテン語の名前を口にすると「その薬を調合できるか」。甲比丹ができませんと答えるよう合図を送ったが、医師としての弱みを見せたくなかったケンペルは「薬の調合法は知っているが、日本に材料がない」と如才なく答えた。

すると一行に対し「海外で薬の材料を調達するように」との委託がなされたのであった。

二回目の時は前回にも増して多くの質問があった。

オランダの統治はどうなっているか、風習は日本とどう違うか、埋葬の仕方は、家の外観はどうなっているかなど多岐にわたり、西洋医学については質問が直接下された。このような内容は幕府の公式記録にはまず出まい。海外からの情報なればこそである。

ケンペルは一回目の時、城内の人々に歌を披露した。それが好評だったのだろう。二回目も歌を所望《しょもう》された。拝謁の儀は前年同様二時間ほど続いた。

この後簡単なお別れセレモニーがあって江戸城を後にするのが通例だが、この時はしばらく待つようにとの指示があり、一行に食事が提供されたのだ。そして二回目の特別拝謁のため一行は将軍の非公式謁見の間に通され、御簾の近くに座るよう命ぜられた。

この時の様子をケンペルはスケッチに残している。江戸城白書院《しろしょいん》における非公式の第二回拝謁の図（大英図書館所蔵）がそれ。ほかにオランダ人江戸参府旅行の図、江戸城本丸玄関、江戸城大広間の図などがあるが、白書院の図がもっとも詳細かつ丁寧に描かれている。

白書院といえば江戸城本丸御殿の玄関から大広間を抜け、刃傷沙汰で有名な松之廊下を通った先の部屋である。大広間だけでも上段（二十八畳）中段（同）下段（三十六畳）二之間、三之間、四之間なども含めると約四百九十畳の広さである。

まさに江戸城のど真ん中での特別拝謁が始まった。

一行はいつものように日本式にあいさつしようとしたが、ヨーロッパ流儀でするようにとの指示、ケンペルにはもう一度歌うように依頼があった。歌い終わると、綱吉は「今の歌の歌詞はどんな意味か」と問うた。実は恋の歌だったのだが、ケンペルは将軍の幸福と健康、そして神の御加護を念じた歌です、と機転を利かせて答えたという。

この後も医学の話が続き、ケンペルは将軍やお付きの高官たちが十分満足する応対をした。

急な追加拝謁だというのにもう一度食事が提供された。一行は少ししか口にできなかった。すると分厚い白紙と贈答用の紐が持ち込まれ、通詞たちに対して残りの食べ物をオランダ人のために白紙に包むようにとの命令が下された。

一行が帰るのを将軍綱吉は最後まで見送ったという。

「オランダ人がこれほどまでに厚遇されたことはない」と役人たちが言うほどであった。

ところがこの二回の拝謁が外山氏の『長崎奉行』によるとこんなふうになる。

部屋に入るやいなや「オランダカピタン」という大声がした。これが商館長が将軍に近づき敬意を表す合図で、彼は命ぜられた通りひざまずき、頭を畳にこすりつけ、手足で這うようにして前に進み、将軍の顔を見ることも許されぬまま一言も言わず、まったくザリガニ同様の恰好で再び引き下がった。

いろいろと準備した拝謁の儀式は、こうしてあっけなく終わった。（中略）しかし、拝謁の後、将軍以下の高官から種々好奇の見物の対象とされることとなった。

彼ら三人のオランダ人はさらに奥の部屋へ連れて行かれた。そこには簾が垂れ下がっており、その奥に将軍や、その一族の姫たちがいた。

そこで二時間、彼らは物見高い見物に応ぜねばならなかった。

年齢や名前、オランダの位置、さまざまな病気の治療法などの質問に答えねばならなかった。

そのうえあいさつや踊ったり跳ねたり、さらには酔っぱらいのまねや、絵を描き、オランダ語を読んだりドイツ語を読んだり、歌を歌ったり、外套を着たり脱いだりのサル芝居をさせられた。ケンペルの二回目の参府の時は、高官の年齢を当てさせ、実際よりも若く答えたところ一同どっと笑った。そこから接吻をして見せたところ婦人たちの中から笑いが起きた。彼らは屈辱に耐えたのである。

同じ場面であってもニュアンスはこれほどに違う。

知識欲旺盛なケンペルにとって南北八十二歩、東西二百三十六歩しかない小さな出島でも監獄の島ではなかった。隔絶されたからこそ研究にいそしめた。江戸参府は知的好奇心を満足させる楽しみな旅行だった。

サル芝居の要素は感じただろうが、毎年の商館長日記を読んでおり、形式重視の儀礼は織り込み済みのはずだ。一方からだけでは本当の姿はわからないものである。

それはともかく、在府だった川口は長崎奉行として謁見に立ち会っている。

その川口が叙爵されたのは、将軍が綱吉だったからともいえる。なんとなれば頭の固い老中と違って綱吉は海外に目を向けていた。徳川家を調べれば分かるが、綱吉は三代将軍家光の四男、四代将軍家綱の弟である。綱吉は幼少のころからオランダ人に興味を示し、拝謁を待って控えているオランダ人の部屋にひょっこりと何度も現れたというのだ。

将軍の弟だからできる行動。

その場の役人たちは狼狽したが、綱吉は平気な様子でオランダ人の顔をしげしげと眺め、名前や年齢を聞いたりしている。

綱吉は将軍になってから二年目の天和《てんな》二年（一六八二）、この非公式拝謁を白書院で行っており、世界の情勢やオランダの様子を質問したほかオランダ人の歌を聞いている。この時のことは寛宝日記にもこう記されている。

天和二年、オランダ使節一行江戸参府の折、身長六尺五寸のカピタンが、将軍の望みによりその御前で歌を歌ったと伝えられ、古来これなきことと長崎でもうわさされた。

綱吉には外国人を軽んじるために長崎奉行の位階を下げるという時代遅れの考え方はなかった、と思いたい。

綱吉は何かにつけて進んでいるオランダ（海外）に一目置いた態度を示しており、そうであるならば彼らと対等、もしくはそれ以上の支配する立場にある長崎奉行の地位が低くてはならない、と思っても不思議ではない。

綱吉は元禄十二年（一六九九年）大胆な改革を打ち出す。

長崎奉行を四人とし、隔年二人交代としたのだ。

それだけではない。江戸城芙蓉の間で末席だった長崎奉行の席順が京都町奉行、大坂町奉行より上座に変わったのである。

これによって席順は上から御留守居、大目付、町奉行、御勘定奉行、御作事奉行、御普請奉行の次に長崎奉行となり、その下に京都町奉行、大坂町奉行、禁裏付《きんりづき》、御所付《ごしょつき》、伊勢奉行、奈良奉行となった。

この決定は、結構破天荒だ。

出島の輪郭は、今も残る

何しろ朝廷がある京都より上座である。長崎奉行が外国人を支配する役職であると幕府が再認識し、長崎の役割を重要視した結果であろう。

この席順はそれから幕末まで約百七十年変わることはなかった。

灯籠の置き土産

長崎奉行を約十四年、歴代奉行では三番目に長い任期を終えた川口は元禄六年（一六九三）江戸町奉行に転出した。事前に異動がわかっていたのだろう。その年当時の浦上渕村《うらかみふち》にあった宝珠山萬福寺《ほうじゅさんまんぷくじ》に大きな石灯籠を寄進している。

石灯籠が現存しているので行ってみた。

同寺は今は長崎市淵町にある淵神社（肥前稲佐弁天社とも呼ばれていた）となっていた。稲佐山ロープウェイの発着駅でもあり、長崎が世界新三大夜景に認定されたこともあって、近年にぎわいを取り戻している。境内にはかつて俳優の福山雅治《ふくやままさはる》が通った宝珠《ほうじゅ》幼稚園があり、ＮＨＫ大河ドラマ「龍馬伝」が放映されたころは、熱心な福山ファンがこの幼稚園にまで押し掛けた逸話が残っている。

その石灯籠は本殿前の石段の横に建っていた。高さ約五メートルの実に立派な灯籠である。説明板によると、安藤広重《あんどうひろしげ》の六十余州名所図会「肥前長崎稲佐山」と長崎名勝図絵《めいしょうずえ》にもこの石灯籠が描かれている。当時萬福寺の前は港が広がっていた。参道を下ると海である。石灯籠はその参道の先の海中に建てられ、船で参詣する時の灯台の役割も果たしていた。川口奉行の心遣いが見て取れる。

参道から東を眺めると、三菱重工業の野球場や浦上川沿いの高架道路が見える。

かつてはツルの港と言われた海が、現在の浜口町付近まで広がっていた。石灯籠は明治三十七年（一九〇四）の埋め立て工事で鳥居の横に移設され、昭和五十年（一九七五）に現在地に移されたという。

残念ながらこの大石灯籠に注目する観光客は少ない。市民だってそうだ。稲佐山からの観光を終えて一度見に来てほしい。

一見の価値はあると信じる。なにしろ長崎奉行の格を高める活躍をした川口奉行の置き土産なのである。

牛込の後任で天和元年（一六八一）二十七代奉行になったのが目付の宮城監物和充《みやぎけんもつまさみつ》。川口と同じ目付からの起用である。川口とは六年間一緒に仕事をした、と書けば机を並べて仕事に励んだような誤解を生むが、あくまで江戸在府と長崎在勤との交代である。

その宮城奉行に貞享三年（一六八六）不幸が訪れる。伺いを立てずに死刑を執行し、免職閉門となってしまったのだ。

長崎奉行は事件が極刑に当たる重罪であるとか、前例に乏しい罪、あるいは奉行単独の判断では迷う事件の場合、「御仕置伺《おしおきうかがい》」といって江戸表に伺いを立て、その下知《げじ》によって処罰を決めていた。

宮城奉行はその決まりを破ってしまったのだ。

決まりに従わなかった時の幕府の対処は実に手厳しい。どういう事件であるかはっきりしないが、おそらく抜荷にかかわる事件のようだ。宮城は罷免となってしまった。

六十五歳の着任

宮城の後任は目付の大沢左衛門基哲《おおさわさえもんもとのり》。

このころの長崎奉行はほとんどが目付からの起用である。宮城の罷免が貞享三年十一月、すぐに大沢に発令され、翌年一月着任した。ところがその大沢が五月二十八日亡くなり、皓台寺に葬られた、と市史年表に記されている。

新しい市史では補職年月日は貞享三年八月二十一日となっている。これでは宮城が在職中になり、川口と合わせて三人になってしまう。

長崎奉行が三人制となるのは貞享四年（一六八七）からである。着任してわずか四カ

二十六代川口奉行が寄進した石灯籠がある（長崎市淵町淵町神社）

月で亡くなるというのも解せない。稲生奉行の一件が頭をよぎる。皓台寺へ向かうしかあるまい。

長崎市寺町にある皓台寺の墓所は広い。一番高いところに上野彦馬《うえのひこま》の墓や唐通事の林・官梅家の墓があってすぐそばは風頭公園である。坂本龍馬の像が長崎の港を見下ろしている。中腹には楠本イネなどが眠る楠本家の墓や顕彰碑、小曾根家の墓、後に登場する道富丈吉《みちとみじょうきち》の墓もあった。

事務所に行ったら「皓台寺著名人墓所案内図」を頂いた。見ると二十五件もの墓所が地図付きできれいに印刷されている。奉行所関係では、長井筑前守直廉《なおかど》（長崎奉行）の墓、松平石見守貴強《たかます》（長崎奉行）の墓、妻木源三郎（目付）の墓が目に止まった。長井はおそらく永井のこと、妻木は目付から百十六代奉行になった妻木源三郎頼功《よりなり》と想像しながら墓を探した。

地図上ではいずれも大仏殿の近くにある。松平石見守の墓はすぐ分かった。入り口に一番近かった。ところが隣にあるはずの永井筑前守、近くにあるはずの妻木源三郎の墓が見つからない。中堅どころのお坊さんと一緒に探してもらったが発見できない。肝心の大沢基哲に関しては全く手掛かりなし。別の日にもう一度周囲の石塔を丹念に見て回ったが、見つけることはできなかった。稲生奉行の時と違って街に不穏な雰囲気を感じるような記録はなさそうだ。調べてみると大沢奉行は着任時の推定年齢が六十五歳、歴代の中でもかなりの高齢であることが分かった。長崎で病死しても不思議ではない。墓石は以前高台の高島家、後藤家の墓地（いずれも市指定史跡）近くにあったとの証言があり、くまなく探したが見つけることができなかった。

謎は残るが、この時点では発見をあきらめるしかない。

しかし、永井筑前守の墓が消えたのはどうしたものか。彼は七十三代奉行。この後八十四代奉行となる遠山金四郎影普《かげみち》、後の遠山左衛門尉《さえもんのじょう》の兄である。さらに言えば三十六代奉行永井采女直允《なおちか》は遠山の祖父だとわかってきた。遠山金さん一家は長崎奉行に縁の深い人たちなのである。

この話といい、妻木に関しても随分後に登場する人なのでこれくらいにして先を急ごうと思う。あとどう展開するか筆者にだってわからないのだ。

三人奉行体制へ

貞享四年（一六八七）先手鉄砲頭《せんててっぽうがしら》の山岡十兵衛景助《やまおかじゅうべえかげすけ》が二十九代奉行となった。

さらに目付の宮城主殿和澄《みやぎとのもまさずみ》を三十代奉行に据えた。

川口を入れると三人奉行制の採用である。

長崎在勤が二人で、江戸在府が一人。なにしろ前年唐船の入港数は百二隻、内積み戻し船が十八隻。この年は唐船入港数百三十七隻、内積み戻し船二十二隻。元禄元年（一六八八）になるとさらに増え、入港唐船百九十四隻、積み戻し船七十七隻、唐船入港数の最高記録をつくってしまった。

よって元禄二年から唐船数を年間七十隻に制限したのである。

山岡についてもケンペルの日記にこんな記述がある。

「江戸にいる時、盗賊とすりの取り締まりの任務を命じられ、短期間のうちにこれらの悪人共を捕らえ、千余人を首都から一掃したことが出世の糸口となって長崎奉行に登用された。現在六十歳。背は低く礼儀正しく、公正で慈悲深く、身分の低い属領に対して思いやりがある」と。

「ただ些細な過失のために家臣たちの首を切ることがあるのは確かである」とも書いている。

これは番所衆の一人が酒に酔って無作法をしたという理由だけで山岡が首をはねさせた一件を指しているようだ。

ケンペルは周囲の情報を基に人物評をしたのだろう。オランダ商館筋の情報は信憑性が高いとみなければなるまい。

川口が去った後の元禄七年（一六九四）先手鉄砲頭の近藤備中守用高《こんどうびっちゅうのかみもちたか》（三十一代）、翌年山岡に代わって目付の丹羽遠江守長守《にわとおとうみのかみながもり》（三十二代）、元禄九年（一六九六）宮城越前守が江戸で亡くなったため持筒頭の諏訪下総守頼蔭《すわしもうさのかみよりかげ》（三十三代）が奉行に就任した。

このころの長崎の様子といえば、唐船入港数を制限したことによって唐船が殺到することはなくなったが、それでも積み戻し船はなくならず、その裏で密貿易が暗躍する事態となった。

唐蘭船の売れ残り品に目をつけたのが江戸商人伏見屋四郎兵衛《ふしみやしろうべえ》。元価銀千貫目分だけ銅で交易することを願い出て認められた。これを代物替《しろものがえ》という。元禄九年には銀五千貫目まで認められた。伏見屋が代物替で巨利を得ているのを知った町年寄高木彦右衛門《たかきひこえもん》は、奉行所に代物替支配を願い出て免許を取り、本興善《もとこうぜん》町に代物替会所《かいしょ》を置いて彼が責任者となった。元禄十一年（一六九八）から会所利益のうち三万五千両を幕府に納め、残額は市中へ配分したと記録にある。町年寄の高木は唐蘭貿易の総元締めになったのである。

元禄十一年四月十一日未明、諏訪奉行が在勤する西役所から出火して東長屋一棟を残して全焼してしまう。

四月二十三日には後興善《うしろこうぜん》町乙名《おとな》の末次七郎兵衛宅から出火、二十二町に延焼した。末次大火である。

死者八人。二千四十四戸が焼失、取り崩し百七戸。取り崩しとは延焼を食い止めるために火消したちが行った破壊消防で、火事の多い長崎で認められていた。本蓮寺と法泉寺が焼け、土蔵三十三棟も全焼した。ほかに焼死犬百二十一匹、猫二百九十七匹とある。生類憐《しょうるいあわれ》みの令が出ていた時代の記録であろう。

火事でケチがついた諏訪奉行に思いがけない災難が追い打ちをかけた。家来と唐人との密貿易が発覚したのである。家来の渡辺段蔵はじめ一味の者が次々に捕らえられ、段蔵ら四人が磔、ほかは斬罪となった。また唐人番や番船船頭、水夫ら八人が自害、諏訪下総守の家老まで切腹しており、大がかりな密貿易事件だったらしい。

立山役所前にあった長崎会所跡

諏訪は監督不行き届きとして連座となり、免職・閉門となった。

この年、貿易総元締めの高木彦右衛門は唐船七十隻の制限を八十隻まで認めさせ、銀高二千貫目の俵物諸色《たわらものしょしき》による代物替を許された。中国への有力な輸出品として登場したのが俵物で、煎海鼠《いりこ》・干鮑《ほしあわび》・鱶鰭《ふかひれ》の三つを指す。俵装ではない昆布《こんぶ》、鯣《するめ》、天草《てんぐさ》などは諸色と呼ばれた。

幕府は海外貿易の元締めであった割府会所を長崎会所に改めた。町年寄の権限を奉行所側に移し、長崎貿易の官営化を図ったのである。

元禄十二年（一六九九）前にもふれたように長崎奉行の江戸城席次を上座に上げ、四人制にした。三十四代が新番頭だった大嶋伊勢守義也《おおしまいせのかみよしなり》、三十五代に目付だった林土佐守忠和《はやしとさのかみただかず》を起用した。近藤、丹羽との四人体制である。

幕府は長崎への地下配分金《じげはいぶんきん》を七万両と定め、剰余金は幕府に納めさせることにした。財政改革のターゲットが貿易で潤う長崎に絞られてきたといえよう。

長崎喧嘩騒動

さてころは元禄十三年（一七〇〇）、十八世紀に突入する寸前。四人の長崎奉行がぶったまげる事件が起こるのである。

深堀騒動、または長崎騒動。深堀義士伝または長崎喧嘩騒動とも呼ばれる。

深堀の武士たちが長崎の有力な町年寄屋敷に討ち入りした事件で、二年後に起こった赤穂浪士の討ち入りとも比較されて話題提供の事件だ。武士の魂とは、武家のありようは、など考えさせる要素はたくさんあるが、すでに複数の本にもなっており、事件を詳しく述べるのは本意ではない。

本書は長崎奉行がテーマであり、長崎奉行がこの事件にどのようにかかわったかに焦点を絞りたい。

ただ、事件をよく知らない読者もいることだろうから急ぎ足で経過を振り返る。

十二月十九日午後四時ごろ、佐賀藩深堀領の家臣深堀三右衛門《ふかほりさんえもん》と甥の志波原武右衛門《しばはらぶえもん》が本博多町《もとはかた》の大音寺坂《だいおんじさか》にさしかかったとき、ちょっとしたトラブルがあった。

三右衛門は七十歳で杖を持っていた。武右衛門も六十歳だから当時としては両人とも老武士だ。坂の途中は雪解けでぬかるんでいた。

ちょうどその時町年寄高木彦右衛門貞親《さだちか》一行が通りかかった。

一行は宮参りの帰りで少し酒が入っていた。何かのはずみで杖の泥が跳ねたのだろう。若い使用人が服を汚されたと老武士たちに絡んできた。深堀の武士と分かると祝い酒の勢いも手伝ってかさにかかって悪態をついた。

その場は何とかおさまったが、午後八時ごろ使用人約二十人は五島町の深堀屋敷まで押し掛け、散々狼藉し抵抗する二人から大小の刀を奪い取って引き揚げた。

ここで少し解説がいる。

元禄九年に唐蘭貿易総元締めになった高木彦右衛門は、将軍家にあいさつのため江戸へ参府の都度、利権を伴う役職を得てくることが多かった。この年も九月に参府し、代物替会所頭取・船並びに武具預りに任ぜられ、帯刀を許されたうえ八十俵を給与されている。西浜町に広大な屋敷があって約百人の使用人、なかには肥後浪人、筑後浪人などもいた。

長崎奉行も一目置く地元の実力者で、その権勢ぶりから使用人までが町中で威張っていた。一方の佐賀藩深堀領は長崎港口に位置し、長崎港の警備が任務。船改めといって軍船で乗りつけては関税まがいの金品を納めさせることもあり、「深堀の海賊どもがー」と長崎商人たちの恨みの対象になっていた。

そういう時代背景はともかく、三右衛門と武右衛門は領主から拝領した武士の魂ともいうべき大小の刀を奪われ、屋敷まで荒らされたのだ。武士の面目にかけてこの恨みを晴らさなければと、二人は差し替えの大小を持って来るよう深堀に使いを走らせた。事情を察知した深堀の面々は夜陰の中を長崎へ駆けつけ、三右衛門らと合流して二十日午前五時ごろ高木屋敷へ討ち入ったのである。

殺されたのは高木彦右衛門と浪人四人、使用人二人の計七人。けが人は二人。本当はもっと多かったはずだが、調べではなぜか二人となっている。午前七時ごろには家老田代喜左衛門《たしろきざえもん》率いる百人の部隊が到着した。

そんな中で惨劇は終わらない。三右衛門は本懐を達したと高木屋敷の玄関で切腹、武右衛門は深堀武士の魂を見せつけるかのように、騒ぎで集まった群衆を前に築町に通じる橋の上で切腹して果てた。

佐賀屋敷からの届けがあるまで奉行所は事件を知らなかった、となっている。本当だろうか。夕方のトラブルは口喧嘩みたいなもので騒ぎは小さい。使用人たちの狼藉は午後八時ごろ、討ち入りは午前五時ごろ、夜明け前である。火事のように半鐘が鳴るわけではないから騒ぎに気付かなかったのは本当とみてよさそうだ。

午前八時ごろ、家老田代喜左衛門から「家来両名とその加勢人が高木彦右衛門を討ち果たした」と奉行所に正式の訴えが届いた。

長崎在勤の林土佐守が出座。佐賀藩聞番らを事情聴取する一方、江戸へ急使者を立てた。幕府の裁断を仰ぐためである。この時の在府奉行は丹羽遠江守と大嶋伊勢守。長崎からは逐一事件の報告が入っている。老中たちへの報告、説明で大わらわだったはずだ。

元禄十四年（一七〇一）三月二十一日判決が下った。深堀家臣十人切腹、九人遠島、高木家は闕所《けっしょ》（財産没収）、高木彦右衛門の子彦八は長崎七里四方追放、使用人八人死刑。

実は判決が出るまでの間、長崎では幕府と奉行所、佐賀藩、深堀家との間で相当の協議がなされた模様だ。事件そのものは町人が被害者というだけで終わっている。騒ぎが大きくなれば、つまり処罰者が拡大すれば佐賀藩、深堀領の存亡にまで波及する。高木が幕府に近い存在だったために新たに事件の火の粉が幕府高官にまで飛びかねない。適当な落とし所を探っていたようだ。それは討ち入りした名前の書き出しを何人にするかで揺れていたからだ。少なければ現実的でないし、多すぎれば謀反となって佐賀藩にまで難が及びかねない。徒党を組むことは島原の乱以来御法度で、幕府は神経をとがらせているのだ。

深堀家は当初、討ち入りした十人を書き出していたが、あとから駆け付

長崎喧嘩騒動のきっかけとなった大音寺坂。昔は坂だったが、今は石段となっている

けた二番駆け九人を追加した。三番駆けやその後の応援部隊の名前を書くことはなかった。

高木に甘い顔をしていた幕府は、手のひらを返すように武士側に立っている。討ち入りをまるで武士の鑑と称賛している空気さえ感じられる。自分たちに飛び火しないよう「所詮町人相手の喧嘩」で幕を引こうとした。

幕府高官たちに毎年豪華な贈り物をした高木は、地下でどう思っているだろう。

それにしてもこの深堀騒動に関しては長崎奉行の影は薄い。

判決が下された日、深堀家臣十人の切腹は深堀屋敷で行われ、遠島組九人も直ちに廻船二隻で五島に送られた。これには後日談がある。

宝永《ほうえい》六年（一七〇九）家宣《いえのぶ》が第六代将軍就任の際、恩赦が行われ、五島に流されていた九人が深堀帰郷を許されたのだ。九人のうち七人は五島藩の計らいで現地妻をもらっていた。そのうち五人は一人ないし二人の子供がいた。当時、他領の者を同道することは禁止されていた。帰郷の喜びと肉親との別離の悲しみが交錯した。その後、どうなったか知るすべはない。

深堀騒動の余韻がまだ残っている元禄十五年（一七〇二）目付の永井讃岐守直允《ながいさぬきのかみなおちか》が三十六代、同じく目付の別所播磨守常治《べっしょはりまのかみつねはる》が三十七代奉行に就任した。

本書を書き始めた当初、どのように進めていくか皆目見当をつけないまま、読者の皆さんと一緒に考えるつもりでいた。書けそうな奉行が十数人はいるだろうと、ある程度の目星はつけていたものの全く手掛かりのない人が大半だ。

しかし、ここまで来てある決心をした。書けそうな人だけをピックアップするのは簡単だが、それでは長崎奉行の一断面を紹介したことにしかならない。できたら長崎奉行を集大成した形にしたい。これまで書いてきたようなスタイル、つまり時代の流れに沿って初代から百二十九代まですべてを網羅してしまおうじゃないかと思い始めたのです。

場合によっては名前しか書けない人が出てくるかもしれない。それはそれで仕方がないが、できるだけ奉行探しを続けた

長崎深堀町菩提寺に眠る深堀義士たちの墓

い、と思っている次第。実は長崎奉行の史料の宝庫である長崎歴史文化博物館の直撃取材をまだ控えている。資料閲覧室に行って資料の閲覧はもちろんしている。

自主的に勉強しているだけで、専門家である学芸員にまだ教えを乞うてはいない。ほぼすべてを書き込んで最終段階でわからないところを教えてもらう、そのような算段をしている。そうでないと「分らないから何でも尋ねる」では面白くないじゃないですか。

奉行一家

永井奉行の場合も初めは何の手がかりもなかった。

永井が二人いる、関係はあるのだろうか、それくらいの発想しかなかった。

ところが八十四代奉行で登場する『長崎奉行遠山景普日記』を読んでいたら永井讃岐守が遠山の祖父だと分かった。

さらに七十三代の永井筑前守が遠山の兄だと知った。ここらへんはわかる人にしかわからない話で、私のような素人では事前の知識はない。

永井直允の子どもが永井直令《なおよし》。永井家は禄高千石の旗本の家柄。直令は書院番士を振り出しに使番《つかいばん》、目付、小普請奉行、西丸留守居《にしのまるるすい》を経て旗奉行になった人物。その長男が永井直廉。書院番士から使番、目付と父直令と同じ官歴を歩み、寛政《かんせい》元年（一七八九）長崎奉行になった。

旗本の次男、三男以下は他家へ養子に行くのが通例らしい。そのため直令の四男だった永井金四郎景普は遠山家に養子に行った。遠山家は美濃国遠山庄、五百石取りの旗本。禄高は永井家の半分しかなく、目付や長崎奉行など要職に就いた者はいない家柄だった。八十四代長崎奉行になった遠山左衛門尉景普は遠山家の出世頭だったようだ。

それにしても遠山が長崎奉行になったのは文化《ぶんか》九年（一八一二）のこと。

永井讃岐守は「自分の孫がまさか百年後に長崎奉行に座るなんて」想像もしなかったに違いない。景普の子である景元《かげもと》も江戸町奉行まで順調に出世しており、永井・遠山家は奉行一家である。

元禄十六年（一七〇三）になると三十八代に目付の石尾阿波守氏信《いしおあわのかみうじのぶ》、三十九代に西丸留守居の佐久間安芸守信就《さくまあきのかみのぶなり》が就任、宝永三年（一七〇六）石尾に代わって目付の駒木根肥後守政方《こまきねひごのかみまさかた》が四十代に就いた。

このころの唐船入港数は年間八十隻から九十隻、蘭船は四、五隻と比較的安定してきた。

三十七代別所、四十代駒木根時代にこんな事件があった。

宝永元年（一七〇四）八月、琉球に漂着した異国人六人（英人、蘭人各三人）が船とともに薩摩藩から送られてきた。この時は九月にオランダ船で送還した。宝永五年（一七〇八）八月、イタリア人宣教師シドッチが薩摩領屋久島に布教目的で密入国、地元民に捕らえられて十一月長崎に護送されてきた。取り調べに当たったのが別所と駒木根である。吟味の結果、布教目的の来日が明白になり、江戸伺いを経て翌年九月、囚人護送用の輿で江戸送りとしたのだった。

シドッチを尋問したのが新井白石《あらいはくせき》。この尋問を通して著された『西洋紀聞《せいようきぶん》』や『采覧異言《さいらんいげん》』は鎖国体制の下でヨーロッパ事情を的確に紹介したものとして名高い。

このように九州全体を長崎奉行は管轄しているのだ。

肥前長崎火事の街

心配なのは相変わらずの火災の頻発。

宝永二年（一七〇五）八月、本下《もとした》町から出火、同町を全焼し、東築《ひがしつき》町、西築《にしつき》町の大半、島原《しまばら》町の半分、大村《おおむら》町の一部と船番屋敷数戸を焼いた。

九月には唐人屋敷から出火、十一棟を焼失、奉行所は失火の責任を追及して唐人屋敷乙名、組頭以下全役人を免職にしている。

宝永四年（一七〇七）十月四日正午ごろ、長崎で大地震があり、高潮が出て各所で破損があった。余震は十一月まで続いたと記録にある。この月、富士山の山腹が噴火、宝永山ができた。

宝永五年も二月に榎津町《えのきづ》、今石灰町《いましっくい》、新石灰町《しんしっくい》、万屋町、油屋町、東浜町、今鍛治屋町《いまかじや》、出来鍛治屋町《できかじや》の大半が焼け、六月には船津町《ふなつ》、小川町《こがわ》、東上町《ひがしうわ》、上筑後町《かみちくご》、金屋町《かなや》、恵美酒町《えびす》の大半を焼くなど大火が長崎では相次いだ。

宝永七年（一七一〇）目付の久松備後守定持《ひさまつびんごのかみさだもち》が四十一代、正徳《しょうとく》元年（一七一一）西丸留守居の大岡備前守清相《おおおかびぜんのかみきよすけ》が四十二代奉行になったころは、唐船の入港が年間六十隻を割り、貿易が落ち着いた感じになってきた。幕府は正徳三年（一七一三）佐久間安芸守が退任したのを機に奉行の定員を一人減らし、翌年には駒木根の作事奉行転出に伴い、奉行二人制（一人在勤、毎年交代）にしてしまった。

確かに唐船の入港数は減った。それでもなぜ急激に変えるのかと江戸の事情を覗いたら、正徳二年家宣が没し、翌年家継《いえつぐ》が七代将軍を継いだ。その家継も在職わずか三年、八歳で死去している。次に登場したのが八代将軍吉宗《よしむね》である。長崎奉行が四人から二人になったことに将軍交代劇が影響したかどうか。

徳川家の世襲劇

封建的な武家社会であったとしても今ふうに考えれば長崎奉行は、東京本社から辞令一つで派遣された九州支社長兼長崎支店長みたいなものだ。将軍が社長なら大御所は会長、老中が専務といったところか。支社長や支店長は本社の意向に逆らえないだけでなく、何かにつけて影響を受ける。

そう考えたら東京本社の動きにもっと注意を払わなければならない。そうじゃなく将軍や老中たちの動向にも関心を持っていなければならないと反省させられた。そう思って歴代将軍のことなど復習していたら徳川家のことなどほとんどわかっていないことに気がついた。

日本人なら徳川家康とか家光、吉宗などよく知っているし、歴代将軍の名前を挙げよ、と言われたら半分以上答えられるかもしれない。ところが多くの人は私と同じでその程度だろう。

言うまでもなく将軍職は徳川家の世襲制で成り立っている。初代将軍の家康はよく考えたもので、世襲を確実にするために就任二年で将軍の座を三男秀忠《ひでただ》に譲り、自分は大御所としてにらみを利かせていた。秀忠も同じように次男家光に譲り、家康と同じように二元政治をしていた。

ところが政権譲渡はいつもスムーズにいくとは限らない。家光が急死して跡を継いだ長男家綱はまだ十一歳。七代将軍家継は八歳で亡くなっているのだ。そうなると歴代将軍の生年月日や亡くなった年月などより、いつ将軍職に就任し、いつ辞職したか、その時何歳だったか、在職年数はどのくらいかに関心を向けなければならない。

いちいち調べるのに大変苦労した。権力維持のために六人が大御所になっているからなおさらだ。随分回り道をしたと思うけれど、損ではなかった。

今も世界のどこかで国家権力の世襲制を守っている国があるようだが、政治の世界で世襲制度を維持することの愚かしさは、江戸時代の将軍職の継承劇を見ていればよくわかる。民主主義の現代社会では考えられないことだ。

だが、時代が違うのである。武士たちは時代にほんろうされながら封建社会の道を一生懸命歩いてきた。長崎奉行になった旗本たちはなおのことだろう。六代将軍家宣、七代将軍家継の時代を少し振り返りたい。

二人とも在職わずか三年と極端に短い。なにがあったのだろう。

三代家光の長男家綱は、家光の死後、十一歳で将軍職を継ぎ、二十九年間在職した。三十半ばまで男子がなく、晩年危篤状態にあって末弟の綱吉を養子に迎えて後継とした。

綱吉も二十九年在職、病死する五年前、兄綱重の子で甲府徳川家の綱豊（のちの家宣）を次期将軍に決めた。

綱吉が亡くなり家宣が将軍になったのは四十八歳である。歴代の中では初代家康を除けば最高齢での就任。家宣は五十一歳で亡くなり、四男の家継が歴代最年少の五歳で将軍職を継いだ。四男とあるように長男から三男まで早世しており、家継も八歳であっけなく病死した。

家宣、家継の六年間は将軍の存在感がなんとなく薄い。

長崎にもそんな停滞した雰囲気が伝わったのか、奉行数が半減したというのに反応が鈍い。

西丸留守居

間もなく八代将軍吉宗の登場となるが、その前に正徳五年（一七一五）幕府が出した正徳新令にふれておかなければならない。

要点は、唐船の入港数を年三十隻に制限する、蘭船は二隻とする、などのほかに銀や銅の取引限度額の設定、俵物諸色での取引許可、唐船への信牌《しんぱい》付与など。要するに銀不足のため輸入を制限するものだ。

わざわざ大目付仙石丹波守《せんごくたんばのかみ》、目付石河三右衛門《いしこさんえもん》を派遣しての伝達である。それにしてもしょっちゅう貿易のやり方を変えるものだ。まるで朝令暮改。貿易を拡大して利益は得たいが、先立つ金や銀が不足しているお家の事情が透けて見える。

正徳新令の発布とともに長崎に目付を常駐させることになり、立山役所近くに岩原屋敷を建てた。初代長崎目付は石河三右衛門である。職務は長崎奉行の職務監察。具体的には奉行との連署、同道、立ち合い、文書受理などだが、長続きはせず享保《きょうほう》六年（一七二一）以降、定期的派遣はなくなった。

享保元年（一七一六）四十三代奉行に初代長崎目付の石河土佐守政郷《とさのかみまさと》が就いた。翌年には長崎目付の日下部丹波守博貞《くさかべたんばのかみひろさだ》が四十四代に就任した。

ここで本論から外れる。

長崎市史年表では「享保二年、大岡備前守が西丸留主居転出」となっている。

この年表ではすべて「留主居」となっている。私がなにも知らないころは「西丸留主居」とは何だろうと冗談抜きで思った。江戸城の勉強をしてそれが「西丸留守居《にしのまるるすい》」と分かった。本丸御殿のほかに西丸御殿があったのだ。

長崎奉行から西丸留守居役に転出する人はかなりいたのである。この年表、丹念に見て行くと結構間違いが多い。

もう一つ。大岡は同年表では赴任の時、前西丸留守居となっていた。また前職に戻ったのかなと不思議だった。新長崎市史では享保二年四月十一日卒とある。卒とは亡くなること。大岡は江戸で亡くなっているのだ。

そうだ。大岡奉行の残した大事な足跡にまだ触れていなかった。

奉行の頭数が減らされたことに紛れて横道にそれてしまっていた。大岡奉行は江戸中期の長崎地誌として貴重な史料である『崎陽群談《きょうぐんだん》』の著者として知られる。長崎開港から正徳新令公布までの貿易の変遷、当時の貿易利銀の配分や諸公租などを政策論的に記述しているのが特徴。十二巻を編纂していたのである。

正徳新令も大岡奉行の考え方が骨子に生かされていたという。三十九歳の若さで亡くなったのが惜しまれる。

> 長崎の地は、昔日深浦と言いて、漁者樵父《ぎょしゃしょうふ》（漁民や木こり）の類のみ居住し、まことに鄙辺の遠境なりしに（以下略）

大岡の『崎陽群談』の一文である。こんな経済にも強い文化人がいたのだと思うと感慨深い。

紀州の殿様―吉宗登場―

享保元年（一七一六）八代将軍吉宗が誕生する。

家継が早世したため紀州藩主からのお出ましである。当時三十三歳。血筋でいえば綱吉の兄綱重《つなしげ》のはとこに当たり、家康は曾祖父。綱吉の時代から将軍の意志を反映させるため、もしくは将軍補佐役として側用人《そばようにん》を置いていた。

将軍と老中の間を取り持つ大名格の将軍側近最高ポスト。それまで牧野成貞《まきのなりさだ》、柳沢吉保《やなぎさわよしやす》、間部詮房《まなべあきふさ》らの活躍が目立ち、「側用人政治」とまでいわれた。

だが、吉宗は大名役の側用人を廃止して独自の道を歩む。

代わって旗本役から御側御用取次《おそばごようとりつぎ》を新設した。

将軍になってすぐ幕臣を出島に派遣し、ヨーロッパ地図の主要都市などを日本の字で記録させている。当初から西洋に相当の関心を寄せているのが見てとれる。

晴れがましい話ではこの年、長崎の天文学者西川如見《にしかわじょけん》と長崎聖堂学頭蘆草拙《ろそうせつ》が吉宗から江戸城に呼ばれ、ヨーロッパや中国の学問について質問されている。西川は長崎の貿易商人の子として生まれ、天文学や暦学、儒学を学んだわが国一流の天文学者。当時七十二歳。子の西川忠次郎は幕府天文御用方《てんもんごようかた》を務め、忠次郎の協力で『長崎夜話草《やわそう》』を著している。

蘆は唐通事で『長崎先民伝《せんみんでん》』を書き、子の千里《せんり》が仕上げた。蘆は謁見の時四十五歳。二人は吉宗から天文学のほかさまざまな質問を受けているが、西川は世界の情勢を語るとともに洋書の禁止がいかに日本を遅らせているかを説いたという。

将軍になって間もない吉宗はどう聞いたか。驚くなかれ。

翌年幕府はキリスト教以外の禁書の輸入を解禁したのである。なかなかやるじゃないの。

道教の寺はあったか

話はがらりと飛ぶ。

この正月三日（二〇一四年）長崎新聞一面に少々驚く記事が載っていた。

「長崎に『道教』の寺」の大見出し。「日本唯一、江戸期の眺望図に描写」「ライデン博物館所蔵　川原慶賀《かわはらけいが》の作品」「長崎史談会原田会長が調査、特定」の小見出しが並ぶ。大きな眺望図の写真入りである。

なぜ驚いたかというと、長崎にはいち早く唐僧が渡来して興福寺、福済寺、崇福寺、聖福寺を建て、元禄二年（一六八九）には唐人屋敷も完成、中国人を隔離している。

道教といえば中国の民間宗教。日本では広まらなかったというのが定説で、まして長崎の歴史からすれば道教が広まる余地などないと思っていたからだ。

ただ記事を読むにつれて別の興味がわいてきた。

四枚一組のオランダ・ライデン国立民族学博物館所蔵の「長崎湾眺望図」は、二〇〇四年藤木文庫発行の『崎陽《きよう》第2号』（藤木博英社）に大きく掲載されており、私の手元にもある。以前見たことがあり、あらためて新聞と見比べてみた。

さらに興味を引いたのが「国学者大江宏隆《おおえひろたか》が長崎奉行所の位置から南の方角の田上《たがみ》に道教の寺を建て、崇玄観《すうげんかん》の名を同奉行に与えられた」とする記事だ。

長崎奉行探しをしている人間にとって「その奉行はだれだ」と俄然探究心をくすぐった。

眺望図を描いた川原慶賀は、シーボルトのお抱え絵師としても知られる写実の得意な画家。天明六年（一七八六）長崎生まれ、通称登与助《とよすけ》、慶賀が号。没年不詳だが、一八六〇年ごろまで生きていたもようだ。

通称登与助と書いたのにはわけがある。

〝とよすけ〟とオランダ語でサインした絵があるのだ。おそらく慶賀が下絵したようだ。慶賀の絵の特徴についてもっと書きたいことがあるのだが、それだと本題から遠くなる。

長崎奉行に絞って論を進めたい。

記事にある記述は『長崎先民伝』の中にある。これについては長崎聖堂学頭の盧草拙が著し、子の千里が仕上げたと少し前に触れたばかり。長崎歴史文化博物館にあったので読んでみた。

十七～十八世紀の長崎の人物伝記で、漢文だからよくわからない。長崎奉行の歴代の名前は大体頭の中にあり、らしき人の名前を手掛かりに行を追った。その結果あった。鎮台《ちんだい》日下部博貞丹波守の字を見つけた時は正直うれしかった。

国学者、あるいは神道家ともいわれる大江宏隆の業績、人となりが書いてあるようで、晩年のこととして奉行所の南にある田上に道観を構え、日下部奉行から「崇玄観」の三字を賜る、とある。

これで日下部奉行と盧千里、盧草拙、西川如見、将軍吉宗がつながった。長崎からの客人や甲比丹が将軍に謁見する場合、必ず江戸在府の長崎奉行が立ち会うのが決まりである。しかも吉宗は将軍就任二年目、従来のしきたりを破って簾を上げさせ、カピタンの拝礼を受けている。吉宗と日下部奉行は遠くからでも対面していた、とみたほうがよかろう。

それにしても日下部奉行はなぜ「三文字」を贈ったのかわからない。大江が修業道場のような建物を建て、その新築祝いに文字を贈ったのではないか。大江は間もなく亡くなっており、その後どう管理されたのだろう。

長崎奉行物語はこれでいいのだが、新聞記事のほうはどうなったかである。要点だけ記す。

日下部の奉行在籍は享保二年（一七一七）から同十二年（一七二七）まで。

そのころには道観らしき建物は建っている。天明六年生まれの川原慶賀が絵師として活躍を始める時期は定かでないが、文化十四年（一八一七）甲比丹ブロムホフ家族を描き、文政《ぶんせい》九年（一八二六）シーボルトの江戸参府に同行している。

問題は眺望図がいつ描かれたかである。

慶賀が稲佐山《いなさやま》から描いた長崎湾眺望図には古い順に出島、新地蔵《しんちぐら》、飽浦塩田《あくのうらえんでん》、浦上新田《うらかみしんでん》がしっかり描かれている。新聞記事の眺望図はそれより後の作品のようだ。

その根拠は、市街地が明らかに広がっており、描き方が一層綿密だからだ。少なくとも建物が建って百年以上は経過している。この建物だけ森の中に一軒ぽつんと建っている。しかし、四枚組の右側には金比羅山《こんぴらさん》のふもとにいずれも七軒の民家らしき集落が二カ所描いてある。森の中の一軒家が意味あるなら、こちらの集落も特定しなければならないが、その作業は難しそうだ。

「そこであなたの意見は。長崎に道教の寺はあったの？」と問われたらどう答えるか。

確かに道教の道士の写真を見たことはある。上野彦馬が幕末の一八六五〜六六年ごろ写したといわれるものだ。日下部奉行、川原慶賀、上野彦馬では時代が随分と違う。

「一時期あったかもしれないが、慶賀の絵と結びつくかわからない」と答えるしかない。この際、話題提供してもらったことに感謝して一件落着。

古地図や古写真あるいは古い文物からきちんと検証するのは楽しい。日下部奉行から思わぬ置き土産をいただいた。

三宅周防守康敬と三菱造船所

享保十一年（一七二六）四十五代に目付の三宅周防守康敬《みやけすおうのかみやすよし》が就任した。

外山氏の『長崎奉行』では、長崎奉行の転職者の最上は江戸町奉行と大目付であるとし、近藤備中守・三宅周防守ら三人が就任した、とある。

三宅の名前が出たのはこれだけ。

確かに三宅は七年後、大目付に栄転している。ほかに手掛かりはないものかと探していたら思わぬところから出てきた。

わが母校、長崎市立飽浦小学校の創立百周年記念誌に三宅奉行のことが書いてあった。

飽浦小の創立は明治八年（一八七五）と古い。ちなみに当初の学校名は第五大学区長崎管内中学区彼杵郡《そのぎぐん》長崎飽浦小学校。

創立百周年記念事業をして記念誌を発行したのは昭和五十年（一九七五）である。

光陰矢のごとし。

その中に「百年祭によせて」と題して卒業生からの一文が特集してあり、大正八年卒業の永江貞夫《ながえさだお》氏が「あくの浦藻《そう》塩草《えんそう》」と題して飽浦塩田について書いていた。

桑田《そうでん》変じて滄海《そうかい》となるは世の慣い、塩田変じて工場となるに何の変哲があろう。

享保十六年（一七三一）長崎奉行三宅周防守康敬（享保十一～十七年在任）の声がかりで飽浦に塩田が開かれている。

広さは四軒前といい、一軒前は略一町分（一ヘクタール）。近年、旧飽浦町の一角に塩浜《しおはま》町の名を興すと故あって好ましい。

この後オランダ海軍伝習所のハルデスらによって始まる工場建設などを伝えているが、実に美文で味わいがある。

文章の通り享保十六年に飽浦塩田が完成している。しかし、その後の塩田の経過を伝える記録に出合えない。

享和《きょうわ》二年（一八〇二）の「肥前長崎の図」や川原慶賀が稲佐山から描いた「長崎湾眺望図」から推測すると、塩田は飽浦と瀬《せ》の脇《わき》を結ぶ海岸線から沖合の裸島近くまでの浅瀬を利用してできたらしい。

「長崎湾眺望図」ではもはや塩田ではなく、浦上新田と同じように畑地として描かれている。

ここは言うまでもなく三菱重工業長崎造船所の工場地帯だ。

埋立地を次第に拡張し、現在は世界に誇る工場群を造り上げている。その昔を振り返ってみよう。

塩田ができて百二十六年後の安政《あんせい》四年（一八五七）八月、オランダの第二次海軍伝習教官隊三十七人は長崎に到着、日本の伝習生を相手に講義を始めた。

隊長のカッテンディーケ中尉の回想録に次のようなくだりがある。

> 港の西側番所寄りの方に、飽ノ浦の村がある。この付近はかなり広い平坦な土地で、湾の深い入江に接している。
> この入江では、大きな船も岸に密着して着くことができる。
> 蒸気工場に適した敷地を探していた私と機関士たちは、この平地こそ誂え向きの場所であると思った。
> 将来の工場拡張をも考慮にいれるならば、この地こそ最も適当であると考えた。
> そこでこの地に轆轤盤《ろくろばん》や鋳物《いもの》の工場を建て、スチームハンマーを据え付け、また石の突堤を築いて、二十フィートの深さの船を横付けにすることに決めた。

幕府はその年の十月十日、浦上村渕字飽ノ浦の地に海軍伝習所教官機関将校ハルデス総指揮による鎔鉄所《ようてつしょ》建設に着手した。

その日こそ三菱重工業長崎造船所の創業記念日であり、日本における重工業発祥の日なのだ。

かつて塩田があった。今は三菱重工業長崎造船所の工場群がある（長崎市飽浦町方面）

タカ派とハト派の奉行

享保十二年（一七二七）日下部が江戸に戻り、後任が四十六代の渡辺出雲守永倫《わたなべいずものかみながとも》。新番頭《しんばんがしら》からの起用だ。どこかで記憶にあると思っていたら九年前に目付として長崎に来ていた人物だ。当時の名前は渡辺外記《げき》。密貿易をする唐船の取り締まりに筑前へ出向き、唐船を実力行使で打ち払い、船や荷物は焼却処分にした。死者が十人も出る荒っぽいもので、どことなく武闘派のイメージだったが、長崎でこわもてしたかは定かでない。

享保十三年六月安南《あんなん》国産（ベトナム）の象二頭が唐船で運ばれ、唐人屋敷に収容された。一頭は病死、残り七歳象を将軍に献上すべく翌年三月中旬長崎を出発した。

四月下旬に京都で天皇が御覧になり、五月下旬に江戸へ着いた。浜御殿の象舎に入り、江戸城内にも引き入れられて、吉宗は諸大名とともに見物した。大食漢の象を幕府は持て余し、郊外に象舎を移して飼育していたが間もなく死亡したという話が残っている。

享保十四年（一七二九）奈良奉行だった細井因幡守安明《ほそいいなばのかみやすあきら》が四十七代奉行に就任した。

ここでちょっと待ったである。三宅か渡辺はどうなったの。奉行三人、四人の時は複雑すぎて入れ替わりをすんなり見過ごしていたが、二人の場合はだれが代わったのか気になる。そう思って調べたら渡辺奉行は江戸在府の享保十四年五月亡くなっているのだ。そのため奈良奉行だった細井が急きょ起用されたわけである。

細井奉行が長崎在勤二回目の享保十七年（一七三二）は近畿以西にイナゴの害（正確にはウンカ類の害とも）による大飢饉が襲い、一部で餓死者が出た。

八月に江戸在府の三宅が大目付に異動となり、後任に目付の大森山城守時長《おおもりやましろのかみときなが》が指名された。

幕府は西日本各地の飢饉対策に大わらわである。

他国で飢饉があれば大きな影響を受けるのが長崎であることは前にもふれた。

細井は各地からの回送米の手配の陣頭指揮に忙しかったことだろう。大森も江戸にいて飢饉の状況は把握していた。どうすれば飢饉を乗り切れるかを考えながらその年の十二月長崎入りしている。

大森は四十八代奉行である。十七代長崎奉行甲斐庄正述は大森の祖父であることが分かった。甲斐庄が長崎在勤の万治二年（一六五九）飢饉があって九州公領の米約一万石、諸侯からの救援米約一万八千俵を長崎に回送した記録があり、甲斐庄は飢饉対策で苦労したのだ。

八十年たって孫がまた長崎奉行として飢饉で苦労するとは偶然とはいえ奇遇だ。

「歴代長崎奉行の中で長崎市民の人気ナンバーワンは誰かと聞かれたら、私は迷わず大森山城守時長をあげるだろう」というのは鈴木氏である。「米や穀物がなくなった時、大森山城守はいろいろ手を尽くして関東や北陸、中国地方の米・穀物を長崎へ送らせ人々を救ったので、長崎で餓死する者は一人もいなかった」「そのため大森が江戸へ帰る際には、老若男女こぞって街道に出て旗を立てて見送り、目の前を通った時は礼拝した」などと地元の地誌類を例にあげ、詳しく書いている。

大森奉行の働きぶりは出色《しゅっしょく》である。

各地に回送米を手配、米穀商で騒動が起きれば的確に処理し、奉行に呼応してほとんどの寺で施粥《せがゆ》が行われ、町民は餓死を逃れた。大森は飢饉が治まると、粥を施行した僧侶や役人、商人を呼び、一人ひとりにお礼を言ったという。こんな奉行はなかなかいない。詳しく知りたければ同氏の『長崎奉行』を読んでほしい。

長崎の町民に感謝されて江戸に帰った大森に待っていたのは、幕府からお役御免というお咎めである。米購入の資金に長崎貿易資金を流用したというのだ。餓死者を出してはならないという幕府の厳命に合致しているはずなのに、大森の緊急避難的措置は幕府から認められなかった。

大森の処分を知るにつけ、幕府のご都合的な形式主義に腹が立って仕方がない。

「大森の資金流用のために、その後の長崎貿易は円滑には立ち行かず停滞してしまった。それが幕府の怒りを買ったのである」と鈴木氏は日蘭貿易の専門家らしい指摘だ。

大森は享保十九年（一七三四）二月退任を余儀なくされ、佐渡奉行の窪田肥前守忠任《くぼたひぜんのかみただとう》が四十九代奉行に任命された。

大森の飢饉時の奮闘は称賛されるが、前後にいた細井因幡守の活躍も見逃すことはできない。

心労があったのか細井は元文《げんぶん》元年（一七三六）長崎で亡くなり、本蓮寺に埋葬された。

本蓮寺の墓

長崎市筑後町、聖林山本蓮寺は長崎奉行四人の墓があると事前に学んでいる。『龍馬の長崎』を書いた時、勝海舟《かつかいしゅう》がかつて住んでいた大乗院《だいじょういん》跡、坂本龍馬と一緒に土佐藩を脱藩した沢村惣之丞《さわむらそうのじょう》の墓、郷土史家で有名な古賀十二郎《こがじゅうじろう》の墓があることから何度も足を運んでいる。しかし、その当時長崎奉行の墓には全く関心がなかった。

長崎駅前の商店街を抜けると本蓮寺はすぐである。長崎駅の近くというのに本堂を囲んで広がる墓地は思いのほか奥深い。以前は立派な山門があったが原爆で倒壊、復元することなく礎石だけが残っている。本堂、庫裡などはすべて戦後に建てたものだ。受付で「本蓮寺歴史を訪ねる地図」を頂いた。つくったのは小説、映画になった「長崎ぶらぶら節」、坂本龍馬ブームがきっかけとか。手描きの地図には市指定文化財の高木代官墓碑群、長崎三筆のひとり三浦梧門《みうらごもん》の墓、南蛮井戸などに交じって六十三代奉行夏目和泉守信政《なつめいずみのかみのぶまさ》、八十代奉行成瀬因幡守正定《なるせいなばのかみまささだ》、百七代奉行大沢豊後守の墓があった。

彼らは物語の後半に出てくる。

肝心の細井因幡守がない。広大な墓地をやみくもに探しても見つけるのは無理と思い、受付で尋ねてみた。

「長崎奉行の墓は四つあると思ってきたのですが一つ足りません。地図にも載っていません」

「そうですか。もしかしたらあの墓かもしれません。行ってみましょう」

細井因幡守安明の墓（本蓮寺）

体格の立派な副住職らしき人がすたすたと墓地に向かって歩き始めた。

「確信はないんですけどね」

「近づけばわかるはずです。おそらく大きな墓でしょうから」

あった。一発で目的の墓に着いた。広大な墓地のほぼ中央部。見上げると長崎らしく山の上にホテルが建ち、その上に青空がまぶしく映えていた。長崎奉行の墓は大概埋葬後に移動した形跡のあるのがほとんどだが、この墓は埋葬当時のままではないかと推測した。

他の墓は後の時代の人が集約した印象が明らか。この墓はそれがない。

かつて沢村惣之丞の墓に観光客用の案内板がなかったように、この墓に長崎奉行の墓との案内板はない。いつの日か建つのだろうか。「長崎奉行たちにもっと光を」と願っている。

老骨に鞭打つ

細井の死去で後任となったのは、またも佐渡奉行から萩原伯耆守美雅《はぎわらほうきのかみよしまさ》。節目の五十代奉行である。

この物語は筆者と読者が一緒になって長崎奉行を探す旅、と初めにお断りしていた。ところが研究者の鈴木氏が『長崎奉行』の中で七人をピックアップして詳述している。素人が探さなくても、すでに研究者が明らかにしてくれている奉行がいる。その奉行にぶつかると当方としてはうれしくもありがっかりでもある。

萩原がそうだ。「将軍四代に仕えた経済官僚」として二十四頁にわたって書き込まれている。読んでしまうと本書ではもう萩原を書きたくない気分である。しかし、ここは最低限、本書の読者のために萩原の人となりがわかる範囲で書いていきたいと思う。

萩原家は代々勘定所に勤めていた家柄。萩原も勘定役から順調に出世して正徳二年（一七一二）には勘定吟味役《かんじょうぎんみやく》となった。おさらいすると勘定所は、幕府財政の運営、幕府直轄領の支配と貢租徴収、訴訟などを管掌する幕府の中でも最も重要な役所の一つ。勘定吟味役はその勘定所の監査機関といえばいいだろう。

萩原は、吉宗が将軍になってすぐの享保元年（一七一六）なぜか勘定吟味役から外される。ところが四年後、再び勘定吟味役に復帰した。周囲も驚く人事だったが、経済改革を急ぎたい将軍吉宗が、萩原の過去の実績を買っての異動といわれている。

享保八年（一七二三）正月、萩原の剛直な人柄を物語る逸話が『徳川実紀』にある。

老中の水野和泉守が中心となって幕府の財政危機を立て直すため、倹約をはじめとするさまざまな政策を打ち出しているころの話である。現代人に理解できるよう、今ふうに解釈してやりとりを再現するとこうなる。

老中水野和泉守は、俸禄を御家人に与えるとき各百俵に付き金四両を幕府に返し、幕府財政を助けるべきであると命じた。

その時、萩原勘定吟味役が言った。

「昨年冬までならそうしてもよかったかもしれないが、今は米価が急落し、御家人たちはたとえ俸禄の全部をもらっても生活が苦しいものが多い。まして俸禄の中からいくらかを幕府に徴収されるのではたまったものではない。万石以上の大名からも徴収するというのは、ひとえに御家人を救済するための政策のはず。それを御家人からも金を徴収したら天下の多くが幕府を非難するでしょう。そうなったら止められませんよ」

これに対して水野和泉守。

「こんな増収対策は君らがよく相談して持って来るもんだよ。それが君らの役目だよ。それもしないでこのように突然言い出すのは控えなさい」

萩原はそれにひるむことなく言った。

「大名は金があるから参勤交代のやり方を変えれば償うことができる。御家人でも知行が多い人が金を出すのもいいでしょうが、俸禄だけしかもらってない者からも徴収するのは理解しがたい」

「それなら有馬兵庫頭《ありまひょうごのかみ》に言ったらいいではないか。多分同意しないだろう」

水野和泉守はかなり怒った様子だった。

やるねえ萩原さん。言いたいことを言うじゃないですか。

それにしても和泉守。「老中のおれに向かってなんてことを言う。この無礼者め」と心中穏やかでなかったはず。

その後、萩原は吉宗の側近である有馬に嘆願した。有馬は一旦は拒否したものの一応吉宗に伺いを立てたところ、もう一度萩原の話を一同が聞いてから最終決定をするようにとの判断が下された。

そこで、一度評議が行われたが、萩原の意見は退けられてしまった、と鈴木氏は書いている。

そうなんですよ。出世欲の強い人とか保守的な人たちはわが身が第一。大勢に流れるのを常としており、弱い者を味方するような話には乗ってこない。それより何より一同は老中水野和泉守が怖かったのでしょう。

その剛直、実直な萩原伯耆守が長崎に到着したのは元文二年（一七三七）八月。幕府は前年銅不足のため唐船の入港を二十五隻に減らし、運上金は地下配分の残りを上納すればよいという、運上金の事実上の廃止を決めた。町中が困窮しているため幕府は、四万両を奉行所に貸し付けた。うち二万両が貿易資金の銅代、あとの二万両を市中に配った。時の奉行は細井から窪田に代わっている。

萩原の仕事ぶりを探そうとするのだが、手掛かりが少ない。

元文二年の唐船入港数はわずかに五隻、蘭船二隻。元文三年（一七三八）も唐船五隻、蘭船二隻。銅不足のため唐船は貿易への興味を失い、入港数が激減してしまった。中国で銅鉱が開発されたこともあって浜町の築地銅座《つきじどうざ》、稲佐の稗田銅座《ひえだどうざ》は同年廃止された。不景気をまともに受けたのが町民たちである。奉行所は蘭船に依頼して奥港（カンボジア方面）の物品を輸入させたほどだ。

元文四年、萩原が在勤の時、俵物買入役《かいいれやく》を新設して三人を任命、諸国から俵物諸色を購入させている。

唐船入港も二十隻に回復したが、銅不足はどうしようもない。幕府はついに寛保《かんぽう》二年（一七四二）貿易半減令を出す。唐船を十隻とし、銅輪出額の上限などを決めた。寛保四年からの実施で、同時に長崎会所の上納金五万両は免除されることになった。

萩原は寛保二年九月に長崎を立ち、翌年一月に勘定奉行に転出している。貿易半減令はおそらく萩原の主導で出されたと思われる。延享《えんきょう》二年（一七四五）亡くなっており享年七十七歳。

萩原は長崎奉行を足掛け七年務めており、逆算すると萩原が長崎奉行になったのは六十七か六十八歳だった。

就任時年齢では後に出てくる八十六代奉行松山に次ぐ高齢。老骨に鞭打っての職務だったことがうかがえる。

萩原の前に窪田が寛保二年三月に西丸留守居に転出、後任は佐渡奉行の田付阿波守景厖《たつけあわのかみかげあつ》が五十一代奉行、萩原の後任には寛保三年一月、またも佐渡奉行の松波備前守正房《まつなみびぜんのかみまさふさ》が五十二代で就任した。

このところ四代続いての佐渡奉行からの起用である。周知のように佐渡は金山銀山のあるところ。

こんなに続けば幕府財政の金銀銅不足が傍目にもわかっていささか滑稽の様相である。

南蛮貿易のからくり

そもそもポルトガル船が東の果ての日本にやって来たのはなぜか。

南蛮貿易が盛んになり、同時にキリスト教が急速に広がりだし、慌てた幕府は鎖国をして唐蘭船だけに貿易を認めた。

オランダは商館員が出島に押し込められようとも長く貿易を継続した。多少自尊心を傷つけられても貿易で利益を売るためには我慢した。

それはなぜか。素朴に疑問がわくところである。

そのことについてわが尊敬する司馬遼太郎《しばりょうたろう》は『街道をゆく11肥前の諸街道』（朝日文芸文庫）で次のように述べている。

> ポルトガルの日本での貿易の利益というのは、とほうもないほどに大きかった。日本は銀に比べて金の安い国で、欧州の値段からすれば三分の一程度に過ぎず、日本から金を持ち帰るだけで巨利を博した。
>
> この日本の金相場の特殊さはその後、徳川時代になっても変わらず、オランダ人が、尊大な徳川幕府の態度と牢獄の

ような出島の暮らしに二世紀半も耐えていたのも、この利があるからであった。日本の金が世界相場の仲間入りをしたのはようやく明治維新になってからで、そのころにはもう佐渡も貧鉱化し、国産の金が底をついてしまっていた。四百年以上にわたって、日本という生体は、胃に穴があいて下血し続けていたようなものである。

しかし向こう側からいえば植民地にもなりがたく、ろくに魅力的な産物もない国を相手し続けたのは、金の魅力だけであったといっていい。つまりそのおかげで、世界の僻陬《へきすう》にあるこの国に西洋や中国の文物が少量ながらも刺激として絶えず入り込み、日本文化の成立に重要な役割を果たしてくれたことを思えば、安いものであったかもしれない。

さすが司馬さんは喝破《かっぱ》している。

日本はより進んだ文化を吸収するために金銀銅を惜しげもなく海外に流出させていた。

この物語はまだ将軍吉宗の時代を進行中。司馬に言わせればあと一世紀以上生体の下血が止まらない状態にあるというわけだ。

そこのところもじっくりとみて行きたい。

萩原奉行の時に新設した俵物買入役は、任命した三人の力不足で、海産物の集荷はうまくいかなかった。唐船の積み荷が整わず、帰帆の時期を失しようとしたとき商人八人が貯蔵品を提供してくれて、唐船は辛うじて帰帆することができた。そこで田付奉行はこの八人を俵物一手請方に任命、資金を貸して海産物の集荷に当たらせた。手探りというか、何とも泥縄式の印象はぬぐえない。

延享三年（一七四六）三月、貿易半減令によって長崎会所の財政はいよいよ行き詰まり、幕府への銅代金未納額は二十一万両を超えた。このため松波奉行は年賦で納めることを願い出て、二年据え置き、三年目から十四年間毎年一万五千両を上納することになった。

松波はこの交渉に精魂使い果たしたのか三月二十七日亡くなり、長崎市鍛治屋町の大音寺に葬られた。

大音寺の墓

これまで春徳寺、光源寺、皓台寺、本蓮寺の墓を巡ってきた。大音寺が五番目。早速行ってみよう。浜町アーケード街を中島川方面から山手へ進むと鍛冶屋町通りに出る。そこから寺町方向に少し歩くと交差点。まっすぐ行けば寺町通り。右に折れれば崇福寺に突き当たる。その中間の小道を山手にほんの少し歩けば大きな山門に出合う。大音寺の入り口だ。繁華街に一番近いお寺といってもいい。例によって思いのほか奥行きがあり、墓地が山手まで重なっている。

ここにはほかに六十一代大岡美濃守忠移《おおおかみののかみただより》、六十八代戸田出雲守氏孟《とだいずものかみうじたけ》、八十二代松平図書頭康英《まつだいらずしょのかみやすひで》、百二代稲葉出羽守正申《いなばでわのかみまさのぶ》が眠っている。

それは次の機会にとっておき、まずは松波の墓を探そう。

「山の上の方にあります」という言葉を頼りに急な坂をふうふう言いながら登った。古希目前の人間にとって長い階段はきつい。それでも登るのは松波奉行に会いたい一心だ。とうとう最上部近くまで来てしまった。ここからだと長崎港が見渡せる。これもまたよし。目的の墓は中腹にあった。もちろん案内板も説明板もない。

周囲の墓よりやや大きめ。形が普通の墓と同じであり、あまり目立たない。墓の位置からすると、埋葬後、移動はなかったと推測される。本堂に近いところにある松平図書頭の墓は囲み塀があり、緑に覆われている。フェートン事件の責任をとって切腹したことで知られ、市指定史跡となっている。いずれ詳しく登場するはずだ。それにしても長崎で亡くなった奉行の墓は扱いが微妙に違う。その違いは何なのかを考えながらその日は帰途についた。

五人の長崎奉行の墓がある大音寺の境内（長崎市鍛冶屋町）

松波の死を受けて延享三年五月、目付の安部主計頭一信《あべかずえのかみかずのぶ》が五十三代に就任した。安部は延享四年（一七四七）八月から在勤したが、この年の長崎市史年表の記載は、五月大坂に長崎輸出の俵物会所を設ける、この年唐船入港十隻、蘭船三隻。わずか二行のみだ。これは江戸時代に入って初めて、もっといえば安土・桃山時代でもなかったことである。いかに平穏であったかの裏返しでもあるが、安部を書く材料が皆無だ。

平戸藩主と縁続き

寛延《かんえん》元年（一七四八）田付が西丸留守居に転出して五十四代に就任したのが松浦河内守《まつらかわちのかみ》信正。

なんと勘定奉行との兼務である。話題は豊富のようで楽しみだ。

ここからは東京本社、いや江戸城の動きにも神経をとがらせながら見て行きたい。

『甲子夜話《かっしやわ》』は平戸藩主松浦清《まつらきよし》（静山《せいざん》）が文政四年（一八二一）十一月十七日の甲子《きのえね》の夜から足掛け二十年書き続けた随筆である。松浦河内守と縁続きの松浦清は、河内守が勘定奉行と長崎奉行の兼務を命じられた時の模様を書いている。

河内守は勘定奉行より長崎兼務を命ぜられたが、その時取り次の老中に、

「私は文盲だから漢字の判別ができない。とてもそんな重責を務めることはできない」と申し上げたところ、近くにいた吉宗は「河内、漢字がわからなければ仮名で書け」と大きな声で言ってそのまま退去されたそうだ。

松浦河内守が漢字を知らないわけはない。できれば課題山積の長崎奉行を逃れたいために言ったのだろうが、吉宗はそれを許さなかった。

それだけ河内守の手腕に期待をしている証しであろう。何に期待したか。勘定奉行を兼務したままの長崎奉行である。停滞する唐蘭貿易をどうにかして立て直したい、との幕府の意向は明らかだ。

吉宗は延享二年（一七四五）長男家重《いえしげ》に将軍の座を譲り、大御所として采配をふるっていたころだ。

松浦信正は元禄八年（一六九五）松浦藩主松浦家の分家、松浦十左衛門信正の三男として生まれた。

幼名は与次郎（与四郎）。十左衛門の弟松浦信勝が創設した別家（四百石）の当主松浦信守が早世したためその養子となった。書院番、進物番、西城徒頭《かちがしら》、目付、駿府町奉行を経て元文五年（一七四〇）大坂町奉行となり、河内守に叙された。勘定奉行になったのは延享三年（一七四六）である。

そのころ松波奉行が銅代金未納額の年賦による返済を申し出ており、松波と勘定奉行の松浦は丁々発止やり合っていたわけだ。

長崎に着いた松浦は、この数年来貿易の停滞で長崎港に滞留していた唐船十八隻を冬までにすべて帰帆させてしまう。

翌年からは唐船を十五隻とし、一隻につき銀二百七十貫目、銅十万斤と商額を増やす改革を実施、唐との貿易海産物は長崎俵物請方だけで扱うというお触れを諸国に回す。改革を実践していったのである。

松波備前守正房の墓（大音寺）

用行組《ようこうぐみ》事件

ところがこの松浦奉行に思いもかけない災難が降りかかる。

宝暦《ほうれき》二年（一七五二）二月に長崎奉行兼務が解かれ、それでもなお長崎御用加役を命ぜられたというのに翌年二月、突然免職・閉門の処罰が下ったのである。

どうしてとだれもが思うだろう。

長崎の出来事を見る限り信じられない処分である。裏に何があるのかと江戸城内の動きをみたら、宝暦元年（一七五一）大御所の吉宗はなくなっていた。松浦の最大の後ろ盾はいなくなっていたのである。

容疑は何か。免職の理由は二つ。

上納銀為替を請け負っていた為替商人が上納銀を延滞していたのに検査を怠った。もう一つは長崎の状況に関する虚偽の報告。いかにも取ってつけたような理由で、現代なら「別件逮捕」と騒がれても仕方がないような容疑内容である。

長崎では用行組事件として大騒ぎとなった。

長崎会所目付村山庄左衛門、請払役盛弥次郎らが用行組という私設の会所を設け、ここに町人が毎日出勤して事務をとり、まるで公の会所のように役人の進退から諸行政に至るまで河内守の意を受けて取り仕切っていた。

これが問題となって用行組は解散、会所は禁止となり、村山や盛は島流し、そのほか多数の関係者が追放、免職などの処罰を受けた。

外山氏は『長崎奉行』の中で「松浦河内守が村山らをあまりに信用しすぎたことに端を発したものといわねばならない。長崎に一年交代で来任するという腰の浮き上がった長崎奉行のあり方が生んだ一つの悲劇であった」と一刀両断《いっとうりょうだん》である。

筆者も市史年表だけを見ている間は「そんな事件があったんだ」くらいにしかとらえていなかった。

しかし、鈴木氏は全く違った見方をしている。それによると、松浦は長崎の改革をするにあたって、補佐として勘定所役人を長崎に同行させ、奉行所横の岩原屋敷に滞在させていた。

一方で長崎市民の中に改革協力者を求めた。

長崎貿易の仕組みは複雑にできており、それだけに改革は、その分野を熟知した長崎在住の役人や商人たちの協力が必要不可欠だった。また松浦の改革の重点は貿易仕法改正と長崎会所財政の立て直しにあり、貿易や財政に精通した人物を配下にしなければ短期間で改革できるはずがない。そこで用行組が結成され、斬新な改革が次々に実行されていった。

ところが松浦が長崎奉行を退くと、それまでの改革に対して旧体制からの不満が噴出、松浦の権力を背景にして用行組が専横なふるまいをしたと批判されるようになった、というのである。

胸にすっきりくる話である。同時に現代でも同じようなことが起こっているではないかと思ってしまう。改革派と守旧派の対立である。守旧派はこれまでの既得権が次々に奪われていくのを眺めつつ、何かの機会をとらえて反撃に転じる。筆者はついそんなふうにとらえてしまう。

鈴木氏は「松浦が長崎奉行を退いた後、松浦と現職の長崎奉行との折り合いが問題となってくる。加えて長崎の旧支配層と用行組との軋轢も顕在化してきた。こうした経緯で宝暦二年（一七五二）以降、長崎支配体制の矛盾が露呈するようになったのであろう」と解説している。

改革を急げば、守旧派とか保守派から不満や批判、反感が出るのは世の常。

最高権力者の基盤が強い時はこれらの声は抑え込まれ、不満分子もじっとしている。これが何かの拍子で基盤がぐらつきだすと、反対派や不満を持った人間は一斉に動き出す。なかには策略をめぐらす人間だっているのである。

この事件はどうだったのだろうか。

松浦は御役御免となって半年後にその罪を許されている。

ということは松浦が進めた改革は評価され、罪状は軽かった、ということだろう。

再び『甲子夜話』に戻る。松浦静山が幼少のころ、河内守に会った時の印象を「勇相な坊主で、厳格な男であった」と書いている。

松浦は地元長崎にゆかりのある人物として注目してみていた。有能な経済官僚として力強く改革を推し進めていたのに後味の悪い結果となってしまった。

しかしである。平戸藩主である松浦家から後年、また長崎奉行が誕生するのである。それはこれからのお楽しみに。

宝暦元年（一七五一）二月、安部が退任し、後任に長崎目付の菅沼《すがぬま》下野守《しもつけのかみ》定秀《さだひで》が五十五代となった。安部は長崎在勤途中の退任である。長崎市史には免職となっている。

中途半端な時期であり、何かがあったはず。筆者は改革を進める松浦と前任の安部との間に意見の衝突があったのではないかと憶測しているが、裏付ける資料を見つけることができない。

松浦の長崎奉行兼任が解けた宝暦二年二月、後任には目付の大橋《おおはし》近江守《おうみのかみ》親義《ちかよし》が就いた。五十六代である。鈴木氏が指摘した「松浦と現職の長崎奉行との折り合いが問題」とした場合、現職奉行はこの菅沼と大橋である。

中央官僚への目

長崎奉行は入れ替わり立ち替わりやってくる中央官僚である。

封建制度厳しい武家社会であっても人間はそれぞれに個性がある。職務に熱心な人、出来るだけ無難にこなし受け入れ先と仲良くしようとする人、職権を使っていい夢を見る人、威張る人、さまざまだろう。現代でも中央官庁からくるキャリアに当てはまる。いろいろな個性派がいるのだ。

それを受け入れる側は「地元の目」として観察している。「今度の人はよか人」「前の人はひどかった」とことあるごとに感想を語る。幕府直轄地だった長崎は、中央からの天下りをすんなり受け入れ大事にする気風にある。福岡や佐賀、熊本などとは格段の違いだ。キャリア組のほとんどは「長崎はいいところ」と語る。それは長崎奉行をすんなり受け入れてきた天領の風土から来たものだろう。ただし、善しあしは別である。

世間を騒がす事件が過ぎ去ると、社会は少しの間落ち着いてくる。用行組事件の後、幕府は長崎奉行所の門前に目安箱《めやすばこ》を設けた。役人の不正と抜荷の密売者を直訴させるためという。

こんな取ってつけたような事後対策を聞くと笑いたくなる。すべて後追いだ。

幕府は享保六年（一七二一）評定所《ひょうじょうしょ》前に目安箱を置いた。三十二年前のことである。

幕府の形式主義は相変わらずというしかない。時の将軍は頭脳明晰、言語不明瞭といううわさの家重。

宝暦四年（一七五四）大橋がすんなり勘定奉行に転出して目付の坪内駿河守定央《つぼうちするがのかみさだふさ》が五十七代、宝暦七年（一七五七）菅沼がこれまた勘定奉行になって目付の正木志摩守康恒《まさきしまのかみやすつね》が五十八代に就任した。坪内まではこのところ目付、長崎奉行、勘定奉行がお決まりとなっており、出世コースなのだ。坪内の後任は宝暦十年（一七六〇）目付から大久保土佐守忠興《おおくぼとさのかみただとも》が五十九代となったが、二年後に病気のため退任している。

田沼政治と長崎奉行

宝暦十二年（一七六二）六十代奉行になったのが石谷備後守清昌《いしがやびんごのかみきよまさ》。これがまたすごい男という前評判だ。松浦河内守と同様に勘定奉行兼務である。皆さん拍手、と言いたいところである。

ついに六十代まで到達した。皆さん拍手、と言いたいところである。

だが、物語はまだ半分にも届いていない。前半のクライマックスにふさわしい石谷奉行の登場だ。当時のエリートを語るとき、江戸城内の権力構造がどうなっているかを見ておくことは欠かせない。

九代将軍家重は宝暦十一年（一七六一）に没したが、その前年に長男の家治《いえはる》に将軍の座を譲っている。そもそも家治の祖父に当たる八代吉宗は、紀州藩主から紀州徳川家を存続させたまま将軍となった。

綱吉、家宣の場合は大名家を廃止して将軍家を相続したため家臣のほとんどを幕臣にとりたてている。その点吉宗は幕臣にとりたてたのは一部に過ぎなかったが、その代わり側近は紀州藩家臣で固め、その傾向は家重、家治時代も続いた。

ここで紀州藩出身幕臣の二代目、田沼意次《たぬまおきつぐ》が登場する。

聞いたことある名前だが、どんな人だったか記憶にない。復習あるのみだ。

吉宗の小姓《こしょう》、小納戸《こなんど》頭取を務めた田沼意行《おきゆき》の長男として生まれ、家重付きの西丸小姓、小姓組番頭《ばんがしら》などを経て宝暦元年（一七五一）御用取次となった。御用取次は吉宗が大名役である側用人に代わって新設したポストで、諸大夫の格。幕府の重鎮として権勢をふるった「田沼時代」とは宝暦八年（一七五八）から天明六年（一七八六）までの二十八年間といわれる。

頭角を現したのは家重から一万石の大名にとりたてられ、郡上藩宝暦騒動《ぐんじょうはんほうれきそうどう》の再吟味のため評定所への出席を命ぜられてからである。家治にも重用されて側用人となり、安永《あんえい》元年（一七七二）老中に就任した。奥と表の両方を兼務したことになり、幕府の実権を握ったことを意味する。

ここで簡単に注釈を入れる。

奥とは将軍の執務・生活空間。表は儀式と政治の場。

いずれも江戸城の本丸御殿の中にあり、玄関の次に大広間、松の廊下、白書院、竹之廊下、黒書院で構成された表があり、御成廊下《おなりろうか》の向こうが奥である。ついでに言えばその向こうが。女性たちの生活の場である大奥《おおおく》。

後世、田沼時代に対する評価は分かれる。

幕府財政の再建策として次々に経済・金融政策を実行に移したと評価がある一方で、賄賂が横行し政治への批判が強まった、天明の飢饉で農村が荒廃し、百姓一揆や打ちこわしが続出、幕府に非難が集中したと悪政を指摘する声もある。批判は主に晩年であろう。田沼は家治の死後、すぐに罷免されている。

それはともかく田沼時代のうち二十年間を勘定奉行として支えたのが石谷備後守であった。長崎奉行の兼務が八年、そのうち四回長崎に在勤した。長崎での仕事ぶりを点検する前に、後に勘定奉行や外国奉行を務めた川路聖謨《かわじとしあきら》の石谷評を紹介したい。

筆者はこの川路になぜか好感を持っている。後の重要な場面で登場するはずだから記憶しておいてもらいたい。名前がユニークだから覚えやすい。川路は随筆でこう書いている。

田沼殿はその時代に石谷備後守を起用した。彼は優れた奉行で、今日まで佐渡も長崎も御勘定所も備後守の跡をよりどころとしており、彼が真に豪傑だとわかろうというものだ。

石谷はさすがに仕事が早い。勘定奉行を兼務しているだけでなく田沼の後ろ盾がある。

そうだ。忘れるところだった。石谷と田沼は三代続く縁戚関係だった。

幕府の仕事を果断にやるからといって長崎のためになったかどうかは別物。そこのところを注意しながら見ていきたい。

宝暦十二年（一七六二）長崎会所の用意銀のうち六百貫目を大坂金庫に納めた。これは宝暦九年、同十年に続いて三回目で、事実上長崎運上金の復活を意味する。それまでは唐船入港の減少により運上金は、地下配分の残りを上納することが許され、運上金の上納は事実上元文元年（一七三六）から廃止されていたのだ。

宝暦十三年（一七六三）から銀と銅の交換取引が始まる。これまでの日本は金や銀は輸入代金として流出させるだけであった。それを一八〇度転換、唐船から銀を輸入し、銅と交換したのである。輸入代金は銅と俵物で払うことにし、荷不足の俵物を補うため俵物請方を諸国に派遣した。

明和《めいわ》元年（一七六四）には配下の勘定役、普請役を長崎に在勤させた。明和三年（一七六六）には石銭番所《こくせんばんしょ》を木鉢浦に置いて、出入りの船から一種の通行税を取り始めた。名目は長崎港内の浚渫費用を捻出するためで、実際に浚渫を始め、さらえた土砂は渕村埋め立てに使用している。ただし、石銭番所は成績が上がらず、寛政三年（一七九一）廃止となった。明和四年（一七六七）稲佐銭座を置き、鋳造を始めた。明和七年（一七七〇）石谷は奉行兼務を解かれ、その後も勘定奉行に専念した。その年長崎会所の上納金を五千両増やしている。これを別段上納といった。

石谷の仕事ぶりは能吏というべきか、それとも幕府の財政危機を救うための税金収奪マシーンか。司馬遼太郎が指摘した「穴があいて下血し続けている胃」をどうにかして防ごうと懸命になっている姿はわかる。

ちょっと前に「郡上藩宝暦騒動」というのが出てきた。宝暦四年（一七五四）美濃国郡上領で発生した百姓一揆と、この一揆の最中、郡上藩預り地の越前国石徹白《いとしろ》で発生した騒動の総称。

再吟味の結果、幕府要人の介入がわかり、藩主の金森は改易、要人多数が処分された。

五十六代長崎奉行だった大橋近江守が改易・永預りとなっている。一方、再吟味した側に五十五代長崎奉行だった勘定奉行の菅沼下野守が名を連ねている。

明暗分かれるが長崎奉行経験者が幕府の中枢に座っているのが垣間見えて頼もしい。

墓碑も様々

正木が宝暦十三年（一七六三）作事奉行に転出し、後任の六十一代長崎奉行になったのは大岡美濃守忠移《おおおかみののかみただより》。山田奉行からの起用。

ところで読者のみなさん、山田を御存じか？私は全く知らなかった。

これまでの遠国奉行では下田、奈良、佐渡からの経由で、山田からは初めて。

発見のキーワードはお伊勢参り。伊勢神宮の門前町で正式には宇治山田《うじやまだ》。三重県伊勢《いせ》市の旧名である。

その大岡奉行は十一月長崎に着任したものの翌年六月、明和元年（一七六四）に亡くなり、大音寺に葬られた。

大音寺に五人の長崎奉行が眠っていることは先にふれており、五十二代奉行松波備前守の墓はすでに見た。

大岡の墓は本堂近くに六十八代戸田出雲守、百二代稲葉出羽守の墓と一緒に並んでいた。中央に戸田、向かって右に大岡、左に稲葉。亡くなった年代を西暦で言うと右から一七六四年、一七八五年、一八四八年と八十四年の開きがあり、後の時代に集約したのが見て取れる。

せっかく三人が並んでいるので、比較して考えてみた。中央の戸田の墓が五輪塔《ごりんとう》形式で一番立派に見える。長崎奉行の墓では一番多い形である。正直に言うと、本書を書き出したころは、このタイプの墓の由来どころか名称さえ知らなかった。長崎奉行の墓に多いという印象だけだった。墓石屋さんに尋ねなければと思っていたが、本蓮寺の説明書に「五輪塔形式」という文字を見つけ、ようやく由緒ある墓碑だと分かった。それは後ほど説明するとして比較を続ける。

右の大岡の墓は上部に屋根か兜のような石があり、やや立派。左の稲葉の墓は、言ってしまえば普通の墓石である。

なぜこんなに差があるのだろうか。

禄高は前山田奉行だった大岡が二二六〇石。前佐渡奉行の戸田は五〇〇〇石。前目付の稲葉は五〇〇石。在職期間は大岡一年、戸田一年六ヵ月、稲葉四ヵ月。

戸田や稲葉がどのような人物なのかまだ分からないが、墓の立派さと禄高はあまり関係ないような感じである。

それぞれにいろんな事情があってのことだろう。さてこれまで見つけた十三人の長崎

（左）稲葉出羽守（中央）戸田出雲守（右）大岡美濃守の墓が並ぶ（大音寺）

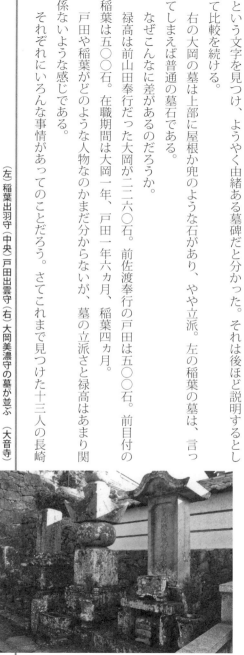

奉行の墓では、五輪塔形式が七人と最も多い。五輪卒塔婆《そとば》、五輪解脱《げだつ》とも呼ばれ、上から宝珠形の空輪、半月形の風輪、三角形の火輪、円形の水輪、方形の地輪からなっているそうな。宗派によっては妙、法、蓮、華、経の文字を刻んでいる。

大岡の死亡で明和二年（一七六五）六十二代奉行に任命されたのは、小普請奉行だった新見加賀守正栄《しんみかがのかみまさなが》。能吏石谷とのコンビが明和七年（一七七〇）まで五年間続いた。その間の長崎の動きを見てみよう。

長崎の地役人田辺茂啓《たなべもけい》が三十年かけて編纂した『長崎実録大成』にふれておかねばならないだろう。田辺が地役人の立場で収集した資料をもとに天領貿易都市長崎の政治、経済、文化、社会の動きを詳しく記録したもので、五十五代奉行菅沼下野守に見せたところ、菅沼は田辺の熱意に打たれ、資料収集に便宜を図った。田辺はこれらを基に十六巻にまとめ奉行所に納めた。石谷奉行はこれを『長崎志正編』と名付け、以降書記役に書き継ぐことを命じた。そのおかげで『長崎志続編』十三巻が書き継がれた。

文化分野でさらに言えば、オランダ大通詞吉雄耕牛《よしおこうぎゅう》が甲比丹とともに江戸参府した際、平賀源内《ひらがげんない》に蘭学を指導した。明和二年（一七六五）のことだ。平賀は三年後、田沼意次の命を受けて長崎に来て、吉雄宅に寝泊まりしながら学び、明和七年（一七七〇）戻った。平賀は宝暦二年（一七五二）高松藩主の命で来崎、一年間オランダ語や西洋技術を学んでいる。当時は弱冠二十五歳の時だ。

明和三年（一七六六）今籠町《いまかごまち》にあった報時所《ほうじしょ》（鐘撞所）を豊後町《ぶんごまち》に移し、時を知らせる鐘を叩いた。現在の市役所本館南側の坂道付近。やぐらを組んで鐘があり、以来百三十七年間、昼夜十二時に時を知らせた。市民はこの付近を「鐘《かね》の辻《つじ》」と呼んでいた。今は形跡もない。

石谷、新見両奉行が在職中に肝を冷やしたのは火事ではあるまいか。明和三年二月、西古川町から出火、十六町に延焼、約二千八百戸を焼いた。明和の大火に遭遇している。被災者には米や銭を与え、仮屋三十三棟を建てて収容するなど奉行所の仕事は大変なのだ。

五月には大黒町《だいこくまち》から出火して三十三戸全焼、翌年四月には島原町から出火、二十一戸焼失、明和五年（一七六八）二月には南馬町《みなみうままち》から出火、三百四十戸を焼き、その年十一月唐人屋敷で三棟焼けた。家屋が密集した土地柄、気象条件次第では常に大火の危険をはらんでいる。奉行所は被災者救援に尽力するだけでなく、救援活動した篤志家に褒賞を与え、消防尽力者を表彰するなど防火意識の高揚にも努めた。

明和七年（一七七〇）六月、能吏だった石谷の後任は、普請奉行の夏目《なつめ》和泉守《いずみのかみ》信政《のぶまさ》。六十三代に当たる。

ところで長崎奉行は役得があり、金持ちになって江戸に戻るなどの話はまだしていない。

本当にそうだったのだろうか。これまでの奉行を見ているとそれほどまでに感じられない。明らかに悪さをした奉行はしっかり処罰されている。夏目の就任から徳川幕府が倒れ、明治維新になるまであと一世紀も残っている。もっと奉行の素顔にも触れたいし、日常の仕事ぶりも見てみたい。どんな奉行が来るのか楽しみだが、目星のついた奉行は相当に面白い。

なにしろかたくなに鎖国政策をとる幕府に対し、外国勢が開国を求めて続々と長崎へやって来るのだ。ようやくヤマ場へこぎつけたところなのである。

奉行交代道中

長崎奉行は一人、二人、三人、四人と変遷しながら明和のころは二人制。

江戸からはるばるやってきた長崎の最高権力者は地元でどのように迎えられ、どんな形で交代するのか以前からずっと気になっていた。もっと言えば、任命された長崎奉行はどのようにして江戸を立ち、どのコースを通って長崎までたどり着いたのか、日程はどのくらいだったのかなど知りたいことはたくさんある。

ところがである。これまで奉行探しのため随分と本を読んで来たが、知りたいことを探すとなると、どうしても『帯に短し、たすきに長し』の感で、部分的には理解できるが全容はわからないことがほとんどだ。

長崎の玄関口、一の瀬橋と、電車がみえるところが蛍茶屋

たとえば日記類は「何月何日に江戸出立、何月何日に長崎到着」と簡明もいいところだ。途中が全く分からない。ところが面白いものでいろんな本を読んでいくうちに、知りたいことが少しずつわかってくる。ほしい情報に関して半分しか書いてなくても、別の本が違った角度から書いているため空白部分が次第に埋まってくる。これが実に楽しく、奉行探しの魅力でもある。

ちょうど二人制でわかりやすいので奉行交代劇を見ていきたい。

長崎奉行は就任の際、江戸城に登城し、将軍に拝謁して任を受ける。

江戸への往復は十万石の大名並の行列を要求され、その費用に引っ越し拝借金として千両が渡される。九州には福岡藩の黒田《くろだ》氏、佐賀藩の鍋島《なべしま》氏という大大名がいるので、将軍の権威を示すためにも大名並の行列が必要だったのだ。

参勤交代の大名行列は、それは大仰にして豪華だったらしい。総勢三千人規模もあったようで旅の途中に大名行列と出くわすほど不運はない、と言われるほどだ。なんとなれば宿舎も船もすべて大名行列優先、沿道でも「下に―、下に」とやられると庶民たちは頭を下げて通り過ぎるのを待つか、家の中に素早く逃げ込んでじっとしているしかない。

旅人は旅行日程を狂わされる。通り過ぎるまでに三日もかかったという話もある。

あのカピタン行列でさえ、大名行列に出合うと、馬や駕籠《かご》から降りて脱帽し、敬意を表した。ちなみにカピタン行列は総勢百五十人から二百人規模のようだ。

長崎奉行の行列はどれほどだったのか定かでない。旗本からの起用が多く、とても大名行列並といくはずはないと思っていたら、詳しく書いた本にぶつかった。『幕末遠国奉行の日記　御庭番川村修就《かわむらながたか》の生涯』（小松重男著、中公新書）である。川村は幕末の百十代長崎奉行で、この物語では随分あとに登場する。

川村の行列の概略を見てみよう。

旗竿、具足櫃二棹、鉄砲数挺、先箱《さきばこ》一対、長刀《なぎなた》一振、徒士《かち》若干名、大小筒持ども、近侍中小姓若干名、長柄傘、袋杖、持槍、添槍、対箱《ついばこ》一対、茶瓶、曳馬《ひきうま》三頭、乗替馬《のりかえうま》、馬糧籠、竹馬、合羽籠、乗掛本馬、軽尻馬、長持両掛、足軽《あしがる》および宰領《さいりょう》、仲間、小者、そのほかに雑役若干名、その後ろに家老の長持、駕籠、曳馬、対箱、先槍など荷がつづき、さらに用人、給人、納戸、医者、料理人そのほかという具合で、実に美しい行列で木曽街道を旅した、とある。

さすが十万石大名並の行列だけのことはある。

一行は宿駅に泊まりながら京都に到着、夜船で大坂に下って三日間滞在、その後は須磨《すま》、明石《あかし》を見物しながら広島、宮島を参拝、馬関《ばかん》から黒田家差し回しの数隻の船で小倉に到着した。ここからは先々の領主から大変に鄭重な扱いを受けたそうだ。

これはあくまで川村の例だが、幕府を権威づけ先例を重んじる江戸時代にあっては、ほかの奉行も大差ないとみていいだろう。

日程は約四十日間といわれているが、天候やコース、急ぎ旅かどうかでばらつきがみられる。小集団で急ぎ旅をして三十三日で長崎から江戸へ着いたという記録があると思えば七十四日かかった記録もある。

ある幕府役人の記録では家族連れで三十八日、別の時は四十五日かかったとある。話は違うが、最も早いのは、早馬で四日。早飛脚で郵便物は九日間を要した。

さてコースはどうか。江戸から京都まで東海道《とうかいどう》か中山道《なかせんどう》か決めなければならない。距離的には東海道がやや短いのだが、大井川が増水すると川止めに遭う場合もあり、季節によっては選択に迷う。京都から大坂まではおそらく伏見から舟で下ったと想像するのだが、陸路何日などと書かれるとすべて陸上を歩いたと考えるしかない。

ほぼ毎年のように江戸参府したカピタン行列の場合、始まった当初は長崎から兵庫までは船に乗って行った。途中から九州は陸上を行くようにとの達しがあり、長崎街道を使ったが、下関から兵庫までは海路とわかる。

あの当時瀬戸内は海路の和船があり、陸路で行ったとは考えにくい。外国人の記述は見たままをかなり詳しく書いている。

その点、武士の書いたものには簡略、省略が多い。国の内情を外部に知らせるべからず、の鎖国主義が働いているとしか思えない。長崎奉行一行が小倉から長崎まで長崎街道で来たのは間違いない。

いよいよ長崎のお殿様のお目見えである。詳しく見て行こう。

ひと月以上の長旅もあすで終わりである。諫早を過ぎ、あとひと山越えれば外国に唯一開いた希有な街がある。

最後の宿泊は矢上宿《やがみ》（現在の長崎市東長崎地区）が決まり。長崎入り当日。長崎奉行所から出迎えと案内のため町使と年行司各二人が在勤奉行の私信を携えて矢上へ駆けつける。ひと通りのあいさつが終わると、奉行一行は出発となる。

新奉行はもちろん駕籠の中である。日見峠《ひみとうげ》で休憩。そこには地役人代表の町年寄年番《ねんばん》が待ち構え、無事到着を祝う。峠を下ると長崎の玄関口に当たる一の瀬口が見えてくる。その間の沿道には地役人が整列してお出迎え。一の瀬口には在勤奉行の部下が待っており、ここでのあいさつに対し、奉行が初めて直々に応答した。

間もなく町中に入ると、桜馬場に諸藩の長崎聞役がいて姓名を披露、新奉行は駕籠を止めて会釈する。勝山町で長崎代官が迎えると、奉行は駕籠を降りてあいさつを交わす。

近くに立山役所があるのだが、やり過ごしてまっすぐ進み西役所に到着。ここでは地役人や先着した家臣、家人たちが門内外で出迎え。

これで終わりではない。徳川幕府は儀式が好きなのだ。形式こそ将軍家の威厳を保つ魔法の杖であろう。立山役所に飛脚を立て、無事到着を知らせる。在勤奉行は直ちに使者を立て、無事到着を祝ってあいさつ代わりに干し鯛一折りを進呈する。新奉行はここでようやく昼食休憩。

午後から在勤奉行のいる立山役所を初訪問して、奉行同士の対面となる。新奉行は御黒印、御下知状を披露、在勤奉行の家老や家臣、代官などにあいさつして西役所に戻る。今度は答礼の意味で在勤奉行が西役所を訪問、代官より鮮鯛一折りの贈呈、在勤奉行の家老以下家臣たちのあいさつがある。

西役所は無事の到着を祝賀に訪れるものが引きも切らず、門には入れない者が出るほどの混雑であったという。いやはや想像を超えて大変だ。将軍の名代で赴任してきたことがわかる。長崎奉行というのは偉かったんだな、と感心していたら続きがあった。

新奉行が落ち着いたら、次は事務引き継ぎである。これは九月十二日に行うのが一応の決まり。在勤奉行は引き継ぎ書類の一切を葵紋《あおいもん》付き長持《ながもち》三棹に入れて西役所に運び込み、帳簿と照合のうえ新奉行に引き渡す。次に長崎会所、銅蔵所の引き継ぎ。両奉行が銅蔵所を一巡して目録と実物を引き合わせ、長崎会所では貿易総高収支決算や在勤総高などを一つ一つ引き合わせて検分を済ませ、在勤奉行が封印して終わる。また両奉行立ち会いで歳入歳出の総勘定を突き合わせてようやく引き継ぎの完了となる。

これで在勤奉行は長崎での任務から解放され、上府《じょうふ》の準備にかかり、ほどなく江戸へ出発する。立山役所が空になると、新奉行は西役所から立山役所に移り、西役所は閉鎖となる。長崎では越年した在勤奉行を「此方様《このかたさま》」、新奉行を「御向様《おむかいさま》」と呼んだ、といわれている。

これが二人奉行の時の話で、三人奉行になると、江戸へ帰る奉行は、新奉行の出発・到着を見計らって立山役所に近い安禅寺《あんぜんじ》に移り、到着を待っていたという。

いかに長崎奉行が偉いか奉行交代劇でわかった。見る目を新たにして物語を続けていきたい。

夏目の『在勤日記』

夏目和泉守が赴任してきたばかりである。

このころの話として明和八年（一七七一）七月十六日、薩摩侯島津重豪《しげひで》、江戸より帰城の途次、従者三千人とともに来崎、八月九日海路帰城、とある（長崎市史）。大名行列三千人規模だ。さすがは幕府も一目置く七十七万石の薩摩藩である。それにしてもこれだけの人数をどのようにして分宿させたのだろう。薩摩藩邸だけで収容はできない。旅館がない時代だからたくさんの寺の本堂、庫裡が利用されたと想像している。

夏目奉行は在勤日記を残している、と何かの本で読んだ記憶があり、長崎歴史文化博物館を訪ねた。

「長崎奉行だった夏目和泉守の在勤日記はありますか」

「奉行は文字であまり残していませんからね」

そう言いながら女性職員はすぐ検索を始め、

「あっ、ありました」

早速、書庫から持ってきてくれた。ビニール袋に入った細長い古書。レプリカではなく、実物なのである。厚紙の表紙と裏表紙の間に二つ折りにした和紙が二十七枚、表裏

夏目和泉守の在勤日記（長崎歴史文化博物館蔵）

にびっしりと書いて五十四頁分。表紙には『夏目和泉守様御在勤日記』とあり、横長にして一行約二十文字、一頁三十四行程度、達筆で日記が墨書してあった。ひと目見て夏目奉行直筆の日記ではなく、書記役が残したものと分かった。

冒頭「安永《あんえい》二年七月十四日　夏目和泉守様御在勤」から始まる。文字は達筆すぎて読めないが、我慢して追っていくと、時折少し大きな文字で「土屋駿河守、松浦和泉守、水野若狭守、永井筑前守」が判読できる。

本書でこれから登場する六十七代、七十代、七十一代、七十三代奉行たちの名前である。なにが書いてあるのか分からないのは当方の責任。後に登場する遠山左衛門尉景普《とうやまさえもんのじょうかげみち》の日記は自分が書いたものなので、それと同じではないかと期待したのがいけなかった。夏目奉行の息遣いを感じることができなかったのは残念だった。

しかし、古文書研究者や歴史研究者にとっては貴重な史料だ。昭和八年県立長崎図書館の朱印がある。このような古文書が幕末から戦前にかけてどれだけ散逸したことだろう。

自宅で史料を点検して驚いた。

夏目は安永二年（一七七三）六月十二日長崎で亡くなり、本蓮寺に葬られている。本堂の裏手にある墓地は確認済みだ。日記の冒頭の日付は間違いなく安永二年七月十四日。夏目が亡くなった後の日付である。

どう解釈すればいいのだろう。日記は日付つきで記録してあり、内容はわからないものの役所の公式記録のようだ。夏目奉行の在職期間はまだ三年。突然の死去に際し、書記役が夏目奉行の供養のためにあらためて記録として書き残したと考えるのはどうか。

それにしてはその後の長崎奉行の名前が四人も出てくるのは不自然。どなたか古文書を解明してください、などと書いていたら出合うものですね。『長崎奉行遠山景普日記』の編者の一人である戸森麻衣子《ともりまいこ》さんが、「夏目和泉守様在勤日記」について「これは御用部屋で書き継がれた日記原本ではなく、御用部屋日記を抜粋して写したものと考えられる」というのだ。私の推理もまんざらではなかったので安心した。

成瀬因幡守（左）と夏目和泉守（右）の墓（本蓮寺）

柘植、久世コンビ

夏目が急逝したため安永二年七月十八日、六十四代奉行になったのが目付だった桑原能登守盛員《くわはらのとのかみもりかず》。新見の後任として安永四年（一七七五）佐渡奉行から六十五代に就任したのが柘植長門守正寔《つげながとのかみまさたね》。同年、作事奉行に転出した桑原の後任が浦賀奉行から久世丹後守広民《くぜたんごのかみひろたみ》。六十六代である。この柘植、久世コンビが足掛け九年間続く。

ある本を読んでいたら久世奉行が長崎奉行在職期間最長の二十八年三カ月とあった。

これには驚いた。将軍家光《いえみつ》、家綱《いえつな》、綱吉《つなよし》、吉宗《よしむね》並の長期政権ではないか。ご丁寧に長崎奉行の在職期間を単純に平均すれば四年五カ月とあった。間違いを前提にすればすべてが間違う道理。この著者によると長崎奉行の数も九十四人と書いてあった。どういう基準で調べているのか尋ねてみたいものだ。

それにしても歴史考察本ではこういうことってあるんですね。しつこいようですが久世奉行の在職期間は八年四カ月です。

気分を変えて柘植、久世コンビ期間の長崎の動きを見てみよう。

安永四年、スウェーデン人の植物学者ツュンベリーが出島医官としてやってきた。

彼は約一年間にわたって一日四回気温の観測をしたほか、長崎郊外で植物の採取を奉行から許される。ケンペルの時もそうだったが、植物研究は非常に立派な学問だと日本人は評価しており、植物学者には寛容だ。出島から出ることだって許してしまう。ケンペルは植物研究を口実に日本語を学び、二度の江戸参府旅行の際、植物の下に羅針儀を隠し、植物のスケッチをしているふりをして旅行ルートの正確な図面を完成させていたのである。

ツュンベリーは翌年、甲比丹の江戸参府に随行した。宿舎の長崎屋には幕府の医者や天文方《てんもんかた》などが連日押し掛け、物理や経済学、植物学、内科、外科学などについて熱心に質問したという。彼は後に日本植物誌、日本紀行、江戸参府随行記などを書いている。日本で命名した植物はたくさんあるが、カキ、サザンカ、ナンテンも彼の命名だそうな。

安永八年（一七七九）チチングがオランダ商館長として来日した。一七八四年までに三回商館長として来た記録があり、二度の江戸参府で将軍家治《いえはる》にも謁見している。

チチングは十一代将軍家斉の岳父となる薩摩藩の島津重豪と終始文通して親交があり、知識や情報を好意的に与えられていたようだ。浮世絵を欧州に紹介し、印象画の画家たちに大きな影響を与えたことでも知られる。

安永八年長崎での話題をひとつ。

唐人屋敷に地下道を掘り、唐人と密売をしてつかまった役人の話。まるで映画「大脱走」のようなので詳しく知りたいと犯科帳から探した。

遠見番の孫之進の家は唐人屋敷とつい目と鼻の先にあった。孫之進は唐小通事《とうこつうじ》末席の彭城儀右衛門《さかきぎえもん》、稽古通事《けいこつうじ》の彭城八十郎、六平次、五郎作ら唐人屋敷の内外の事情に通じた者と共謀、自宅の床下から穴を掘り続け、唐人屋敷の塀外に出られるようにした。それぞれ役目を分担し、まず煎海鼠を持ち込んで唐人と麝香《じゃこう》と交換することに成功した。

ところがあとになって麝香が偽物と気付き、まんまと唐人に一杯食わされたことが分かった。

孫之進の陰謀に気付いた女房が「役目が役目だというのになんと恐ろしいことをして」と諫め、孫之進は一旦穴をふさいだ。しかし品物の持ち出しには成功した、と思うと矢も盾もたまらず、また穴をあけた。そして煎海鼠、干鮑などを唐人屋敷に持ち込み、白砂糖、茶碗などと代物替えをし、売りさばいた。

判決は孫之進が引き廻しのうえ獄門、六平次と五郎作が壱岐国へ流罪《るざい》。儀右衛門ら四人は行方不明。魔が刺したのか、それとも大胆不敵か、欲の皮が突っ張った話は世に絶えることはありませんなあ。早く奉行の話に戻りましょう。

天明《てんめい》二年（一七八二）オランダ船が一隻も入港しなかった。唐船も例年通りの十三隻。米価が急騰し、市中はやたら盗賊や放火が多くなってきた。奉行所は暮れに配る予定のかまど銀を十一月に支給、地役人の巡回取り締まりを強化した。

年が明けても米価は高騰を続け、一升百二十文となった。久世奉行は窮民に米を与える一方、近隣諸侯に手配して米の回

左：唐人屋敷から見た長崎港。（長崎大学附属図書館蔵）右：現在の風景。港を見ることはできない

送に全力を挙げた。その甲斐あって米は一升八十文まで下がった。

久世がその年の九月江戸へ戻るとき、町民は大勢沿道に出て見送り、中には日見峠、さらに矢上まで見送って恩を感謝した。まるで四十八代奉行大森山城守の時のようだ。

町民は諏訪社に額を奉納して久世奉行の武運長久を祈った。

こんな話が残っていると遠い昔のこととはいえ目頭が熱くなる。

相次ぐ奉行の死去

天明三年（一七八三）柘植が作事奉行に転出し、大坂町奉行の土屋駿河守守直《つちやするがのかみもりなお》が六十七代に就任、翌年三月に久世が勘定奉行に栄転したため、その後任に佐渡奉行の戸田出雲守氏孟《とだいずものかみうじたけ》が六十八代に充てられた。

天明四年（一七八四）正月の在勤奉行は土屋駿河守である。在府奉行に戸田出雲守が発令されている。

読者のみなさん、ここを再確認しておいてください。これから相次いで奉行が亡くなり、誰が奉行なのかごちゃごちゃになってしまうのです。

すんなりわかるでしょうか。ではいきます。

この年の五月、土屋奉行が在勤中に亡くなった。春徳寺に葬られ、五輪塔の立派な墓が建てられた。本書前半ですでに紹介した。

その後任は七月に京都町奉行の土屋伊予守正延《つちやいよのかみまさのぶ》が六十九代として発令された。この段階で在勤奉行不在だ。予定を早め戸田奉行が七月に着任した。

翌天明五年（一七八五）七月、土屋伊予守が江戸で亡くなる。長崎に着任できなかったのだ。その後任にはすぐに小普請奉行《こぶしんぶぎょう》から松浦和泉守信程《まつらいずみのかみのぶきよ》が発令された。七十代目に当たり、五十四代奉行松浦河内守とは縁続きだが、その話は後ほど。

来るはずの奉行が亡くなったので在勤を延長していた戸田奉行が、今度は十月に亡

戸田出雲守氏孟の墓（大音寺）

くなるのだ。この後を松浦和泉守が受け継ぐ。

そうなると在府奉行は誰だ、ということになるが、この時期は不在だ。

というわけで天明六年（一七八六）二月水野若狭守忠通《みずのわかさのかみただゆき》を七十一代に発令、ようやく変則期間を脱した。

長崎奉行は、任地での在勤《ざいきん》が主役ではあるが、在府《ざいふ》奉行も決してお飾りではない。

在勤奉行と老中との間の連絡調整役でもあり、甲比丹や客人の将軍謁見の際の立会人でもある。幕府への上納金《じょうのうきん》など勘定所《かんじょうしょ》との事務連絡は結構煩雑で多忙なのだ。

地元ゆかりの松浦河内守がやって来た。その前に戸田奉行の墓にふれておかなければならない。

六十一代大岡美濃守の時に訪ねた大音寺にある。三人奉行の墓が並び、その真ん中の五輪塔形式が戸田の墓だ。

長崎市内にある長崎奉行関係を見ると、大音寺境内にある松平図書頭の墓だけが現在市指定文化財となっている。

考えてみれば長崎奉行の近代日本史における貢献、長崎の地で殉職した奉行の尽力、五輪塔形式をはじめとする墓碑の集中度、さらには他の既に指定されている県や市の文化財などを比較して考えれば、長崎奉行の墓碑群は市の文化財として当然指定されてしかるべきと思うが、読者の皆さんのお考えはいかに。

親子二代

五十四代松浦河内守は優れた足跡を残しながら用行組事件で足元をすくわれ、お役御免となった。

半年後にその罪を許されたとはいうものの華やかな経歴であっただけに無念であったろう。

祖父の松浦猪右衛門信貞《まつらいえもんのぶさだ》は勘定奉行を務めた血筋。河内守は本家の平戸藩主松浦肥前守篤信《ひぜんのかみあつのぶ》の一男二女を養子にしている。

ところが篤信の実子信程が河内守の跡を継いだのである。

その信程が三十三年後に長崎奉行になった。義理とはいえ親子二代の長崎奉行は初めて。しかも地元に縁ある人である。

ただし、長崎在勤は一年だけで大目付に大出世している。ちなみに長崎奉行からいきなり大目付になったのは歴代百二十九人の中で三十一代近藤備中守、四十五代三宅周防守、七十代松浦和泉守の三人だけである。松浦和泉守の後任は末吉摂津守利隆《すえよしせっつのかみとしたか》、七十二代である。

水野若狭守は長崎奉行を六年半務めたが、後に家臣の収賄で一時閉門となっている。七十三代は寛政《かんせい》元年（一七八九）就任した永井筑前守直廉。

復習すると三十六代永井讃岐守直允の子が永井直令、その長男が直廉である。ついでに言えば四男が遠山家に養子に行った遠山左衛門尉景普、この先八十四代長崎奉行として登場するはずだ。

水野、永井両奉行の寛政元年から同四年ころの長崎の様子を見ると、唐船定数を年間十三隻から十隻に減らし、蘭船も定限一隻とし、銀や銅の商額も減らしている。そのため甲比丹の江戸参府も四年に一度となった。つまり、幕府献上品や諸役への贈与品、奉行その他への八朔銀も半分となり、それだけオランダ側の負担軽減となった。

余談だが、長崎市史年表ではこの時のことを「甲比丹の江戸参府を五年に一度とする」と太字で書いてある。振り返れば甲比丹の江戸参府は寛永十年（一六三三）から定期的に毎年行われ、明和元年（一七六四）から商額減額のため隔年に改められた。そして今回の変更である。市史年表では寛永十年の時も「寛政二年からは五年に一回と改められ、嘉永三年まで続けられた」とある。

詳細に検討する側にすれば、変更がその年からか翌年からか悩むぐらい神経をとがらせる。

市史や年表はすべてを網羅する建前上、断片情報の寄せ集めである。甲比丹に関する情報も断片的であるのは仕方がない。それらの断片情報を寄せ集め、概要を把握したいと思うのが研究者であり、私たち歴史愛好家であろう。

甲比丹の江戸参府についてはあとで詳しく書きたいと思っている。ここで言いたいのは、断片情報を寄せ集めて年数をチェックすると、どうしても五年に一回となってこないのだ。

おかしいと思いつつもやり過ごしていたらある時、「四年に一回」という文章を見つけた。そこでチェックし直すとほぼ合致したのだ。こうして間違いは次第に淘汰されていくのだろう。

活字にした場合の間違いは、書き手の錯誤や記憶違い、勘違いによるものから印刷までの工程で起こる転記ミス、誤植、校正ミスなどさまざま。人間がやることだから間違いは起こる、と悟ってしまえばそれまでだが、間違いを起こした後の処理の仕方も大変重要になって来る。世の中の動きを見ているとつくづくそう思う。

お墓の特定に難儀する

話を戻す。

水野、永井両奉行は経済が疲弊しているのを何とかしようと手を尽くす。港内にあった石銭番所を廃止して通行税代わりにとっていた料金をなくしたり、無職の貧困者に資金を貸して仕事に就かせる「市中産業方《しちゅうさんぎょうかた》」を置いたり、籾米を購入して貯蔵し凶作に備えたり、八十歳以上の高齢者に各銀一枚を支給するなど善政を施している。

その証拠といっていいだろう。永井が病気と知った町民たちはあらゆる社寺に全快を祈願する人が絶えず、在留唐人たちも諏訪社に全快を祈ったという。これらの祈りもむなしく永井は寛政四年閏二月六日亡くなる。晧台寺に葬る、となっているのだが、過去二回の探索では墓を見つけることができなかった。三度目の正直、今度はお寺に乗り込む覚悟で行った。

とりあえず一人で見て回った。現代の墓は「〇〇家之墓」と墓石に彫ってあるのがほとんどでわかりやすい。長崎奉行のそれは家代々ではないので、探し出すには五輪の塔形式の墓石のように周囲の中で目立つ存在を探すのがコツ。しかし、それがいつもうまくいくとは限らない。

墓石の側面にある没年月日を頼りに探し回る。それとなく怪しい墓石を見つけても墓石が長年の風雨で苔むして判読できない。ついに降参して寺の事務所に駆け込んだ。

前にも書いたが、晧台寺は著名人墓所案内図を用意しているように多くの著名人の墓がある。砲術家高島秋帆《たかしましゅうはん》が眠る高島家の墓、町年寄後藤家の墓、唐通事林・官梅家の墓、向井家の墓、阿蘭陀通詞加福家の墓はいずれも市指定史跡となっており、ほかにも上野彦馬、楠本タキ、楠本イネ、近藤長次郎、道富丈吉などの墓もある。

今回目指すのは永井筑前守直廉の墓。

しかし墓所案内図に載っているのにわからないのだ。聞けば数年前に一部境内の区画整理をしたので変更があるかもしれない、との答えが返って来た。

事情のわかったものに調べさせ、後日お知らせしたいとのことだった。この寺僧さんたちはいつ行っても応対が丁寧だ。三週間ほどして返事をいただいた。早速現場に駆け付けたところ、案内図からわずかに移動したところにあった。というより同じ奉行の松平石見守貴強の横だった。

以前も怪しい墓だと入念に調べたが、表に永井とわかる文字はない。側面は苔で文字が見えなかった。寺の方が拓本できるほどに墓石をきれいにしてくれていた。「直廉」をようやく探すことができた。

松平石見守の墓よりやや小さめ、歴代の奉行の中では最も普通の墓石に近い地味なものだった。

時の経過というのは貴重である。新しい結果をもたらすこともある。永井の表に彫られた墓石は「朝散大夫長崎尹大江公之墓」とある。これが隷書で書かれている。

当初、筆者が読めたのは「大夫」と「大江」と「之墓」である。「長崎」は地名の長崎と推測していたが、安直な推測は間違いのもとである。手帳に書き留めて判読の機会を待った。

そのうち「尹」が治める、つかさどる、長官の意とわかり、「大江」も永井の家筋名とわかった。「公」は敬称と解釈できる。残ったのは「朝散」だ。ある会合の折、長年近しくしてもらっている宮川雅一《みやがわまさかず》長崎史談会相談役に手帳を見せたところ「朝散大夫、永井さんの墓ですね」といとも簡単に答えを出していただいた。従五位下の唐名である。

永井筑前守直廉の墓（皓台寺）

私の疑問は半年で払しょくできた。この墓を初めて見た時、「長崎の偉い人たちの記念碑的な墓」と思い込んだのが間違いだった。それにしても装飾的な文字の隷書は判読が難しい。二十代稲生奉行と同じように、おそらく永井は故郷の永井家代々の墓にもまつられていることだろう。

永井の後任は寛政四年（一七九二）三月発令された目付の平賀式部少輔貞愛《ひらがしきぶしょうゆうさだえ》。七十四代となる。

水野の後任が寛政五年二月に発令された高尾伊賀守信福《たかおいがのかみのぶとみ》。日光奉行からで七十五代。奉行の役料は元文《げんぶん》三年（一七三八）遠国役人御足高制により日光奉行二千石、京都・大坂奉行千五百石、長崎奉行千石と決められていた。

初代将軍家康にゆかりの日光奉行は特別扱いだったのだが、今回はそこから初めて長崎奉行への起用。そのへんの事情はわからない。

文政のエリート

エリートの長崎奉行在勤は比較的短い傾向にある。

高尾も一年の在勤を経験し、普請奉行に転出、寛政七年（一七九五）目付の中川飛騨守忠英《なかがわひだのかみただてる》が後任に起用された。七十六代である。中川も一年の在勤で勘定奉行に転出しており、手掛かりなしかと覚悟を決めていたら、思わぬところから、その人となりがわかった。傑物の登場なのである。

それがわかったのは、八十四代奉行となる遠山左衛門尉景普を調べて行くうちに文政期（一八一八～一八二九）幕府役人の三傑に中川が名を連ねているからだ。

三傑とは遠山、中川と石川左近将監忠房《いしかわさこんしょうげんただふさ》。遠山がいかに優秀かは後に詳しく述べるとして、石川は中川が着任する二年前の寛政五年（一七九三）長崎に来てロシア使節ラスクマンと会い、漂流民護送を感謝し、長崎入港の信牌《しんぱい》を与えている。目付のころで後に作事奉行、勘定奉行を務めた。中川は目付から長崎奉行、勘定奉行を経て大目付まで出世した。

遠山と奇しき縁があり、その物語は遠山が登場してから語ることになろう。

中川の長崎の足跡で忘れてはならないのが『清俗紀聞《しんぞくきぶん》』の刊行だ。

中川はあとがきで「崎陽在任中、政務の暇に配下の近藤守重と林貞裕に命じて清国の商人に清国の俗習を質問させ、これをことごとく筆記させ、図を描かせたのが本書である。起稿のころ自分は病にかかり、病が快方に向かったころには任期もあとわずか、脱稿せぬまま江戸に持ち帰った」と書いてある。

刊行したのは寛政十一年（一七九九）で全六冊・十三巻。挿絵を描いたのは石崎融思《いしざきゆうし》ら三人。中国文物図録として今なお資料性が高いといわれている。中川は出世を極めたにもかかわらず生涯冷や飯、草履で通し、大田南畝《おおたなんぽ》など有為な人材を登用する具眼《ぐがん》の士《し》であったというから敬服に値する。

市中の出来事として寛政七、八年の大洪水を記憶にとどめたい。

七年七月十九日の大雨で死者五人、家屋流失百六十六戸、全壊三十九戸、橋の流失十八・破損八。八年五月、六月の大雨で再び洪水となり、前年に架けた仮橋の全部を失い、新たな流失橋も出た。中島川十橋は官命で再架することになり、五年がかりですべての再架を終わった。

寛政九年（一七九七）三月、中川の後任が七十七代の松平石見守貴強。大坂町奉行からの起用だ。松平は翌寛政十年、勘定奉行を兼任し、同年九月異国船漂着取り締まりのため天草牛深港《あまくさうしぶかこう》に見張り番所を設置する下見に行っている。

松平は寛政十一年、二度目の在勤で九月に到着、二カ月後に亡くなった。

墓は皓台寺の大仏殿のすぐ横にある。雰囲気が新しいので「移動したのですか」と寺の人に尋ねたら、数年前に同じ境内の檀家さんの敷地から引っ越したことがわかった。

平賀の後任は寛政十年（一七九八）五月発令、九月長崎着任の朝比奈河内守昌始《あさひなかわちのかみまさもと》。佐渡奉行からで七十八代。寛政十一年に松平が亡くなり、後任は勘定吟味役の肥田豊後守頼常《ひだぶんごのかみよりつね》が発令された。七十九代である。

ここで悩みが生じた。

在勤奉行の松平が死去、後任は肥田だが、着任は寛政十二年九月だ。

つまり越年する奉行がいない。

そこで幕府は寛政十二年（一八〇〇）一月二十八日、松山惣右衛門《まつやまそうえもん》を長崎奉行事務摂理とした。摂理とは代わって処理すること。事務取扱といっていいだろう。

松山は九月に江戸へ帰っている。果たして松山を長崎奉行と見るかどうか。過去の

松平石見守貴強の墓（皓台寺）

例では下曽禰が三ヵ月の奉行代だったが二十一代と数えている。市史年表でも松山は事務摂理としながらも奉行欄に書いてある。悩むところだが、新長崎市史では入れていない。この際事務代行として数には入れないことにした。

寛政十一年諏訪神事の奉納踊りに初めてコッコデショが出た。江戸時代唐蘭船の荷物は主として堺船で国内運送しており、堺船の船頭や水夫たちは長崎滞在中、樺島《かばしま》町の船宿に宿泊していた。この縁で堺壇尻《さかいだんじり》が長崎で行われるようになったといわれている。このコッコデショは、今や〝長崎くんち〟の人気ある奉納踊りである。

肥田奉行に関して市史年表では多くの記載がある。

寛政十二年九月、諏訪社、肥田奉行の寄付銀三貫目をもって長坂両側の練塀を石垣に改める（現存）

同十月、肥田奉行市内の生活困窮の老人や廃疾者三百余人に各銀二十目から三十目を与える。

享和《きょうわ》元年（一八〇一）肥田奉行、諏訪社流鏑馬場で流鏑馬《やぶさめ》奉納を催す。

粋な蜀山人

文化元年（一八〇四）九月、肥田が三回目の長崎在勤の折、支配勘定役として随行してきたのが大田南畝（直次郎《なおじろう》）、狂歌師《きょうかし》としても知られる蜀山人《しょくさんじん》である。

世の中の人には時の狂歌師とよばるる名こそおかしかりけれ

これは江戸での作。

狂歌師としてもてはやされることに対するやや自嘲気味の気分を表すほど、幕府役人としての姿勢を堅持していた。

しかし、長崎はなんといっても異国情緒豊かな土地柄。見るもの聞くものすべて珍しく、長崎滞在中の見聞を

『瓊浦雑綴《けいほざってつ》』として残している。

長崎の山から出づる月はよかこんげん月はえっとなかばい

彦山の端から上がる名月を長崎言葉で読んだ有名な歌だ。洒落《しゃれ》の聞いた話がある。金比羅山にハタ揚げ見物のため立山道を登っていた蜀山人。途中で女中さんが持っていた重箱をひっくり返し、主人からこっぴどく叱られる場面に出合った。重箱は壊れ、色とりどりの御馳走はあたり一面に散らばり、女中さんは泣いている。これを見た蜀山人。

一里二里三里尻（四里）から五里むり（六里）に七里ばっちり栗色の重

としたためて、主人の怒りをといてやったというのだ。即興による一から十までの数え唄。粋だね。大田南畝は文化二年十月、肥田奉行とともに江戸へ帰った。その時の歌。

ふるさとにかざる錦はひととせをヘルヘトワンの羽織一枚

ヘルヘトワンとは紅毛渡来の高級毛織物の一種。長崎奉行所に勤めれば巨額の財をなすのが通例なのに、彼は高級毛織たった一枚が長崎土産という、実にわさびのきいた歌を残した。

長崎奉行は役得なのか

長崎奉行になれば儲《もう》かって一生暮らしていける、という話は最早長崎の伝説となっている。本当なのか探りを入れてみた。

長崎市史によると、奉行の役料は江戸初期は不明だが、老中制下では定額給付と就任時五百石の加増があった。

長崎奉行は千石が標準。家光時代の寛永十六年（一六三九）一人奉行に米二千俵、三、四人制で三千俵が支給された。

幕末期には場所高二千石、役料二千俵、一ヵ年の役金三千五百両と改めたが、慶応三年（一八六七）には役金給与制とし、長崎奉行に四千両、長崎奉行並には二千両給付と再改定したとある。

役料以外の役得として奉行は、毎年御調物《おしらべもの》の名目で唐蘭人が輸入した物品を原価で買い上げる特権を持ち、この特権を利用して毎年、定期の物品を買い入れ、これを京阪神に送って巨利を得ていた（市史年表）という。

ほかに礼物として唐蘭船からの八朔銀《はっさくぎん》が大口だったようだ。唐商人は売り高銀百貫目につき銀八百六十目、オランダ商館は銀四十貫目、奉行間の配分は両奉行在勤の場合は二分する。

具体的には唐船十隻、蘭船一隻として三ヵ年平均で千百三十両という記録がある。

嘉永《かえい》元年（一八四八）ごろの長崎奉行は千石で、役料が四千四百俵。ほかに就任に伴う役料、貿易利益に関する特権、長崎港警備の黒田、鍋島両藩をはじめ九州諸藩からの付け届けなどがあり、そのポストは羨望の的。

そのため猟官運動が絶えず、うわさでは運動費用は長崎奉行三千両だったそうだ。幕吏筋の話であり信憑性はある。

現在の貨幣価値に換算すると、とあえて書かないのは、換算すると億単位の数字が出てしまうからだ。

奉行所の幕吏にも役得があり、貿易取引の前に年間一定量の輸入品を先買いする権利があったようで、大田直次郎支配勘定役の記録では、書物を入札価格の半値以下で求める権利もあったという。

役得・余禄は相当のものだったようだ。

全部が全部役得に預ったわけではない。大田南畝は職務上、役得に甘える立場になくヘルヘトワンたった一枚だった。

それまで見た奉行の中にも清貧に甘んじた人もいた。しかし、彼らはあくまで例外だったのも時代のなせる業か。そう見てくると江戸城内の役得、余禄も相当なものだったと推測して間違いはあるまい。

長崎の「遠山裁き」

八十代奉行は享和元年（一八〇一）発令の成瀬因幡守正定《なるせいなばのかみまささだ》。大坂奉行からの起用だ。

時は十九世紀初頭。深いベールに包まれた極東の島国を虎視眈々と狙う世界の国々。その足音が次第に近づいてきた。

その玄関口はオランダと中国清国、それに関連する東南アジアのわずかの諸国にだけ少し開けている。そこが長崎。

享和三年（一八〇三）七月、アメリカ船が長崎に来航して貿易を要求、幕府これを拒絶して退去させる、と記録にある。

そのすぐ後にベンガル船が来航、通商を要求したものの拒絶されて三日後に出港した、とある。

上使の来崎を待たずに退去させたと考えられ、対応した責任者は肥田奉行である。

翌年となる文化元年（一八〇四）七月、カピタンからロシア使節が渡来する風評があると奉行所に報告があった。

本国からジャガタラ経由の情報である。その情報通り文化元年九月、ロシア船ナデジュダが使節レザノフと日本漂流民四人を乗せて長崎に入港してきた。

寛政五年に信牌を与えられたことに感謝し、あらためて通商を求めてきたのである。

寛政五年（一七九三）の信牌といえば、前年九月にロシア使節ラスクマンらが伊勢の漂民を護送して根室に来航、同時に通商を求めたのに対し、幕府は寛政五年六月、目付の石川を長崎に派遣してラスクマンと会談、漂民護送に感謝し、長崎入港の信牌を与えている。

信牌はいうなれば貿易許可証、もしくは入港許可証である。無得《むげ》にはできない。成瀬奉行はロシア皇帝の親書を受け取り、すぐに幕府に送るとともにレザノフの求めに応じて梅香崎に仮宿舎「露西亜館《ろしあかん》」を建設し、一行の上陸を許可した。

一方で大村、黒田、鍋島藩に急報、兵三万七千八百人を集め、長崎の警備を強化した。

日露外交交渉をどうするか。長崎奉行だけで対処できる話ではない。

この問題を解決するために文化二年（一八〇五）長崎に派遣されたのが目付の遠山金四郎景普、後の八十四代奉行遠山左衛門尉景普である。

遠山金四郎といえばテレビでは江戸町奉行の「遠山の金さん」が有名。この人は遠山金四郎景元。その父親が、長崎奉行の景普である。

景普は従五位下諸大夫に叙された時、左衛門尉を名乗った。子の景元も同じ金四郎から諸大夫に叙されて左衛門尉となっておりややこしい。この物語では父親の景普がスーパーヒーローなのを胸に留めておいてほしい。

遠山が名指しされたのは寛政十一年（一七九九）蝦夷地《えぞち》の巡視に随行員として加わった経験が買われてのことだろう。これから先遠山は蝦夷地と深くかかわることになる。

長崎出張を命ぜられた遠山は文化二年閏正月江戸を出発、二月末に到着すると、直ちに外交交渉の準備に入った。三月六日レザノフと会見、翌日も会って通商を拒絶し、帰国を促した。

長崎奉行所からは人を出して漂流民四人を受け取り、以降、漂流民はオランダ本国またはジャワに送還するようにと伝えた（長崎市史）という。

ロシア船は三月二十日出帆した。幕府は一行滞在中の諸費一切を支払ったうえ、乗組員(八十一人)に真綿二千把、塩二千俵、米百俵、食料品その他を供給した。ひと仕事終えた遠山は三月二十五日長崎を立ち、江戸へ戻った。

ここで一件落着、といきたいところだが、なんだか日本側の都合のいいような事態の推移に思えて仕方がない。レザノフにしてみればロシア皇帝の親書を携えての来航である。それが半年間待たされた挙句の通商拒否、すごすごと引き下がったとはとても思えない。もっと経緯を知りたいと思っていたらレザノフ自身が書いた「日本滞在日記」（岩波文庫）に出合った。レザノフは顛末《てんまつ》を実に詳しく書いていた。

事態は相当緊迫していた。日本人漂流民四人の引き渡しも最初からすんなりいかず、引き渡されないまま時間だけが過ぎて行った。そのうちの一人がノイローゼとなって剃刀で喉を切る自殺未遂事件を起こした。

三ヵ月が過ぎたころにはレザノフは「私の忍耐はもう限界に達している。今まで見てきたのは欺瞞以外の何物でもない。艦に戻る。一旦口に出したら絶対に実行する。奉行に伝えてほしい。あなた方に許された期間は二日間だけだ」と最後通告した。しかし、通詞たちは「これだけ遅れているのは望ましい兆候だ」とのらりくらりかわすのだった。

さんざん待たされた揚げ句、いよいよ会見の段取りとなっても通訳をどうするか、随員は何人にするか、刀は駄目、お辞儀をどうするかと形式にこだわる日本側。

「お辞儀を習うためにここに来たのではない」と怒るレザノフ。

文化二年（一八〇五）三月六日、いよいよ西役所で会談が始まり、遠山が使節団は受け入れず、貿易も望まないと幕府の方針を伝えると、レザノフは「失礼な対応に驚いている。これは特別な名誉をもった者を侮辱することにはならないか。皇帝も将軍も同等であり、どちらが偉いかここでは決められない」と憤然と答えた。

すると肥田奉行が調子を変えて「使節は日本式の会見にお疲れでしょう。ひとまず今日はこれで打ち切りにして、またあす会見してはいかがでしょう」「それは甚だ結構」とレザノフは立ち上がり退いた。

翌日も緊迫した応酬が続いた。

「国書、献上品は一切受け取れない。わが国はオランダ、中国としか貿易はしない。他の国とする必要はない」と幕府側。これに対しレザノフは「皇帝の申し出を断るのは日本にとって賢明なことではない。皇帝から送られた献上品は受け取るべきだ」と迫った。

この後のやりとりが面白い。日本側が米百俵、塩二千俵、真綿二千把の提供を申し出たのに対し、

「お金を払ったうえで食料を受け取りたい」、
「いや、無償で受け取らなければならない」、
「私たちに六ヵ月も苦しみを与え、不遜な態度を取り続ける人たちから食べ物を恵んでもらうなど御免蒙る」と。

火花が散り、通訳の大通詞たちが動揺するほどだったという。

交渉そのものは決裂したが、生鮮食料品の支給や積み荷の手配、出発の準備などはすべて友好的に行われ、半年間の交流の親しみもあってか通訳たちは深く遺憾の意を表し、警護の役人の中には「幕府はなんということをしたのでしょう」と通商拒否という結果に泣き出す人も出たらしい。

大通詞三人は「今回の拒否を不満に思わない人はいないことを知ってほしい。どこでも民意は重要だ。日本人はそう簡単にこの不満を忘れたりしない」と言って別れを告げたという。

レザノフが漂流民四人を奉行所役人に引き渡すよう命じたのは、出港する一週間前であった。そしてロシア船ナデジュダは文化二年（一八〇五）三月二十日長崎の港を後にした。

ロシア使節レザノフは日記を見る限り、周囲の日本人が寄せた友情に心癒された印象だが、幕府のかたくなな態度には相当はらわたが煮えくりかえったに違いない。翌年カムチャッカに一旦退去した後、部下に樺太《からふと》やエトロフを襲撃させている。調べてみると、確かに一八〇六年九月、ロシア船が樺太に来航、クシュンコタンの松前藩《まつまえはん》会所を襲い、番人を連れ去る事件が発生、一八〇七年五月にはロシア人が利尻島《りしりとう》に侵入して幕府の船を焼く事件が起こっている。

話は少し戻るが、ロシア船が長崎滞在中の頃に、オランダ人によって熱気球を梅香崎で上げている。

わが国気球発祥の地といわれる所以だ。

その模様が日記にあるので紹介したい。

文化元年十二月十六日、この日の夕方、オランダ人ラングスドルフが自分でつくった気球を試しに上げたいといって気球を熱し始めた。気球は高く上がったが、許可なしで上げることはできないというので降ろした。実験は成功で本人も日本人も大喜びだった。文化二年一月八日、朝は快晴、ラングスドルフが再び気球を上げたいと言ってきた。この気球は高さ約九メートル、幅約三メートル。これを許可した。なぜなら町中で好意をもって迎えられていると何度か通訳たちから聞いていたからだ。気球は随分高く上がり、町を越えて飛んでいった。

しかし、上空で破裂し、ある商人の屋根に落ちてしまった。

奉行から使いが来て「風が海に向かって吹いている時だけ気球を飛ばすように」と言ってきた。

大田蜀山人らとともに長崎を立った肥田奉行は文化三年（一八〇六）一月、小普請奉行に転出、後任には京都町奉行の曲渕和泉守景露《まがりぶちいずみのかみかげみち》（後に甲斐守《かいのかみ》）が八十一代に発令された。

長崎在勤の成瀬は外圧攻勢の心労があったのだろうか四月に亡くなり、本蓮寺に葬られた。墓は本堂のすぐ裏手にあり、五輪塔形式の立派なものだ。すぐそばには六十三代の夏目和泉守の墓がある。立地場所から推理すると、いずれも後の時代に移設したと考えたほうがよさそうだ。

はるか欧州事情が反映した事件

成瀬の死去により曲渕が七月に着任、翌文化四年（一八〇七）成瀬の後任に目付兼船手頭《ふなてがしら》の松平図書頭康英が八十二代に発令され、九月に着任した。

いよいよ長崎市民に最も名前の知れた奉行の登場である。

事件は文化五年（一八〇八）八月十五日早朝に起こる。イギリス艦フェートン号がオランダ国旗を掲げて堂々と長崎の港に入って来たのだ。奉行所から検使船を出したところ、英艦はボートを下ろし、検使付のオランダ商館書記二人を連れ去ってしまった。

翌日、英艦はイギリス国旗を掲げ、書記二人と引き換えに薪や水、食料を要求、奉行所側はなすすべなく要求をのんだ。フェートン号は八月一七日午後、悠々と出港していった。

この責任を感じた松平は英艦出港の夜、遺書を残し、西役所で切腹自殺を遂げた、というのが概略である。しかし、これでは簡単に過ぎる。もう少し事件を追っていきたい。

外山氏や田栗氏が詳細に書いている。その前にここはヨーロッパの情勢を見ておくことも必要だろう。

一七八九年のフランス革命をきっかけにナポレオンが台頭、一八〇四年皇帝となり、ナポレオン戦争でヨーロッパは戦乱の中にあった。

オランダ本国はフランス軍の侵入を受けて征服され、国王はイギリスに亡命した。

オランダはバタビア共和国となってオランダ東インド会社は消滅した。ところがバタビア共和国はフランスと同盟を組んでイギリスと戦いを交えることになった。

東洋においてもイギリスとオランダは交戦状態となり、イギリスはこの際東洋にあるオランダの植民地を攻略して、その貿易を奪取しようと企てた。出島のオランダ商館に大きな影響を及ぼしたのは当然で、オランダ船はイギリス軍艦に捕獲されるのを避けるためしばしばアメリカ船を雇い入れ、辛うじて貿易を継続してきた。

そういう一触即発の状態の中でのフェートン号入港なのである。時のオランダ商館長（甲比丹）はドーフ。後にまた登場するので覚えておいてもらいたい。

文化五年八月十五日、長崎港外に一隻の軍艦、といっても帆船ではあるが異国船が姿を見せた。国旗は掲げていない。この時期はオランダ船の入港期からはずれている。遠見番はすぐに奉行所に知らせ、検使役や商館の書記二人、通詞二人、役人らが三隻に分乗して港外へ出た。異国船は伊王島近海に来てオランダ国旗を掲げている。

検使役たちはジャワのオランダ政府から送られている秘密の旗と、旗合わせをしなければならない。もし合わない場合は入港阻止を命じられている。

オランダ人が小舟で近づくと、異国船はボートを下ろし、武装兵がたちまち商館員二人を本船に連れ去ってしまった。

旗合わせどころではなかったのだ。異国船は港口の高鉾島近くに投錨した。

検使からの報告を聞いた松平奉行は激怒。「オランダ人とはいえ日本に在留している以上日本人と同じである。死力を尽くして取り戻して来い」と命じる一方、長崎警備の当番である佐賀藩はじめ近隣諸藩に急報、至急の派兵を要請した。

再度異国船に出向いた検使役が人質の返還を求めたところ「水と食料を届ければ人質は返す」との態度だ。

夜になった。夜陰に乗じて異国船のボートが港内に侵入、オランダ船がいないか探し回った。この年はオランダ船の入港はなく、彼らは目的を達することはできなかった。

商館長ドーフは二人の部下を取り戻すのが第一であろう。

要求通りに食料を届け、二人を取り戻す、その間に兵力も揃うだろうから、それから攻撃しても遅くないと松平に進言した。

松平は異国船焼き打ちを考えたが、千人近くはいるはずの警備兵がわずか百五十人ほどしかいないのがわかり、戦闘不能とみて要求通り食料や燃料を届けることにした。

夜が明けると異国船は堂々とユニオン・ジャックの国旗を掲げていた。

乗組員三百五十人、石火矢《いしびや》四十挺余りを備えた軍艦フェートン号であった。オランダ船探索のため航海中に食糧不足に陥ったこともあったようだ。人質と食料を交換するドーフの手紙を届けると、「本日中に届けなければ長崎を砲撃する」との返事が返って来た。

その時各藩の兵はまだ到着していなかった。牛や鶏、梨などを届けると、水や薪も不足しているという。

明朝届ける約束でようやく二人の人質が返された。

十七日朝、水、薪、食料が新たに積み込まれ、艦長はドーフ宛の礼状を小舟に託した。

同日正午過ぎ、フェートン号は悠々と出港した。大村藩と諫早領から兵が到着したのは、それから間もなくだった。

世に言うフェートン号事件である。

奉行引責の切腹

松平は十八日未明、五ヵ条からなる遺書を残して割腹自殺した。

自害の場所はどこか。外山氏はこう書いている。

松平図書頭康英の墓（大音寺）

長崎奉行松平図書頭はこの事件について、幕府に上申の報告書をしたためた後、なお秘密の調査があるからと述べ、近習《きんじゅう》・小姓《こしょう》らを別室に退け奥に入った。長時間待った彼らが不審に思い、部屋を開けたところ、すでに自害し絶命していた。そばに遺書があった。

田栗氏は、松平図書頭が西役所の庭の片隅にまつる稲荷社のかたわらで切腹したのは、その翌十八日未明であった、と書いている。

こういった場合、後世の人間はどちらを信じればいいのか判断に迷う。

西役所内で自殺したことだけは間違いない、と思っていたら地元研究者の論文には、立山役所裏手で自殺とあった。

諸説あるのだ。それはともかく遺書は松平の心情をあからさまに綴り、事件の推移もわかるので『長崎奉行』（外山幹夫著）から引用したい。

一、旗合わせの際、オランダ人二人を彼らに奪われたのを、検使が放置して西役所に引き返したのは、家来の臆病とはいえ、自分の不行届で、まことに弱腰、かつ国辱もので、幕府の威光をけがし、申し訳なし。

一、さる十五日夜、イギリス船が港内を徘徊したのは意外であった。かねて陸上に比し、海上警備に手抜かりがあった点悔やまれる。沖両番所に対する佐賀藩の警備がもし十分であったら、彼らの勝手な振る舞いはなかったかもしれず、この間、格別の指示をしなかったのは油断の至りであった。

一、同じく十五日は晴夜であったが、そこを彼らはボートで佐賀藩兵の警備する沖両番所の前を通過した。藩兵はこれを拱手傍観するだけであった。これは本来八百余人で警備するべきところ、泰平の世に慣れ、規定を下回る百四十～百五十人で警備していたことからきた不調法《ぶちょうほう》である。しかし、これも結局は自分の不行届であって、まことに無念至極である。

一、イギリス人から法外の要求があったことに対し、佐賀・福岡両藩に船の焼き打ちを命じた。しかし、その兵が到着せず、また商館長が穏便な対応を求めたので、やむなく食料や水、燃料を届け、彼らと敢然と対決しなかったが、これまた不調法であった。

一、大村藩・諫早領の兵の到着が遅かったため、この不始末となった。今後長崎奉行には、自分よりも、もっと多くの部下の兵をもつ大身の者を宛てられるようお願い申し上げる。

右のような五ヵ条の不調法の処置は、全く自分の浅慮から出たもので、これは自身だけでなく国辱をも外国人にさらけ出し申し訳ない。そのため引責切腹いたすこととする。

松平奉行の無念さが手に取るようにわかるというものだ。

亡骸《なきがら》は大音寺に葬られた。墓は長崎奉行に多い五輪塔形式で本堂に近いところにあり、塀に囲まれ樹木もあって別格扱い。長崎奉行墓碑群の中で唯一市指定史跡となっている。

事件はこれで終わらなかった。

幕府は長崎警備担当の佐賀藩を解任して福岡藩と交代させ、佐賀藩主鍋島斉直《なりなお》を江戸城に呼び出し、長崎警備怠慢による蟄居百日を命じた。同藩の警備責任者だった深堀豊前、鍋島主水ら鍋島の家臣七人が引責自刃する悲劇も起きた。

幕府はこの年、女神《めがみ》や神埼《かんざき》など五ヵ所に新たな台場を築き、遠見番所に大砲を備え、鉄石火矢（大砲）の鋳造を急ぐなど外国船に対する警備体制を強化した。

事件の事後処理をしたのは曲渕奉行。松平の後任は文化六年（一八〇九）八十三代の土屋紀伊守廉直《つちやきいのかみただなお》。堺奉行からの起用だ。

コラム

橋の風景にドラマ

長崎の景観を思うときに港町、洋館、坂…いろいろと想像されるだろう。眼鏡橋をはじめとして、石橋が多いのも長崎の特徴。

市史年表を繰っていると、架橋の記録が目につく。

慶安三年（一六五〇）から元禄十二年（一六九九）までが特に目立つ。

古い順に挙げると大手《おおて》橋、玉帯《たまおび》橋、高麗《こうらい》橋、一《いち》の瀬《せ》橋、中川《なかご》橋、一覧《いちらん》橋、榎津《えのきづ》橋、東新《ひがししん》橋、万《よろず》橋、桃渓《ももたに》橋、古川町《ふるかわまち》橋（後の常盤《ときわ》橋）、芊原《すすきはら》橋、阿弥陀《あみだ》橋、古町《ふるまち》橋、大井手《おおいで》橋、魚市《うおいち》橋、編笠《あみがさ》橋。

ほとんどが中島川に架かっている。

大手橋より古いのは寛永十一年（一六三四）架かった眼鏡橋（国指定重要文化財）。興福寺の唐僧黙子如定が架けたといわれている。

これ以降市中の木橋は次々にアーチ式の石橋に架け替えられていく。

一つの町に一つの橋、一町一橋ともいわれ、ひと目七橋という風情のある景観を醸し出している。

狭い地域にこれだけ石橋が集中しているのも珍しいが、石橋の一つひとつの生い立ちを見て行くと、篤志家が私費で架けたものが多い。

それも亡くなった母や妻の供養のためとか、主人をかばって死罪となった下僕への罪の償いだとか、夫婦が私財を投げ打って両岸をつなぐなど心にしみる話ばかりである。

単に橋が架かっている風景を見るのでは、景色を半分しか見ていないことになる。

逆に現代風に考えて、公共事業として架けられた橋はあるのか、調べてみた。

芋原橋は寄付者が不明、高麗橋は諸説ありとあるが、市史年表によると、玉帯橋は慶安四年（一六五一）奉行馬場三郎左衛門が架ける、となっている。

この橋は中島川の支流ともいえる玉帯川（現・銅座川）の正覚寺付近に架かっていた。

まさか馬場奉行ひとりの財力で架けたとは思えないが、馬場は最も在任期間の長かった奉行。

翌年一月に退任しており、もしかしたらありかも。

橋の風景にはドラマがある。

そんな思いで石橋群を眺めていただきたい。

身分を明確に分けて、格式や様式を利用して秩序を形成して、長期政権を維持してきた徳川幕府であるが、「統治国家」としての刑罰にもまた明確な秩序を設けている。参考までに当時の刑罰の種類を記したい。

最も軽いのが「叱《しか》り」。少し厳しい叱りかたをされるのを「急度《きっと》叱り」といった。

次に「入牢《にゅうろう》」。これは刑罰ではないが、怪しい所業があって吟味している間牢に入れたり、見せしめの場合もあったらしい。

「入溜《いりため》」は牢屋に似ている溜という場所があって、そこで軽い労役が課された。

「役取り放し」は免職である。一般商人の場合は出入り禁止や入札取り扱い停止など行動を制限される。

コラム

「過料《かりょう》」は罰金みたいなもので、罪が重くなると家財三分の一とか二分の一相当の過料などが科せられ、家財没収もあった。

「入墨《いれずみ》」「敲《たたき》」などの体罰のほか、居住から追い払う「払い」もあった。罪が重くなるに従って払いの範囲が広がり、長崎二十里四方追放などもあったという。立ち帰るについては死罪との条件が付いていた事件もあったというから「払い」といえども軽く見てはいけない。

これ以上を「追放《ついほう》」。これにも軽追放、中追放、重追放の三段階があって、重追放になると全国の主な街道筋はほとんど立ち入り禁止だった。

女性に科されたのが「奴《やっこ》」。年季なしの奴奉公、年季なしの遊女奉公に出された例がある。

「非人手下《ひにんてか》」は身分を非人に切り変えられること。今では考えられないことだが、非人はみだりに市中をうろついたり、一般庶民に紛らわしいふるまいをすることを固く禁じられていた。

「遠島《えんとう》」はいわゆる流罪である。

長崎からは壱岐、対馬、五島へ流される者が多く、大半は五島だった。まれに薩摩や隠岐にも送られた。

「小指切り」「鼻そぎ」「耳そぎ」の体罰もあった。

死刑にも種類がある。

「下手人《げしにん》・死罪《しざい》」はともに斬首《ざんしゅ》ではあるが、下手人の死体は取り捨て、死罪の死体は試し切りに用いられたという。

「獄門《ごくもん》」はさらし首。「磔《はりつけ》」ば柱にくくりつけて槍で突き殺した。

「引き廻し」は死罪以上の極刑に処せられる者を、見せしめに罪状を記して町中を引き廻したうえ処刑した。

「火罪」は文字通り火あぶりの刑。放火犯に用いられた。

江戸時代の刑罰

亀山焼に貢献した奉行

ここで話を焼き物の亀山焼《かめやまやき》に転じたい。

坂本龍馬が愛用した茶碗としても知られる亀山焼は、このころ開窯している。

長崎県内の焼物は、県北にある三川内焼《みかわちやき》、波佐見焼《はさみやき》が有名だが、江戸時代に県南には長与三彩《ながよさんさい》で知られる長与焼、西の仁清《にんせい》ともいわれる現川焼《うつつがわやき》、天領長崎に亀山焼があった。

古いのは長与焼で寛文七年（一六六七）に開窯、いったん絶えた後、大村藩の命で磁器を再興、幕末に途絶えた。幻の焼物ともいわれる現川焼は、佐賀藩諫早領矢上村現川郷で焼かれ、約五十年で廃窯となった。詳細に焼物の歴史を振り返りたいところだが、本論を大きくはずれそうなので亀山焼に絞る。

亀山焼は文化年間、長崎伊良林郷垣根《かきね》山で民間人によって開窯した。当初はオランダ船注文の水瓶《みずがめ》、徳利《とっくり》などをつくっていた。蘭船の入港減少により白磁染付の製作に転換、木下逸雲《きのしたいつうん》や田能村竹田《たのむらちくでん》ら文人画風の絵付けが評判となり、寛政・天保年間は全盛期だった。しかし次第に財政難に陥り、慶応元年に廃窯となった。付け加えれば、廃窯後の建物に坂本龍馬率いる社中が拠点を構えた、よって「亀山社中《かめやましゃちゅう》」と呼ばれるようになった。

開窯は文化元年、文化三年、文化四年の諸説に分かれる。それは仕方がないこととして、本書では亀山焼に長崎奉行がどうかかわったかの点検を試みたい。

各種の書物によると、創業資金は奉行所の産業御調方《さんぎょうおしらべかた》からの借入金で賄った、白磁染付への事業転換は奉行所の指導の下、波佐見焼や長与焼の陶工を招いて行われた、岡部奉行の助力もむなしく廃絶してしまった、などの記述があった。

開窯時期の奉行は、七十九代肥田、八十代成瀬、八十一代曲淵だろうが、特定はできない。

全盛の基礎をつくった奉行は、八十四代遠山、八十六代松山、八十七代金澤のいずれかだ。いや三人とも尽力したかもしれない。間もなく登場する。その仕事ぶりを見てみたい。岡部の登場はもっと後になる。

日本を愛した甲比丹《かぴたん》（商館長）ドーフ

ヨーロッパでのナポレオン戦争の余波は東洋にも及び、オランダ船は文化七年から三年間一隻も長崎に入港しなかった。

オランダ商館はどうなっている、と気になるところで甲比丹ドーフに焦点を当てたい。ドラマが進行中なのだ。

オランダ・アムステルダム生まれのヘンドリック・ドーフ。外国語にたけている人に聞いたところによると、ドーフよりズーフのほうが発音としては近いということで、ズーフと書いている本も見かける。

しかし、本書は物語の行きがかり上、ドーフと呼ぶことにする。その理由は後ほどわかります。さらに言うと、この人は外国人ですが日本人とのかかわりが深いので日付はこれまで通り旧暦でいきます。

ドーフは寛政十年（一七九八）オランダを出てジャワに渡り、オランダ東インド会社の下級手代となった。

翌年日本商館の書記を命じられて長崎に到着した。ところが出島のオランダ商館は混乱して仕事どころではなかった。というのは前年四月、甲比丹ヘンミイが江戸参府の帰途、遠州掛川《えんしゅうかけがわ》で病死、抜荷の発覚を恐れて自殺したのではないかとのうわさも流れ、商館内は錯乱状態だった。ドーフはすぐにバタビアへ帰り、事と次第を総督に報告した。そして寛政十二年（一八〇〇）新甲比丹ワルデナールとともに長崎に再来、翌年荷倉役に昇進した。

享和元年（一八〇一）ワルデナールが辞任したのに伴って、ドーフは晴れて甲比丹に任命された。そして五年後のフェートン号事件発生である松平奉行の切腹、鍋島藩家臣の引責自刃など悲しい出来事が続いたが、拉致されていたオランダ人二人は連れ戻すことができた。

ドーフ自身にとっては文化五年（一八〇八）十月、忘れられない慶事があった。

甲比丹部屋の食卓（出島）

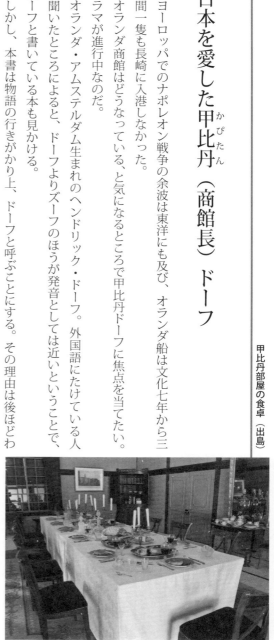

寄合町の遊女屋京屋抱えの瓜生野《うりゅうの》がドーフの子を出産したのだ。ドーフ三十三歳、瓜生野二十六歳。生まれた男児は道富丈吉《みちとみじょうきち》と名付けられた。日本名でみちとみ、「ドーフ」を漢字にあてたものである。混血児の悲哀をなるべく避けたという父親の愛情から日本名を付けたのだ。

文化六年（一八〇九）長崎向けの蘭船二隻のうち新甲比丹が乗船した一隻が英艦隊に捕獲され、一隻だけが長崎に入港した。このためドーフは引き続き留任を余儀なくされた。

スーパーヒーロー登場―長崎の遠山奉行―

ここで話を奉行所へ戻す。文化九年（一八一二）二月、曲渕が勘定奉行に転出、後任にはあのスーパーヒーロー遠山左衛門尉景晋が発令されたのだ。祖父の三十六代永井讃岐守直允、兄の七十三代永井筑前守直廉に続く八十四代長崎奉行の誕生である。この遠山奉行は知れば知るほどすごい人物だと思い知らされる。すでにさわりは書いており、重複を避けて話を進めたい。

華々しい経歴の遠山だが、初めからそうだったわけではなく、むしろ出世は遅かったほうだ。遠山家に養子に入って家督を継いだのは三十五歳の時。翌天明七年（一七八七）小姓組士となり、それまでの部屋住み無役からようやく役務に就いた。

幕府は寛政四年（一七九二）から寛政改革の一環として、幕臣教育の振興と人材発掘を兼ねて、旗本・御家人とその子弟（十五歳以上）を対象に、朱子学の学識を試す「学問吟味《がくもんぎんみ》」という試験を始めた。

景晋は寛政六年二月に行われた第二回目の試験を四十三歳で受け、「甲科《こうか》」「状元《じょうげん》」の成績。すなわち最優秀四人の中の一人となった。付け加えれば先にこの物語に登場した大田蜀山人も御家人《ごけにん》として受験、最優秀の成績を残している。

遠山が文化二年（一八〇五）、ロシア使節レザノフと会見するため上使として長崎に来たことはすでに書いた。

その後の仕事ぶりが超人的だ。文化三年西蝦夷地の実情調査に派遣され、八月に江戸へ戻る。九ヵ月後の文化四年、三度目の蝦夷地行き。この時、金四郎から左衛門に改名。文化五年（一八〇八）朝鮮通信使に関する交渉のため対馬《つしま》に出張する時、諸大夫、従五位下に叙され左衛門尉となる。文化六年二月に江戸を立ち、七月に対馬へ来た朝鮮側の訳官使らと面談、十月に江戸へ戻った。文化八年（一八一一）朝鮮通信使が対馬に来島したため遠山も対馬に渡り、江戸に戻ったのは十月だった。交通手段は駕籠と船である。旅の日程からもそれがいかに過酷なのものかわかろうというものだ。

それにしても遠山はなぜに蝦夷地や国境の島・対馬へ何度も足を運ばなければならなかったのか。

理解するためにはさらなる学習が必要になる。

物語がここまで進んでつくづく感じるのは、長崎奉行探しというのは日本史、世界史の勉強に通じるということだ。長崎の動きは世界の動き、幕府ひいては日本の動きと密接に連動する。当時の長崎は江戸とからみながら世界とつながっている実感だ。

当時の状況について学習結果の概略を述べる。蝦夷地とは、日本人がアイヌの居住地を指して用いた言葉で、江戸時代に使われていた。現在の北海道、樺太、千島列島を含む。松前藩（以前は蠣崎藩《かきざきはん》）は豊臣秀吉から蝦夷地の支配権と交易権を認められていた。東蝦夷地が北海道の太平洋側と千島列島、西蝦夷地が北海道日本海側と樺太であった。幕府は南下政策をとるロシアと蝦夷地周辺に出没する西洋列強国を警戒して蝦夷地政策の抜本改革に乗り出した。

そして寛政十一年（一七九九）東蝦夷地を幕府直轄地とし、さらに文化四年（一八〇七）西蝦夷地も幕府直轄地、いわゆる天領にしてしまったのである。樺太は文化六年（一八〇九）北蝦夷地と呼んだ。

参考までにいえば、幕府は文政《ぶんせい》四年（一八二一）蝦夷地の大半を松前藩に返したが、安政二年（一八五五）一部を除き再び天領にした。北海道となったのは明治になってからのことである。

遠山の蝦夷地行きと幕府政策が符合する。蝦夷地政策を進める上で遠山は欠かせない存在だったことがうかがえる。二度の対馬出張もそうだ。朝鮮通信使は江戸に行って将軍に謁見して国書を交換する日朝間の重要な外交儀礼。それまで十一回続けられた。ところが今回は江戸ではなく対馬で行おうというのが日本側の提案だ。

背景には天明《てんめい》の飢饉《ききん》で財政がひっ迫しているというお家の事情があったようだ。外交上の重大な変更であり、遺漏なきようにするためにも外交手腕のある遠山が起用されたのだ。

この十年間で蝦夷地三回、長崎一回、対馬二回の出張である。すべて外交問題にかかわることばかり。いかに遠山が貴重な人材であったか。それにしてもあまりにも労働過重じゃありませんか？長崎奉行に任命された時、数え六十二歳であった。

風雅な長崎路

文政三傑の一人といわれ、外交手腕も確かな遠山だが、江戸を立つ送別の宴で琵琶をひき、大平楽を合奏するなど風雅を好む人でもあった。また『国書総目録《こくしょそうもくろく》』に遠山景普の著作として十四の書名が挙げられるように数々の著作を残している。『長崎奉行遠山景普日記』もその一つで、日記類では目付、長崎奉行、小普請奉行、作事奉行時代の職務日記が残されているという。

待ちに待った遠山日記の登場である。一冊の本になっており、以前長崎歴史文化博物館資料閲覧室でパラパラと読んだことはあった。その時は何の目的もなかったので「遠山奉行は安禅寺に参拝する機会が多いなあ」というまことにお恥ずかしい印象しかなかった。今回はどんな日程でどの道を通って江戸から長崎まで来たか、その時の遠山奉行の感想はどうであったかを知りたいと思っている。

長崎奉行発令が文化九年（一八一二）二月十七日。在府奉行としての仕事をこなし、同年七月二十一日江戸を立った。板橋《いたばし》を通って翌日は大宮に宿泊しており、迷うことなく中山道を選択していた。東海道五十三次に対して中山道は六十九次。東海道より十三里ほど長いのだが、東海道は大井川、天竜川、富士川の川留めの恐れがあるほか宮《みや》～桑名《くわな》間が海路となっており、特に女性たちには敬遠されたという。中山道は女の街道ともいわれる。熊谷《くまがや》、倉賀野《くらがの》、軽井沢《かるいざわ》、塩奈《しおな》（名）田《た》、和田《わだ》、塩尻《しおじり》、宮腰《みやこし》（宮ノ越）、中津川《なかつがわ》、細久手《ほそくて》、鵜沼《うぬま》、垂井《たるい》、高宮《たかみや》、守山《もりやま》、大津《おおつ》を経て八月八日、京都・蹴上《けあげ》を通って伏見《ふしみ》に着いた。

その間何もなかったかというとそうでもない。わかりやすい個所を抜粋すると、

二十三日　鴻巣野間ニ而板倉伊予守行違、致会釈罷通候、御機嫌伺之事不申越、使者も双方無之候　熊谷
六日　着即刻、京大坂呈書・書状読合致シ差立候、書体先格通手付常蔵取計候、大坂対話之事も承りニ遣し候事　守山
七日　石山寺参詣　大津
一　着之節、京大坂割符・銅座役人等五人、石場迄出迎候、途中給人披露、駕引戸不致先格ニ而候、
一　石原庄三郎使者来ル、
一　割符・銅座五人逢申候、
一　京町奉行返事、夜ニ入来ル、

長崎奉行だからか、それとも大物だからか結構、各所で出迎えやあいさつに来る役人が多い。京でも忙しくあちこち回った後、伏見では暮前に乗船し、九日早朝大坂に着いている。大坂では銅座や俵物役所を見分するなど仕事をこなし、十二日出立している。

同日は兵庫泊。十三日大蔵谷《おおくらだに》泊。十四日姫路泊。そこから海路となったが天候が悪く、十六日までもたついた後、十七日牛窓《うしまど》、十八日白石、十九日忠海《ただのうみ》、二十日に日向泊。二十一、二十二日は風雨で船は動けず、二十三日ようやく晴天となって宮島を参詣、宇津木、新泊を経て下関に着いたのは二十六日であった。二十七日船から大里に上陸、小倉にたどりついた。

これからは長崎街道である。二十九日木屋瀬《こやのせ》、九月朔日内野《うちの》、二日田代《たしろ》、三日佐賀。さすがに管轄地だけあって出迎えあいさつが多く、受けるほうも大変な苦労と想像される。四日嬉野《うれしの》、五日大村。六日矢上着。

ようやくあす七日長崎入りである。江戸出立から四十六日間の旅程。現代からは想像もできない苦難の旅であった。

旅のコースを見ると、中山道と通って京に入り、伏見から舟で大坂に入り、九州までの瀬戸内は海路、そのあと長崎街道を使った。ほぼ想定した通りのコースだった。途中、天候の影響で足止めを食う日もあったが、沈着にして冷静、職務日誌的要素もあってか心情を吐露することはなかった。謹厳ぶりがうかがえ、さすがは優等生の武士だとの印象である。

矢上から長崎までの奉行交代劇は先に書いた通り。

というより、先の資料はこの遠山日記を参考にしたのではないかと思われる。これほど詳細に出迎えの状況を書いた奉行は見当たらないからだ。

長崎での遠山の仕事ぶりを見よう。甲比丹ドーフとの絡みがまたドラマを呼ぶ。

オランダ商館日記—国々の間に揺れる日々—

長崎市史年表にこんな記述があった。


文化十年（一八一三）六月二十七日、イギリスのジャワ総督ラッフルズが蘭館乗っ取りのため派遣した元甲比丹ワルデナールと蘭人カッサ、蘭国旗を掲げた英船二隻で来航、商館長ドーフの巧妙な拒絶にあって引き返す。

六月二十八日、蘭船、セイロン産象一頭を輸入　奉行遠山左衛門尉、小麦百俵を給して積み戻らせる。


当時イギリスとオランダは交戦状態にあり、出島のオランダ商館はいわば存亡の危機の真っただ中にある。それをドーフの巧妙な拒絶で追い返したとなると大変なお手柄だ。「巧妙な拒絶」がどんなものか知りたくなるのが人情。その答えは『長崎オランダ商館日記』の中にあった。

同商館日記は、歴代の商館長が記した公務日誌で、平戸商館長時代の一六三三年から一八六〇年まで書き継がれてきた。ドーフも歴代商館長と同様書いているが、今回の事件はあらゆる意味で重大な要素を秘めているため秘密日記として書かれている。しかも詳細かつ膨大な内容で、数えてみたらこの件だけで三十五頁も使っている。

言い訳めいた記述もかなりあり、全容を紹介するのは無理なので要点だけ書いていきたい。「英船はドーフの巧妙な拒絶で引き返した」というのは、随分と事情が違うようなのだ。

要するに、ドーフのかつての上司だったワルデナールは、オランダが消滅して、イギリスがバタビアでも実権を握っていることからイギリス側に回り、長崎に乗り込んでドーフを配下につけ、出島のオランダ商館をイギリス商館にしてしまおうと企んでいるようなのだ。

ところがドーフはオランダ東インド会社の商館長として任命されたのだから、正当な命令者の正確な指示なしにはどんな理由があっても受けることはできないし、商館を譲ることはできない、と態度は明確だ。ワルデナールの思惑は外れた。

だが、荷物は積んでいるし、将軍に献上したいという象まで載せている。

一方でバタビアからイギリス船が来たとわかれば長崎奉行がどんな態度に出るかわからない、と事情を知った通詞たちが心配を始めた。

「もしイギリス船とわかったら奉行は直ちに両船を焼き払い、乗組員を皆殺しにするよう命令するだろう。そこをわかってほしい」というのだ。

さらに「もし奉行がこのすべてを実行したら、彼はその後、直ちに切腹しなければならない。また多くの検使と通詞たちも同様に切腹しなければならない。なぜなら奉行は船が両御番所を通過する前に国籍を調べておかなければならず、それをしなかったことが許されることはあり得ない」というのだ。

通詞たちもドーフもフェートン号事件と松平図書頭の切腹、佐賀藩家臣の引責自刃がまだ記憶に新しい。

その結果ドーフが考えたのが、アメリカ人の士官が指揮するベンガル船にしてしまい、すべてを通常の貿易業務として処理してしまおうとの策である。

そのためにはワルデナールの部下や船員対策、奉行や検使たちが疑いを持たないようなさまざまな手法を講じた。

この秘密を知っているのはドーフと荷倉役のブロムホフ、身の危険を感じて従わざるを得ないワルデナールと蘭人カッサ、日本側は五人の通詞たち。彼らは奉行をはじめ関係するすべての人命を守るという大義名分の下で呼吸を合わせた。

なぜ今年はベンガル船二隻で来たのか、その理由を書面で提出せよ、との大通詞たちの求めに対してドーフは「ヨーロッパ戦争のため大小船舶はすべて彼の地に派遣され、アメリカ船の雇い入れにも苦労した。数隻のベンガル船がバタビアに来航したので雇い入れることができた。三年間日本向けの船が用意されなかったのは、ヨーロッパ戦争の影響で将軍への贈り物が入手できなかったため。今年はそれなりの数量を手に入れることができた」と書いた。

ドーフは今後の日蘭貿易を継続させたい布石と、今回の件を怪しまれないようにするためにも、来年度以降の新任商館長含みで荷倉役ブロムホフを帰路の船に乗せ、バタビアへ派遣することにした。

日記によると、七月二十四日（文化十年六月二十七日）の入港以来、シャルロッテ号（七三〇トン）とやや小型のマリア号は一部を除くすべての荷を降ろし、帰り荷を載せ、往復の同じ顔ぶれに一人だけブロムホフを加えて長崎の港を離れた。ブロムホフにはドーフから秘密訓令や秘密合図、計画概要、委任状、オランダ本国への書簡などが渡されている。十一月十五日（文化十年十月二十三日）のことであった。なんと三ヵ月半以上も歳月を要した。イギリスからの商館乗っ取り阻止と長崎奉行らの責任回避のための偽装工作。

「巧妙に拒絶して追い返した」などという簡単なことではなかったのだ。

「セイロン産象一頭、遠山奉行が積み戻させる」の記録が気になる。将軍への献上品としてピストル一箱、色彩床敷一枚、鏡十二面、平皿九枚食器セット一揃、卓上時計一台、オルガン一台、望遠鏡四個、生きている象一頭が送られてきた。日記にそれ以上のことは書かれていない。

遠山奉行の判断で象が送り返されたのは間違いない。

享保《きょうほう》十三年（一七二八）長崎から七十四日かけて江戸へ送られ、将軍吉宗も見物した象は間もなく死んでしまった。幕府は象の飼育に持て余したともいわれ、遠山はそのことを知ってのことだろう。

それにしても市史年表を見る限り、二日間で終わった事件と思っていたら全くそうではなかった。一面からみただけでは歴史はわからないことを如実に示した例だろう。

事件は再び起こる。

市史年表は文化十一年（一八一四）六月二十三日、蘭人カッサ、再び英船で来航、蘭館の引き渡しを要求する。ドーフは拒絶、蘭館を守り、祖国の再興を期する（十月五日英船出帆）とある。わずか四行だが、日数はやはり三ヵ月半ほどかかっている。

今度は一隻で、またもや蘭人カッサが商館長の名で乗っている。

ドーフは船長の話からバタビアの状況は去年のままだと知り、去年と同様にする決心をした。

上陸したカッサは「去年とは状況が違う。イギリスの援助でオランダがフランスから解放された。従ってイギリス人はオランダ人の味方だ」と言ったが、ドーフは「私に命令を出すオランダ人総督がバタビアにいない限り、この商館をだれにも明け渡さない」と言明、運んできた商品を去年同様捌くことは差し支えないが、命令には従うこと、終わったら戻ることを通告した。

カッサはドーフが絶対譲歩しない態度を崩さないので観念せざるを得なかった。

日記では、出港までにカッサと一部のオランダ通詞が組んでドーフの商館長交代を画策するくだりが出てくるが、この際割愛する。気になる一点を付け加えると、派遣したブロムホフの消息は、病気しているのではないかというだけで確たることはわからなかった。

文化五年（一八〇八）から同十三年（一八一六）までまともな蘭船は一隻も入港しなかった。

それは出島商館員の生活困窮を意味する。奉行所は文化七年、甲比丹所有の書「ジョメイル」を銀六貫で購入して支援、文化八年には支援策としてドーフに蘭和辞書の編纂を命じている。ドーフは通詞の協力を得て事業に着手した。念のため記しておくと、ドーフが去った後も通詞たちによって事業は続けられ、天保《てんぽう》四年（一八三三）蘭和対訳字書として完成した。足掛け二十三年間の労作で、この辞書をドーフ・ハルマまたは長崎ハルマという。

遠山奉行とドーフの間に心温まる話がある。

ドーフが気がかりなのは一粒種の混血児道富丈吉の将来である。いずれはオランダに連れて帰りたいが、日本の国法では混血児の海外渡航は禁止されている。

考え抜いた末ドーフは幕府に嘆願書を出した。

一、バタビアから白砂糖三百篭を長崎会所に差し出し、会所に売却方を願って、その代銀を会所に備え付け、その利子で年四貫目ずつ丈吉に与えてほしい

一、丈吉を薬種目利か端物目利の地役人に取り立ててほしい

などの内容。

遠山は、幕府と折衝してドーフの望みをかなえてやることになり、文化十二年（一八一五）九月、丈吉と町乙名を奉行所に召し出し、白砂糖の利子として年々銀四貫目の支給、おって成人の上は相当の役目に任用する、町年寄には丈吉の保護を委託する、などを申し渡した。

二年前の文化十年（一八一三）土屋紀伊守の小普請奉行転出に伴い、八十五代奉行には作事奉行の牧野大和守成傑《まきのやまとのかみしげたけ》が就任している。

丈吉の支援は遠山だけでなくこの牧野との合作でもあるようだ。

御家人からの大出世

その牧野が遠山より早く文化十二年六月に新番頭に転出、八十六代奉行に勘定吟味役の松山伊予守直義《まつやまいよのかみなおよし》が充てられた。

実はこの人、寛政十二年（一八〇〇）長崎奉行事務摂理で来た人ではあるまいかと思っていたら、疑問に答える素晴らしい論文に出合った。

「長崎奉行所組織の基礎的考察」と題する本馬晴子《ほんまはるこ》さんの卒業論文だ。『崎陽第２号』（藤木文庫）に掲載してあった。奉行所役人名簿の分析の中で、極めて興味深い例として松山惣十郎《そうじゅうろう》なる人物が出てくる。

彼は明和四年、明和七年、安永二年に支配勘定として来崎した。

次いで天明二年、天明六年、天明八年と御勘定に出世して来崎し、天明八年には惣右衛門と改名している。さらに寛政二年、勘定組頭として長崎取り締まりのために五年在勤を命じられ、家族同伴で岩原目付屋敷に在留した。寛政十二年再び勘

定組頭《くみがしら》として長崎へ赴任し、前年十月に死去した奉行松平石見守に代わって奉行所の事務を取り仕切った。また文化九年十二月、勘定吟味役として来崎し、文化元年に創始された長崎永続方法の実績調査を行った。

そしてついには文化十二年九月、長崎奉行松山伊予守として長崎へ赴任したのである。

このように御家人身分の支配勘定から長崎奉行にまで出世を遂げたのは松山伊予守だけである、というのである。

調べれば分かるものですね。実は「惣」と「総」の見分け方が江戸時代は難しい。

ものの本では「惣」を勝手に「総」に変えているのもある。同じような意味だからだろうか。それはともかく御家人から長崎奉行までの大出世は珍しい。勘定方として余程の才能があったのだろう。

ドーフの秘密日記に松山惣右衛門が二度登場する。


蘭船が長崎に三年間も来航しないことを気にして、

「日本人がわれわれを、船が来ない場合でも、当地に昔通りそのまま滞留させてくれるかといえば、そうはさせてくれないだろう。なぜならば、もし今年船が入港していなかったら、春から当地に滞在している上使の松山惣右衛門様は、われわれを不用で役に立たないものとして、中国のジャンク船で送還させただろう」

と書き、船がようやく帰国しそうなころ、

「これ以後は問題が起こることはないだろう。もし船が現われなかったらわれわれを中国人に託して送還させたはずの上使松山惣右衛門様が本日江戸へ向かって出発したからである」と。


それほど上使は恐れられた存在であった。

松山の就任時年齢は七十八歳。歴代奉行では断トツの最高齢。二番目が五十代奉行の萩原伯耆守で六十七歳。昔の人物を登場させると、生年月日や亡くなった年月日がわからない人がかなりいる。時代を考えるとやむを得ないことかもしれない。

遠山が文化十三年（一八一六）七月、作事奉行に転出、後任は佐渡奉行の金澤大蔵少輔千秋《かなざわおおくらしょうゆうちあき》。八十七代である。

遠山は数え六十二歳で長崎奉行になって江戸・長崎間を二度往復したことになる。参考までにその後の足取りを見ると、文政二年（一八一九）勘定奉行となり、初めは裁判を担当する公事方、後に財政を担当する勝手方を務め、外国船に備えた海岸防備体制の整備と異国船打払令の発令を主導したことで知られる。

文政十二年（一八二九）七十八歳で辞職、天保八年（一八三七）数え八十六歳で亡くなった。能吏中の能吏は高齢まで働き、長寿であった。

火事と嫁盗み

金澤が赴任した年は、四月に式見村で二百四十八軒焼く大火があり、七月には市街地で家屋三百四十一戸、土蔵九棟焼失、取り壊し家屋五十九戸の火災があった。

奉行所はこの後、全町を五組に分け、火災が発生した町に所属する組だけが消防に当たり、他の組は指示された場所に待機するよう改めた。火災発生時、町の対抗意識から現場でいたずらに混乱し、火消し衆の間で喧嘩口論さえも起こる事態を憂慮してのことであった。

金澤奉行はさらにハタ揚げ禁止令、嫁盗み禁止のお触れを出す。ハタ同士で切り合う〝ハタ揚げ〟は当地の名物行事だが、ややもすれば遊びが高じて喧嘩乱闘騒ぎが起こっていた。〝嫁盗み〟は長崎に古くからある奇習。友人や知人に頼んで嫁にしたい娘を盗んできてもらうもので、あらかじめ友人たちが駕籠を用意して夜に紛れて娘を誘い出し、駕籠に乗せてしまうと「嫁ご盗み、嫁ご盗み」と連呼して連れ去った。そのあと人を立てて親元へ交渉に行き、大抵の場合そこで収まるのが普通であった。

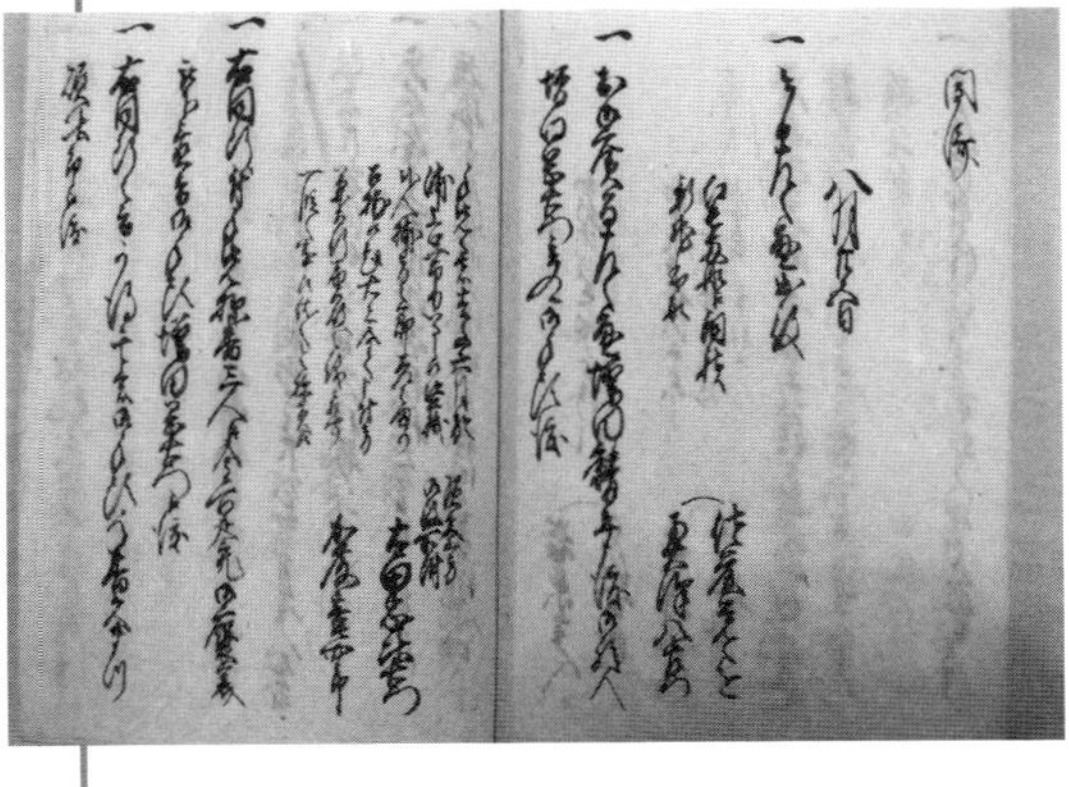

金澤大蔵少輔の公用日記（長崎歴史文化博物館蔵）

しかし、どうしても親が承知せず、娘を返せと訴え出た時は明るみとなった。

まず奉行のお触れはこうだ。


「市中多人数申し合わせ、嫁盗みと唱え、理不尽に娘、下女らを奪い、連れ出すのは不届きの至り、今後そのような狼藉を致す者があれば直ちに召し取り、重罰に処す」


こんな事件があった。

北馬町の源七と桶屋町のセキは恋文を交わす仲。セキの父親は頑固者で二人の仲を認めてくれそうになかった。源七は仲間四人に頼んでセキを嫁盗みした。父親は下手に出て娘を返すよう懇願したが、源七はきかなかった。セキも「たとえ両親に背いても家には戻らない」と帰宅を拒んだ。父親は怒って訴え出た。


判決。セキを遊女として奉公させる。源七は五島へ遠島。仲間四人は過料一貫目ずつ。（犯科帳より）

『金澤大蔵少輔様初御在勤公用中日記』が長崎歴史文化博物館に収蔵されていることがわかった。ほかに『文化十四年四月中公用日記』『文化十四年八月中公用日記』もあり、いずれも金澤奉行在勤中のものだ。

また長崎歴史文化博物館へ足を運ばなければならなくなった。夏目奉行、遠山奉行に次いで三回目の日記探し。意地悪な読者は「一度にやったらどうだ」との声が聞こえてきそうだが、最初から何でもわかっているわけではないので無理な注文だ。

この物語は一つひとつ謎解きのように進むから面白いのである。

あるにはあったが、またしても達筆すぎて読めない。月の初め・朔日から晦日まで日ごとに奉行の行動らしき内容が書かれ、奉行本人が書いたのではなく書記役が書いたものらしい。陳情か請願だろうか数頁にわたる男女の連名があった。五月と八月の日記は文字から判断して別人が書いたようだ。いずれにしても公用職務日誌のようで、金澤奉行の匂いをかぐことができず、写真を撮って早々に退散した。

松山伊予守が文化十四年（一八一七）旗奉行に転出、後任の八十八代は目付から筒井和泉守政憲《つついいずみのかみまさのり》が起用された。このころから奉行の手がかりが大変薄くなり、市史を丹念に読まなければ収穫なしという不安な状態に突入した。

この年七月、金澤が在勤奉行をしている時のこと。新任の商館長を乗せて久しぶりにオランダ船二隻が入り、本国の独立を知らせてきた。しかも新任甲比丹はあのブロムホフではないか。四年ぶりに再び来航できたのである。驚いたことに妻子と乳母《うば》ら五人も同行していた。ドーフとブロムホフは再会を喜び合い、ブロムホフは商館を一人で守ったドーフに対し国王からの勲章を伝達した。

さて問題はブロムホフの妻ティツィア、一人息子のヨハネス、乳母、下働きの女中の処遇である。ヨーロッパの習慣でいえば妻子らが夫とともに赴任するのは当たり前。しかし、幕府が入国を許可するのは貿易に直接かかわる人間に限られていた。奥さんや家族の入国は御法度《ごはっと》なのだ。暗黙の了解を得るために将軍あてに手紙が出されたとの話もあるが、幕府は例外を認めなかった。一旦決めた原則を守るについては頑なであり、前例がないことにはけして踏み込もうとしなかった。

ドーフにとっては寛政十二年（一八〇〇）長崎に再来して以来、ようやく訪れた商館長交代の瞬間である。本国がフランスに併合され、オランダの海外の植民地はほとんどイギリスに奪われ、ジャワ島とバタビアもその統治下に入った。その間、世界中でオランダ国旗が掲げられていたのは出島だけであった。ドーフが孤軍奮闘して守ったのである。そしてその年の十一月上旬、日本を去ることになった。気がかりなのは最愛の瓜生野と愛児道富丈吉だが、二人を連れて行くことはかなわない。幕府はドーフの在留十八年の功労に対し銀五十枚を贈った。同じ船でブロムホフの妻ティツィアさんら四人も帰国の途に就いた。

古賀人形のモデル

話はがらりと変わる。

古賀人形を、ご存知だろうか？文禄年間（一五九二―一五九六）に小三郎という人が土器類の制作のかたわら人形作りを始めたといわれ、最初はサルや馬などの玩具類、節句の飾り物などを作っていたが、後にはオランダ兵隊さんや紅毛夫人《こうもうふじん》、阿茶《あちゃ》さんなど異国情緒あふれるものを作るようになった。

今もその伝統は守られている。代表的作品ともいえる紅毛夫人こそティツィアさんがモデルである。

帰国までに三ヵ月半の時間があった。

当時の日本人にとって外国の夫人を見るのは初めてである。しゃれた帽子に美しい容貌、着飾った洋装は、石崎融思や川原慶賀など出島絵師たちの熱い視線を集めた。

このオランダ婦人をモデルにした絵画や版画は日本やオランダに数多く残されている。

そのティツィアさんは最愛の夫を残しての帰国。

心に深い傷を負ったのだろうか。再び夫の顔を見ることなく四年後に天国に召されている。

文政元年（一八一八）四月、金澤が新番頭に転出、後任は目付から間宮筑前守信興《まみやちくぜんのかみのぶおき》が八十九代として起用された。

筒井が在勤しているこの年の五月、江戸後期の儒学者、漢詩人、書家として有名な頼山陽《らいさんよう》が長崎に来て、三ヵ月滞在している。漢詩「雲か山か呉か越か、水天髣髴青一発《すいてんほうふつせいいっぱつ》」は天草灘を渡ったときに詠んだ。頼山陽は後に『日本外史』を完成させて老中松平定信に献上している。

筒井も大目付まで昇進しており、頼山陽と筒井奉行が長崎で接触していないか調べたが、わからなかった。

ただし、この筒井奉行は後に重要な任務を帯びて長崎にやって来るのでお楽しみに。

「江戸の敵を長崎で」の意味

「江戸の敵を長崎で（討つ）」とは、広辞苑によると、意外な所で、また筋違いのことで、昔の恨みを晴らす、とある。

一説に「江戸の敵を長崎が討つ」とも。ほかの辞書も同じようなものである。

ところが、このことわざには一つの出来事が関係している。

文政二年（一八一九）七月、長崎の細工人たちが江戸で見世物を興行した。『見世物研究・細工編』によると、出し物はギヤマン細工灯籠《とうろう》とビイドロ細工オランダ船。

灯籠の高さは七メートルを超え、制作に五年をかけた。オランダ船は長さ六メートルの壮麗な細工を施し、七年かけた労作。機械装置の人形が口上の合図につれて帆柱をするすると登って逆立ちしたり、綱渡りをして見せ、最後は轟然と石火矢を一発放つ仕掛け。興行は大当たりであった。

そのころ江戸では篭《かご》細工で江戸職人と大坂職人が腕を競い合い、江戸職人が負けて、大坂職人の見世物には見物人が殺到していた。そこに長崎のガラス細工に人気が集まり、大坂職人のほうが寂れたので、江戸っ子が溜飲を下げ、江戸の町では「江戸の敵を長崎が討つ」という流行語までできた、というのである。みなさん、知ってましたか。

奉行の話に戻りましょう。

文政三年（一八二〇）九月下旬、筒井、間宮両奉行がそろって田上でウサギ狩りを催し、地役人の砲術訓練を見ているのだ。一緒に行動するのは珍しい。筒井は間宮が長崎に到着するのを待って訓練を視察、十月に江戸へ出立している。

翌年一月、筒井は江戸町奉行に転出、後任は土方出雲守勝政《ひじかたいずものかみかつまさ》が目付から起用された。九十代だ。

この年の八月、間宮奉行はドーフの子である道富丈吉を唐物目利役《からものめききやく》に登用した。混血児を地役人に任ずるのは初めて。遠山がドーフと交わしていた約束を果たしたのである。丈吉は十四歳。ドーフが残した受用銀四貫のほか、役料として銀一貫目ずつ支給されることになった。

しかし、奉行のせっかくの配慮も長くは続かなかった。丈吉は文政七年一月、弱冠十七歳で亡くなるのである。

墓は皓台寺の後山にあった。春の昼下がりに行ってみたらどなたが活けたのか生花が飾ってあった。墓碑は奉行並とはいかないが、かなり立派である。参拝した後振り返る

道富丈吉の墓（皓台寺）

と、そこには長崎の市街地と港が広がっていた。

後ろ髪を引かれる思いで泣く泣く港を後にしたドーフ。父親の姿をいつまでも見送る丈吉。墓の前から港を眺めると、筆者はそんな思いに駆られてしまうのであった。

シーボルトがやって来た

文政五年（一八二二）六月、間宮が作事奉行に転出、九十一代には松前奉行から高橋《たかはし》越前守重賢《えちぜんのかみしげかた》が来た。

この高橋と土方のコンビは足掛け四年続き、蘭館医師として着任したシーボルトが足元を固めて活躍するのに大きく貢献したといっていいだろう。

ドイツ人医師シーボルトが新任の甲比丹スチュルレル陸軍大佐とともに出島に来たのは文政六年（一八二三）七月。ドイツ医学の名門の家に生まれたシーボルトは、医学を修めるかたわら自然科学、民族学を研究していた。

シーボルトは長崎奉行の特別の計らいで、薬草採取のため自由に外出が許されていた。

彼のもとには教えを請う門弟たちが引きも切らなかった。そのうち門弟宅に赴いて診察治療する許可が出て、文政七年六月、鳴滝塾の開設にまで発展していった。門戸を開いたことで全国の秀才や医学を志す若者が集まって来た。シーボルトは彼らに医学だけでなく生物学、化学などあらゆる学問を教授した。門人は高野長英《たかのちょうえい》、伊東玄朴《いとうげんぼく》、吉雄権之助《よしおごんのすけ》など数十人に及び、やがて彼らはわが国の西洋医学の中心人物として活躍する。

鳴滝塾頭の美馬順三《みまじゅんぞう》は、シーボルトが来朝した時、最初に入門した一人で、シーボルトの日本研究を助けたが、文政八年（一八二五）コレラで死んでしまう。三十一歳だった。シーボルトはこの年、出島薬草園にケンペル、ツュンベリーの記念碑を建てている。先輩二人の功績を顕彰するためだ。

かつての鳴滝塾跡地に建つシーボルト記念館。シーボルトの胸像がある（長崎市鳴滝）

奉行所医師草野元甫《くさのげんぽ》の紹介で、銅座町の楠本タキを診察したのがきっかけでシーボルトとタキに愛が芽生えた。シーボルトは結婚を決意し、ドイツの母親や伯父に書簡を送り結婚許可を求めている。だが、日本人女性で出島に出入りができるのは遊女に限られている。そこで寄合町の引田屋《ひけたや》に頼んでタキを名義上の遊女に仕立て上げ、源氏名も其扇《そのぎ》とした。

そのシーボルトは文政九年（一八二六）一月、甲比丹スチュルレルらとともに江戸参府に出発、江戸城では十一代将軍家斉に謁見、天文方の高橋作左衛門景保《たかはしさくざえもんかげやす》と会談した。出島絵師川原慶賀も同行させている。

翌、文政十年五月、タキは銅座町の父佐平宅でシーボルトの子を出産した。シーボルト三十二歳、タキ二十一歳、子どもはイネと名付けられた。成人して日本最初の女医となった楠本イネである。

文政九年五月に高橋が番頭に転出、後任に九十二代本多佐渡守正収《ほんださどのかみまさとき》が起用された。七十五代高尾伊賀守以来の日光奉行からで、禄高三千石というから久しぶりの大物だ。

文政十年（一八二七）六月、土方が西丸留守居役に転じ、目付の大草能登守高好《おおくさのとのかみたかよし》が九十三代に就任した。記録では三千五百石となっている。目付でどうしてそんなに多いのか疑問が湧くが、年齢が高いからだろうか。

この本多、大草両奉行は超大型台風の事件に巻き込まれる。

シーボルト事件

事件は文政十一年八月、台風が長崎を襲ったことから始まった、と長崎ではよくいわれる。

シーボルトを乗せて帰帆する予定だった蘭船コルネリウス・ハウトマン号が港内で難破し、海岸に流れ着いた、シーボルトの荷物の中から、日本地図など国禁の品が発見され、シーボルト事件の発端となった、というのだ。

市史年表もそう書いている。

ところがどっこい、歴史とは面白いものでその後の研究者の努力で真実が次第に明らかになるのである。

確かにシーボルトはハウトマン号で帰国すべく準備を進めていた。

しかし出発は九月の予定で、台風が襲来した八月九日には荷物は何も載せていない。同船は稲佐《いなさ》の海岸に座礁してようやく離礁できたのは三ヵ月以上後のことだった。船内にあったのは船体を安定させるためのバラスト用の銅五百ピコルだけだったという。

国禁の地図を持ち出そうとしたがたまたま来た台風で船が難破し、運悪くばれてしまったという話ではなかったようなのだ。

なぜそうなったのだろう。

伝聞が伝聞を呼び、事件の核心ではなく周辺部分からうわさが広がり、時間の経過とともに伝聞が真実味を帯びてきたようなのだ。

皮肉にも事件の発端はシーボルト自身にあった。

シーボルトは文政十一年（一八二八）二月、江戸参府時に会った天文方・書物奉行の高橋景保と間宮林蔵《まみやりんぞう》宛に手紙と小包を送っている。

事件の発端となったのは間宮宛の手紙と小包で、シーボルトは間宮が蝦夷地で採取した押し葉標本が欲しくて丁重な手紙と布地を贈ったらしい。間宮は外国人との私的な贈答は国禁に触れると考え、開封せずに上司に提出した。

その手紙の内容が問題となり、高橋の身辺を中心にした幕府の探索が始まった。

事件の背景としては、江戸参府時にシーボルトは高橋とたびたび会談、その時高橋はシーボルトから「世界周航記」をもらった代わりに日本地図の写しに同意していた。

シーボルトは禁制の地図の写しをもっていたことになる。また高橋と間宮の間には確執があったともいわれる。

同年八月九日夜半、長崎を襲った台風は市内に甚大な被害を与え、蘭船は稲佐の海岸に、座礁した。蘭船は滞留延長を申請しなければならず、シーボルトも帰国を延期せざるを得なかった。

十月に江戸で高橋が逮捕され、十一月一日には江戸からの急使が長崎に到着した。長崎奉行の本多は通詞に日本地図の取り立てを申しつける。

シーボルトが建てたケンペル・ツュンベリー記念碑（出島）

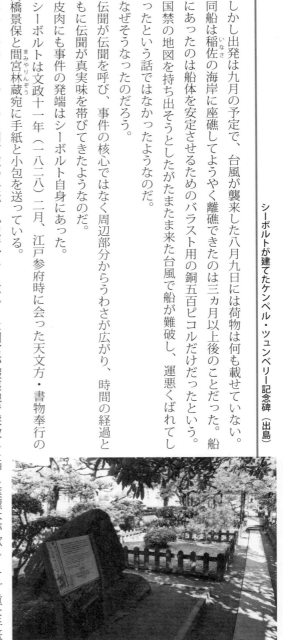

シーボルトに対する尋問は連日続けられ、所持品も押収された。シーボルトはこれまで協力してくれた日本の友人に罪が及ぶことは避けようとし、科学的な目的のためだけに情報を求めたと言い張った。

ところが、自分と関係する人たちが多く囚われの身になったのに驚き、日本に帰化して生涯日本のために尽くしたいと願い出たほどだ。文政十二年（一八二九）二月、高橋は江戸で獄中死した。

そして九月、シーボルトは奉行所に呼び出され、「国外追放、再入国禁止」の判決があった。シーボルトに二十三項目にわたる質問状を渡したのは本多であり、判決を言い渡したのはおそらく本多だろう。十月十日に長崎を離れている。

シーボルトは同年十二月、蘭船で日本を去った。

長崎港口の小瀬戸には妻タキ、一人娘イネ、門弟の高良斎《こうりょうさい》、二宮敬作《にのみやけいさく》らが小舟で集まり、シーボルトと別れを惜しんだと伝えられている。

幕府は文政十三年（一八三〇）三月、獄死した高橋に死罪の判決、長崎の関係者にも判決を下した。

二宮敬作が長崎払い、高良斎が居所払い、川原慶賀が叱責。事件に連座したのは長崎の地役人だけで三十八人に上った。

事件の真相は

ここまで書いて、原稿がピタリと止まってしまった。

古本屋で『江戸参府紀行』（ジーボルト著、斎藤信《さいとうまこと》訳、東洋文庫）を手にした。それに『文政十一年のスパイ合戦、検証・謎のシーボルト事件』（秦新二《はたしんじ》著、文春文庫）を見つけたからだ。こういう時、余計なものに出合ってしまった、と正直思ってしまう。シーボルトを卒業して次に進もうとしていた矢先だったからだ。

読んでみて自分が書いた内容とほぼ同じなら書き加えることはない。

ところが秦氏の著作は、調査研究内容が実に綿密で説得力があった。十八年前の刊行だが、私はこの本の存在を全く知らなかったし、仮に知っていたとしてもこれまでの定説に満足して関心をもたなかったと思う。

今回は違う。長崎奉行がどのようにかかわったかを知るためにはどうしても読みたい内容だ。

そして読んだら相当書き換えなければならないと感じた。新しく知ったことと疑問点が交錯して少し混乱状態となった。

こんな時はしばらく考える時間が必要だ。

私が書いてきた内容は、一部を除いてほぼ定説に沿っている。それとの違いを際立たせるには、書き換えるのではなく、書き加えることによって読者の判断材料に供した方がいいと思い、定説と違う部分を中心に私なりに整理してみた。私たちがこれまで知って来たこととは随分違う展開なのだ。それに長崎奉行も大きくかかわっている。この段階で二冊の本に出合ったことを幸運と思い、稿を進めていきたい。

さて『江戸参府紀行』の著者ジーボルトはシーボルトのことだ。ドイツ語読みでいくとジーボルトが言語に近い発音。しかし、シーボルトが日本では定着しているのでこの際シーボルトでいくことを了解願いたい。

この本を正確に説明したい。シーボルトは帰国して大著『日本』を書いたが、初版は一八三二年（天保三年）第一分冊がライデンで出版され、それから一八五一年（嘉永四年）までにほとんど毎年一冊ずつ予約出版している。

一八五二年最後の一冊を出版する予定だったものの果たさないまま完成を見ずに亡くなっている。

初版本のほかに一八九七年（明治三十年）シーボルトの生誕百年を記念して長男アレキサンダーと次男ハインリヒがライプチヒの書店から出版した第二版があり、これは二冊本。『江戸参府紀行』はこの第二版の第一巻第二章の全訳。

初版では第二部にあり、長崎から播磨の室までの行程で終わっていた。それをアレキサンダーが父シーボルトの日記を基に補って完成させたのが第二版。

アレキサンダー編集とはいえシーボルトが書いた貴重な資料に違いない。秦氏の著書を読んでいなければ、シーボルトの心境を探る材料として全面的に受け入れていただろう。

しかし、『文政十一年のスパイ作戦』を読んでいくと、『江戸参府紀行』はシーボルトの職務上、肝心な事実とか後に迷惑がかかりそうな事柄などは伏せられており、むしろ書かれていないことこそが真相解明のカギを握っている、ともいえる。

たとえばシーボルトの江戸参府には大草能登守の家臣水野平兵衛《みずのへいべえ》が検使として随行していたのだが、シーボルトは随行検使をカワサキゲンゾウとしている。

秦氏はシーボルトの手紙をはじめとする新資料を次々と発見、シーボルト事件の顚末を書き記した文書も見つけ出した。秘密・機密性のある出来事は、『江戸参府紀行』には不思議と書かれていないのだ。

これらを読み比べると、書かれていない部分の解明が謎解きのように面白くなってくるのである。

海を渡っていた禁制の品々―シーボルトの二面性―

シーボルトが日本で集めた膨大な資料は、そのほとんどが海を渡った。事件が明るみに出て幕府の押収された証拠品はごく一部にすぎない。美術品、工芸品、民芸品、書籍類、動植物標本など多岐にわたるこれらのシーボルトコレクションは、単に科学者の個人的興味の域を超えているのは明らかだ。現存している資料からシーボルトの職務が浮かび上がってくる。間宮林蔵直筆の地図『黒龍江中之洲幷天度《こくりゅうこうなかのすならびにてんど》』、『江戸御城内御住居之図』、『日本地図の写し』、『二条城の見取り図』葛飾《かつしか》北斎《ほくさい》の『武器・武具之図』、『徳川家の葵の隠し紋が入った連作絵』、『大坂城の絵図』など。あっと驚くようなものばかり。禁制の品であることは当然である。

シーボルトがオランダ国王ウイレム一世から命ぜられた任務は、「日本を徹底的に調査せよ」だったのだ。表向きはオランダ商館医官並びに自然科学調査官として。

問題はこれら明らかに御禁制をわかる品々をシーボルトがどうして手に入れたのか、誰が渡したのかである。

そこからシーボルトを巡る人間関係が浮き出てくるのだが、その重要な機会は皮肉にも江戸参府であった。最も重要な人間の絡みは、シーボルトと天文方・書物奉行高橋作左衛門景保である。

日本地図、できれば当時はまだ空白だった蝦夷地域の地図が欲しいシーボルト。

一方の高橋は世界の情勢がわかる『世界周航記』を手に入れたがっていた。

両者の思惑は一致して秘密の取引が江戸城内で繰り広げられた。ことはすんなりとはいかず、書状によるやりとりをするうちにシーボルトが間宮林蔵宛に送った書状と布地（更紗《さらさ》）から高橋に疑いがかけられ、幕府による内偵が進められた。

事件の経過でいえば、シーボルトが高橋宛の手紙と一緒に間宮宛の手紙と小包を送ったのが文政十一年（一八二八）二月中旬。高橋が受け取り、同封の間宮宛の小包を間宮に届けたのが三月下旬。間宮は開封することなく上司に届け、幕府の内偵が始まった。

台風が長崎を襲ったのは八月九日。ハウトマン号は稲佐海岸に座礁した。嵐は八月二十四日にも同地方を襲った。

幕府は九月二十日、なぜか間宮宛の手紙と贈り物をシーボルトに返却し、二度とこのようなことがないようにと警告している。ここらへんの幕府の対応が不可解であるが、とりあえず経過を追うと、十月十日江戸で高橋が逮捕され、本格的な調べが始まった。十一月一日、江戸からの急使が長崎に到着、同月十日からシーボルトに対する尋問も始まった、となる。

秦氏の検証で唯一疑問に思うのは、シーボルトのコレクションを満載したハウトマン号が座礁した、というくだりである。満載か、載せていなかったでは正反対だ。

しかも「奉行所の役人が現場に駆けつけてハウトマン号の現状を調査し、早速大草能登守と共に長崎奉行の本多佐渡守正収に伝える。ハウトマン号の出港は二日後と決められていたが、臨検を開始した。江戸からすでにシーボルト探索に指示が来ており、機会を狙っていた奉行にとっては、ハウトマン号座礁は絶好の口実となった。稲佐の浜には奉行自らが出向いて、陣頭指揮をとった。役人がハウトマン号に乗り込んで臨検を開始したのは昼過ぎだった」と具体的である。

その日に臨検したことになっているのだ。

シーボルト記念館の研究報告書『鳴滝紀要《なるたききよう》第六号（一九九六年）』発表の梶輝行《かじてるゆき》氏の論文によると、これまで通説だった座礁した船から御禁制の品々が出てきたというのは後日の創作で、船に積み込まれていたのはバラスト用の銅だけだったというのが、今では地元の定説となっている。

ハウトマン号の記録を見ても、長崎入港して積み荷目録の提出や乗組員の人別改めが終わり、荷揚げ開始が七月六日、最後の砂糖積み下ろし完了が二十二日。翌日バラスト用の銅五百ピコル（一ピコル＝約六三キロ）を積み込み、七月二十六日から目利立会いの荷物分類が始まった。

ところが八月五日に甲板長オウエマンスが死去する事態が起こり、貿易品の商人下見が八日となった。翌九日に台風襲来で座礁、浮上に成功したのは十一月十五日だった。シーボルトコレクションを満載にする時間があったとはとても思えない。御禁制の品々が船から出てきたから事件が発覚したのではなく、幕府の内偵は着々と進んでいたとみたほうが自然の流れだ。新長崎市史もそうなっていた。秦氏の検証ではこの部分だけが引っ掛かるのだが、ヨーロッパでの膨大なコレクションの発見やそのほかの考察に支障を与えるものではない。

インドネシア国立公文書館資料が論拠のようだ。

海難事故で処理したほうが何かと都合がいいと考えた人物が、後に事件の経過を参考にして書類を作ったのではないか、と筆者は推測している。そうでなければ見てきたようなウソは書けない。

背後にいた大物

だんだんと長崎奉行物語から離れているようだ。元に戻す努力をしたい。

秦氏はシーボルト事件の奥の構図として、十一代将軍家斉と岳父島津重豪との関係を指摘している。十五歳で将軍となり、重豪の娘茂姫《しげひめ》を正室《せいしつ》に迎えて若いころは重豪に頭の上がらなかった家斉だったが、重豪が幕府の中枢を握ってやりたい放題に権勢を振るっているのを目の当たりにして、次第に目の上のこぶと映り始めた。実権をようやく握った家斉が重豪の追い落とし作戦として巧妙に利用したのがシーボルト事件だった、と大胆に推理している。重豪はオランダ人との交流が深く、甲比丹江戸参府の一行は必ず薩摩藩邸に立ち寄るのが恒例となっていたほどだ。薩摩藩は琉球との貿易は認められていたが、販路は薩摩藩内に限られていた。ところが厳しい藩財政事情から密貿易が次第に拡大し、幕府公認の長崎貿易を圧迫する事態にまでなってきた。

家斉は重豪を抑え込む手段としてシーボルトを利用して重豪とオランダ商館との蜜月にくさびを打ち込もうとしたというのだ。考えてみるとシーボルトが出島以外に自由に出かけたり、鳴滝塾を開くなどは一長崎奉行の裁量でできることではない。

前例のない変更は必ず江戸へお伺いを立てるのが建前であり、幕府の了解があってのことだ。

シーボルトが大胆に多岐にわたる収集ができたのも幕府側の黙認があればこそといえなくもない。

そこに天文方兼書物奉行の高橋作左衛門と間宮林蔵、最上徳内《もがみとくない》との確執があって、高橋の疑惑が浮上、結果的には高橋は死罪となり、シーボルトは国外追放となった。しかし、国禁の秘密漏えい事件にしては、高橋が死んだあとの事件の処理があっさりしている。シーボルトを国外追放して事件は終わったといわんばかりである。この一件で重豪は完全に失速、事件の五年後に亡くなる。幕府の本当の狙いは薩摩藩の抜荷摘発と重豪潰しであったとする推理は説得力がある。

長崎奉行関係で事件を振り返れば、シーボルトが一番恩人と思っている人物の一人が高橋越前守だ。

高橋は箱館奉行支配吟味役や佐渡奉行、松前奉行を経て長崎奉行となった。シーボルトが知りたがっていた北方の事情に通じた人間である。鳴滝塾を開くのを許したり、かつての部下であった最上徳内や間宮林蔵をシーボルトに紹介している。その最上は北方関係の重要地図を含む自分のコレクションのほとんどをシーボルトに手渡している。なぜそんなことをしたかといえば、二人の名前でヨーロッパの学会に発表しようというシーボルトの提案に最上が心動かされたからだという。ただし、手渡した地図類は今後二十五年間は発表しないとの条件を付け、シーボルトはこの約束を守った。

高橋奉行がシーボルト事件の下地を作ったとすれば、後任の本多佐渡守と大草能登守は事件に振り回される役回りだった。江戸で天文方の高橋が全面自供しているので地図類はシーボルトの手元にあるはず、と攻めるのが幕府側。のらりくらりと逃げを打つシーボルト。

その攻防の最中、シーボルトが将軍あてに出そうとした帰化願いが、本多奉行の怒りを呼ぶ。奉行の存在をないがしろにした行為だとして帰化願いは無視され、奉行への手紙さえ禁止してしまった。

奉行所の執拗な家宅捜索と、捜査に協力しなければ日蘭貿易の継続に重大な支障をきたすとの脅しが効いたのか、さらに多くの禁制品が出てきた。中には幕府御典医土生玄碩《ごてんいいはぶげんせき》から贈られた葵の紋服まであった。

しかし、天文方高橋の獄中死によって捜査の勢いは急速に衰えていく。

五カ月にわたるシーボルトに対する尋問が終わり、文政十二年（一八二九）九月、奉行本多は「帰国を許可、再渡来禁止」の判決を言い渡す。数多くの国禁の証拠品が出て、しかも葵の御紋など将軍の面目が潰れそうなものまで外国人の手に渡っていた。とても公表できる事件でないことは明白だ。

高橋の獄中死の後も遺体を塩漬けにして死罪の判決を言い渡し、首をはねて決着をつけたといわれる。幕府の体面を保つため、もしくは所期の目的を達したので早々に幕を引いたとの感は否めない。

シーボルト事件があったために彼の日本での功績は印象が薄くなりがちだが、日本に与えた影響は計り知れない。残された妻子の行く末も心配だ。三十年後に再びシーボルトドラマの幕が開く。

文政十三年五月、本多が持筒頭《もちのかしら》に転出、後任に牧野長門守成文《まきのながとのかみしげふみ》が起用された。九月に着任し、九十四代目となる。九月長崎に着任した。市史年表では天保元年（一八三〇）となっているので「おやっ」と思っていたら文政十三年十二月十日改元だった。牧野は六年在任しているが、書く材料が乏しくて少々焦り気味。

天保四年（一八三三）五月、大草が小普請奉行に転出、後任は大坂町奉行から久世伊勢守広正《くぜいせのかみひろまさ》が就任、九十五代だ。

牧野奉行が在勤していた天保六年（一八三五）二月、七代目市川団十郎《いちかわだんじゅうろう》が長崎に巡業に来た。筑後町の聖福寺に「供養先祖祈子孫蕃育」の供養塔を建てている。

このころ唐人が門外に出て公然と市民と貿易する風潮にあり、久世奉行は幕府に目付の長崎勤務を願い出ている。早速目付の戸川播磨守が来崎して、これら密貿易の取り締まりを強化した。

その年の暮れ、取り締まりの強化を不満とした唐人たちが暴動を起こし、唐人屋敷内の役所を壊したり、門を破るなどした。久世は肥前、大村、筑前の兵を動員、屋敷内に入って鎮圧、百八十五人を逮捕する騒ぎとなった。

唐蘭船の入港が少なく、米の価格高騰もあって人心が荒れる傾向にあったが、長崎奉行は強い姿勢で臨んだ。やる時はやるのである。

天保七年（一八三六）牧野が西丸留守居に転出、後任には在勤目付の戸川播磨守安清《とがわはりまのかみやすきよ》がそのまま九十六代となった。

長崎歴史文化博物館の長崎奉行所コーナーには、戸川の書となる掛け軸二幅が展示している。見事な筆さばきで、「ただの目付上がりと思うなよ」という教養にあふれた迫力ある作品だ。

このころ奉行所は密貿易取り締まりの姿勢は堅持し、市中商人らに対し、唐蘭輸入品は大坂問屋を経ないで諸方へ回送するのを禁止した。また財産を潰したり、喧嘩刃傷沙汰が絶えないため〝ハタ揚げ〟を禁止した。

以降、この禁令はたびたび出されているが、あまり守られているふうはなかったという。

天保五年二月、恵美酒町から出火して大黒、西中《にしなか》、西上《にしうわ》、西坂《にしざか》、船津浦《ふなつうら》など三百九十一戸、土蔵十一棟、佐賀・肥後・島原藩蔵屋敷などを焼く大火事があったというのに、天保九年（一八三八）四月、これを上回る大火があった。小川町から出火、二十五町に延焼、家屋千三百九十三戸、土蔵六十棟、唐通事会所、対馬や小城《おぎ》、鹿島《かしま》、諫早、筑前各家老屋敷を焼失、焼死者三人を出した。延焼を防ぐための破壊家屋が三十五戸もあった。

この大火で大村町の本邸を全焼した高島秋帆は、父茂紀が長崎村小島郷（現長崎市東小島町）に建てた別邸（雨声楼）に引っ越した。これが国指定史跡の高島秋帆旧邸である。

高島秋帆については後に登場する機会があろう。今は肥前長崎火事の街を言いたかっただけである。

田安家

天保十年（一八三九）四月、久世が田安《たやす》家家老に転出した。歴代長崎奉行から田安家転出は初めてである。

この物語を書き始めのころは「田安家」とは何だ、というレベルだった。今は少し進歩して若干の解説はできるようになった。

徳川幕府の御三家《ごさんけ》とは尾張、紀伊、水戸の三徳川家のこと。これに対し御三卿《ごさんきょう》とは、田安、一橋《ひとつばし》、清水《しみず》の三徳川家をいう。

田安家は八代将軍吉宗の次男宗武《むねたけ》が享保十六年（一七三一）、江戸城田安門内に屋敷を与えられたのに始まる。一橋家は吉宗の四男宗尹《むねただ》が寛保《かんぽう》元年（一七四一）一橋門内、清水家は九代将軍家重の次男重好《しげよし》が宝暦九年（一七五九）清水門内にそれぞれ屋敷を与えられて始まったとされる。三卿と称するのは、元服の後に従三位《じゅさんみ》に叙され、公卿《くぎょう》の地位に上ったからだ。

田安家は賄料《まかないりょう》十万石の領知を支給された。御三家が独立した大名であったのに対し、田安家など三卿は将軍家の部屋住み、つまり家族同様の扱いを受けた。

従って御三家が諸大名と同じ大手門から登城するのに、御三卿は平河門から登城するのであった。三卿は将軍の最近親の扱いなのである。

それにしても長崎奉行という一国一城の主から、江戸城内の堅苦しいポストに転勤するのはどんなものだろう。

久世の心境やいかに。武士の心は現代人には諮り知れない。

高島秋帆逮捕される

久世の後任は、勘定吟味役から田口加賀守喜行《たぐちかがのかみよしゆき》で九十七代。日本近代砲術の祖といわれる高島秋帆との関係が濃密だ。

田口は蘭学、兵学に優れた町年寄兼鉄砲方の高島の意見を大いに用い、家来の市川熊男を入門させているほど。

高島は天保十一年（一八四〇）田口奉行を通じて幕府に「西洋砲術意見書」を提出、わが国の兵制改革を進言した。今までの各諸藩の火術は、西洋の数百年前の旧式だとして、近来発明のモルチールその他を採用し、江戸表や諸国海岸、長崎などに備え付けるよう上申したものだ。田口はその年、高島とともに蘭船バッテーラに乗り、帆を張って長崎港内を巡視している。

翌天保十二年四月、田口が勘定奉行に転出、後任は目付から柳生伊勢守久包《やぎゅういせのかみひさかね》で九十八代。

江戸に呼ばれていた高島は、与力格となって長崎会所頭取に任ぜられた。そして五月に武州徳丸原で大砲発射、騎兵の馬上銃射撃、銃隊や野戦砲の発射、部隊教練などの演習を実施、幕府から白銀二百枚を下賜され、高島が持ってきた砲は五百両で買い上げられた。おそらく田口の推薦があってのことだろう。

高島はその後、砲術教授の資格が与えられ、とんとん拍子で名声を高めていく。

しかし、出る杭は打たれるというか、出世をねたむ心ない人が出てくるのはいつの世も変わってはいない。高島には思いがけない運命が待ち構える。その伏線は奉行の交代にあった。

天保十三年（一八四二）二月、戸川が勘定奉行に転出、後任に浦賀奉行の伊沢美作守政義《いざわみまさかのかみまさよし》が充てられた。九十九代となる。

話は変わるが、そのころの長崎は墓の造りや墓石の建立に大金を惜しまない風習ができてしまい、盆には墓所に湯茶料理を運び、万灯をつけ花火を上げて騒ぎ、夜を徹して精霊流しが行われた。あまりの派手さに戸川奉行は、盆祭りに花火の打ち上げを禁止し、提灯の数も制限した。同時に長崎奉行の交代の際の送迎宴も簡素化するよう定めた。なにしろ地役人らは大村、嬉野、武雄まで送迎する習慣ができていたのだ。

柳生奉行も質素倹約令《しっそけんやく》を出す。料理屋での宴会の禁止、町芸者の廃止、女子が髪結いを雇うことを禁止、衣服はもっぱら質素にすること、婦女の髪飾りにちりめん類の使用禁止、ひな人形や五月のぼりの大型化禁止、銀製諸具の使用禁止など。

それでも足りずに、唐貿易の重要な輸出品であるアワビやナマコを市民が食べることを禁止し、見栄を張った冠婚葬祭の禁止、町人が別荘を造ったり、妾を囲わないよう訓告した。諏訪社の祭礼に際しても大金をかけ、また風俗を乱す舞踊を禁止し、すべて木綿《もめん》を使用するよう通達した。

話は戻る。

奉行の伊沢が九月に長崎着任して間もない十月二日、高島秋帆が長崎奉行所に出向いたところ、なんと逮捕されてしまうのである。容疑は、高島が謀反を企んで銃砲を購入し、邸宅は城郭のような石垣で囲み、公金で兵糧を買い込み、密貿易で軍資金を蓄えているというのだ。

高島の出世をねたんでの讒言密告《ざんげんみっこく》、つまり人をおとしいれるため事実を曲げ、また偽って訴えたのである。

そのことは後になって明らかになる。

どうも奉行の伊沢は、江戸出立前に目付の鳥居耀蔵《とりいようぞう》らと打ち合わせの上、高島らを逮捕すべく意を決して赴任してきたようなのだ。高島ら十二人がつかまり、翌年一月江戸送りとなって伝馬町の牢屋に入れられ本格的な調べが始まった。

二百十年ぶりの一人奉行

この年の九月、柳生が山田奉行に転出、長崎奉行は伊沢一人となった。

一人奉行は悪名高き六代奉行竹中が免職となった寛永十年（一六三三）以来二百十年ぶりのことだ。その代わり再び目付を常駐させ、新たに支配組頭《しはいくみがしら》一人を配置した。

天保十五年（一八四四）七月二日、オランダ国王ウイルヘルム二世の国書を携えた使節コープスが軍艦パレンバン号で長崎に来航した。伊沢は近隣各藩に急使を立て、筑前、佐賀、平戸、唐津、大村の各藩主が兵士を率いて来崎し、総勢四千三百人が港内外の警備に就いたのを見届けてから入港を許した。その間五日を要している。

立山役所でコープスと会見した伊沢は、国王の国書を受け取り、封をしたまま江戸へ送った。

オランダ国王の国書は、日本がアヘン戦争の二の舞にならないよう開国を勧めた内容。

アヘン戦争は四年前、アヘンの輸入を巡って起こったイギリスと清国の戦争で、負けた清国は屈辱的な南京条約を結び、中国植民地化の第一歩となった。西洋各国の軍事力に比べ日本の兵力が劣るのは誰の目にも明らか。日本の現状をよく知るオランダは、清国のようにならないために独占的な貿易の立場を超えて、友好的見地から開国を勧めたものだ。

しかし、幕府のかたくなな態度は相変わらずだ。奉行の伊沢はコープスと甲比丹を奉行所に呼び、国書の勧告については検討したうえで返書すると伝えた。

後日、幕府より使節へ贈り物を与え、出帆を命じた。パレンバン号が出港したのは実に十月十八日のことである。のらりくらりは徳川幕府のお家芸なのである。

弘化《こうか》二年（一八四五）八月、伊沢は甲比丹を呼び、幕府からオランダ国王への返書と贈答品を贈った。

返書は、鎖国をしているという法があるため開国はできないという理屈である。

伊沢はその年の十二月、西丸留守居に転出、後任に目付の井戸対馬守覚弘《いどつしまのかみさとひろ》が起用された。ちょうど百代目の奉行である。

この物語も第四コーナーに差し掛かったように見える。いよいよラストスパートかといえばそうではない。

時は幕末だが、時代の風雲児坂本龍馬はこのころまだ十歳の鼻たれ小僧。長崎奉行のドラマも大きなヤマが控え、出番はまだかと待っているようなのだ。

弘化三年（一八四六）六月、フランス・インドシナ艦隊の軍艦三隻が長崎港口の高鉾島《たかぼこじま》沖に姿を見せた。前年にはイギリスの測量船が港の沖まで来て測量許可と薪水を求め、薪水を与えて追い返したばかり。奉行の井戸は筑前、肥前、大村藩に出兵を要請して警備に当たらせる一方、対応に当たった。

余談だが、こんな時一人奉行は簡単だ。複数だと誰が在勤奉行か丁寧に調べなければならないので時間がかかる。ところが、今回の対応は奉行所始まって以来のちょっとした騒動だった。なにしろ相手はフランスである。フランス語しかしゃべらない。奉行所側にフランス語のできる通詞はいない。さて、どうする。

甲比丹に応援を求めてフランス語をオランダ語に訳して、さらに通詞から日本語に訳させる。あるいは仏軍艦乗り組みの中国人が漢文に訳し、さらに日本語にするなどてんやわんや。来航の目的が、前年伊豆に漂着した者が過酷な取り扱いを受けたことに対する要望だったため、なおのこと通訳が厄介だったらしい。井戸は求めに応じ、必需品を与えて三日後に出港させた。

ところで気になるのが江戸送りになった高島秋帆らの処遇である。

幕府は逮捕して四年目の弘化三年七月、高島以下これに関係する会所目付、吟味役、唐通事七人を処分した。高島は容疑の謀反とはおよそ縁遠い軽罪、身分の違う代官の娘を長男の嫁にしたとして中追放にし、安中藩(群馬県)に預けの身とした。驚いたことに幕府は、長崎奉行だった戸川播磨守、伊沢美作守をほぼ冤罪《えんざい》に近い事件を指揮したとして御役御免《おやくごめん》、差し控えを申し渡している。

さらに調べると九十七代奉行田口加賀守も高島秋帆を重用し、在任中に不正があったとして免職処分にしている。

幕府の態度といえば一旦不祥事が明るみに出ると、幕府のメンツを第一とした容赦のない処分、喧嘩両成敗的な上から目線の処分が目立つ。幕府の権力を維持し、将軍の権威を守ることのみに意識が集中しているように見えるのだ。

それと形式主義、前例主義は当然のことながら目に余る。

再び奉行二人制へ

弘化三年(一八四六)九月、目付の平賀信濃守勝足《ひらがしなののかみかつたり》が百一代に起用され、長崎奉行は再び二人制となった。そうなると三年前の二百十年ぶりの改革（一人制）は何だったのかとなる。幕府のご都合主義、泥縄式がもろに出て政権の前途に危うさが漂い始めるのは気のせいか。

この年、甲比丹はオランダ風説書の提出を年二回に増やすことを奉行所に申し出る。時代の流れの速さを感じているオランダ側にしてみれば当然の提案と思われるが、奉行の平賀は断固として断っている。

その理由がふるっている。「先例をみだりに破るべきではない」と。

筆者はこの理由を知った時、思わず「ああ」と天を仰いだ。長崎警備を担当している筑前、佐賀両藩は長崎港口の伊王島、神の島に砲台の建設が急務であると幕府に建議したが、多額の費用がかかるとして許可しなかったのはこの年の話である。

嘉永《かえい》元年（一八四八）五月、平賀が西丸留守居に転出、後任に目付の稲葉出羽守正申《いなばでわのかみまさのぶ》が発令された。百二代である。

稲葉は九月着任して一ヵ月後に急死する。

墓は大音寺にある。以前訪ねたことがあり、六十八代戸田出雲守を中央にして右に六十一代大岡美濃守、左に稲葉出羽守が仲良く並んでいた。稲葉の墓が小さくて普通の墓石だったのは、着任してすぐに亡くなったからだと推測される。

稲葉の後任として急きょ百三代となったのは小普請奉行の大屋遠江守明啓《おおやとおとうみのかみみつよし》。嘉永《かえい》年間に突入し、幕末も大詰め。明治維新まで約二十年である。時代は風雲急を告げている雰囲気だ。

嘉永元年八月、蝦夷に漂着したアメリカ捕鯨船乗組員十五人（うち二人死亡）が長崎に護送され、間もなくアメリカ人ラナルド・マクドナルドも松前から護送されてきた。マクドナルドは日本に強い憧れをもち、捕鯨船の船員となって漂流者を装って利尻島に上陸、松前藩に密入国の疑いでつかまった。

長崎では崇福寺の大悲庵に収監された。奉行所で尋問を受け、通訳したのが通詞の森山栄之助《もりやまえいのすけ》。この縁や彼の教養、人柄もあって井戸奉行はオランダ通詞十四人に英語を習わせることにした。マクドナルドが日本最初の英語教師というわけだ。特に森山の習得は早く、後のペリーが黒船四隻を率いて浦賀に来航した折、堀辰之助《ほりたつのすけ》とともに通訳として活躍した。

稲葉出羽守正申の墓（大音寺）

マクドナルドは七カ月間、森山らに英語を教え、自らも日本語を勉強した。嘉永二年三月、アメリカ軍艦プレブル号が幽閉されている乗組員らの受け取りのため長崎に来航、マクドナルドと乗組員十三人は日本を離れた。

マクドナルドは日本初の英語教師として長崎市上西山《かみにしやま》町に顕彰碑が建っている。彼の功績は帰国後、日本の情報を米国に伝えたことにある。日本は未開の地ではなく、礼儀正しく民度の高い法治国家であると伝え、アメリカの対日政策の方針に少なからず影響を与えた人物として知られ、オレゴン州の生誕の地に日本語で書かれた彼の顕彰碑がある。最後の言葉は「さようならｍｙ ｄｅａｒ さようなら」だったという。

マクドナルドを英語教師として目を付けたのは長崎奉行の英断であった。ただし、授業は大悲庵の座敷牢で格子を挟んで行われたというから、幕府の形式主義は依然として健在というべきか。

嘉永二年（一八四九）八月、井戸が江戸町奉行に転出、禁裏付の内藤安房守忠明《ないとうあわのかみただあき》が百四代に就任した。

禁裏付とは何か。広辞苑によると京都に派遣され、所司代の指揮を受けて禁裏の警衛及び用度をつかさどり、公卿以下の行動を監視する役とある。禁裏はみだりにその中に入るのを禁ずる意、ここでは京都御所のことだ。

京都町奉行から赴任の前例はあったが、禁裏付は初めて。何か理由はあったのだろうか。

日本初の英語教師、マクドナルドの顕彰碑（長崎市上西山町）

甲比丹最後の江戸参府

嘉永三年（一八五〇）三月、甲比丹レファイスソーンが江戸参府。

これが寛永十年（一六三三）から定期的に続いた甲比丹江戸参府の最後となった。

甲比丹江戸参府については、諸説があって悩ましい。毎年一回定期的に始まったのは寛永十年（一六三三）からという点では一致している。ただ始まりは慶長十八年（一六一三）からという研究者もおり、確かに同年、イギリス東インド会社司令官ジョン・セーリスが駿府《すんぷ》で徳川家康に謁見している。

しかし、オランダ東インド会社ではなく、しかも江戸でなく駿府であることからこれは例外とみていいだろう。

甲比丹の江戸参府は毎年一回から、五年に一回、隔年、四年に一回と時代によって変遷しており、加えて本国とオランダ東インド会社の消滅の歴史もあり、蘭船入港ゼロの年も六回数える。幕府に止められて参府できない年もあった。

オランダ甲比丹の江戸参府回数を百六十六回と数える研究者がいるかと思えば、百十六回も行われたとする学者もいる。実施があいまいなため始まりと改正年、嘉永三年を終わりとする、としてあえて回数を書かない例も多い。

筆者は、説が分れていれば俄然検証意欲が湧くというもので、寛永十年から嘉永三年までの二百十七年をいろいろな資料を基に調べてみた。出てきた数字は百四十一回であった。

これよりわずかに減ることはあっても増えることはないと確信している。

よって私の結論は「百四十回前後」となる。定説と相当離れた数字なので読者並びに研究者の研究成果を待ちたい心境だ。

奉行の死に、事件あり

この年の五月、大屋奉行が亡くなる。

稲葉の急死によって後任となった奉行だ。しかもまだ一年半しかたっていないのにまたも現職長崎奉行の訃報。何かあったのではないかと勘繰りたくなってしまうが、市史を見る限りただ没したとしか出てこない。

江戸時代の記録は基本的に武士が書いたもの、つまり幕府側の記録である。幕府の都合の悪いこと、知らせたくないことは原則として残していないとみるしかない。

そこに大変気になる文章を見つけた。ロシア使節極東艦隊に同行して長崎にやって来たロシア文豪ゴンチャローフの『日本渡航記』に長崎奉行の切腹を示唆するくだりがあったのだ。ロシア使節プチャーチンは嘉永六年に長崎に来航する。そのことはもうすぐ書く予定にしており、とりあえず奉行の切腹の真偽に焦点を当てたい。

ロシア艦隊の長崎入港手続きの段階での話である。幕府はあらかじめ指示された方針を無条件に遂行することを要求する。それが不首尾の場合は、執行者のせいであろうとなかろうと、執行者は責任を負わなければならない。奉行がもし失敗した場合には、自分の腹を切らなくてはならぬ。私（ゴンチャローフ）がこのように考えるのは、次の事実から判断したのである。

それは、数年前に長崎奉行の一人が、彼を通じて贈呈された公儀の贈物を、イギリス船の船長が受け取ろうとしなかったゆえに、切腹したのであった。奉行は贈呈品を渡すべき命を受けており、船長は受け取らなかった。そこで奉行は、なぜ渡してしまわなかったのか、という責任を問われたのである。

筆者は最初、フェートン号事件で切腹した松平図書守の話の伝聞かと思ったが、同事件は四十五年も前のことである。数年前に亡くなったといえば、三年前の大屋遠江守と五年前の稲葉出羽守だ。

その前にさかのぼれば松平図書守しかいない。公儀の贈物をイギリス船長が受け取らなかったためと、指摘が具体的である。当時、日本に向かう外国人たちの情報はかなり的確で、上海や香港、バタビアなどで外国人同士の情報交換が盛んに行われていた。

過去十年間の長崎来航の外国船をチェックしたが、長崎に近づいたイギリス船は弘化二年（一八四五）七月の測量船だけだった。薪水を与えて帰したと記録にあり、当時の奉行は伊沢美作守だった。ゴンチャローフを信用すれば、稲葉、大屋両奉行のどちらかが何らかの出来事で切腹したことは十分考えられる。

現職奉行の切腹は、幕府の不始末と同じこと。

これに関する記録はなきものとして一切伏せられるのは、幕府のやりようを見ていればありうる話だ。

百二代、百三代奉行の死は謎の事件として解明を待たなければならないかもしれない。

大屋の墓は本蓮寺境内にある。

大屋の後任には嘉永三年（一八五〇）七月、普請奉行の一色丹後守直休《いっしきたんごのかみなおやす》が百五代に発令された。しかし、一色は十一月に勘定奉行に転出、長崎在勤をすることはなかった。代わって百六代に小普請奉行の牧志摩守義制《まきしまのかみよしさだ》が発令された。念のためだがこの時の長崎在勤は内藤である。

このところオランダ船の入港は天保十四年（一八四三）以来、毎年一隻である。これは安政《あんせい》元年（一八五四）まで続く。嘉永三年のオランダ風説書《ふうせつがき》で、アメリカが日本との貿易を開く意思がある、と知らせてきた。幕府は異国船打払い令こそやめているが、薪水給与令《しんすいきゅうよれい》を修正するなど外国船の来航には神経をとがらせている。

内藤奉行は甲比丹を奉行所に呼んで、日本沿岸での外国船による測量を許さないなど幕府の方針を伝えている。

嘉永五年（一八五二）五月、内藤が西丸留守居に転出、目付の大沢豊後守秉哲《おおさわぶんごのかみとりあき》が百七代に就いた。

書籍によっては「乗哲（のりあき）」としたのもあった。「秉」が難しいからといって勝手に「乗」と変えて「のり」と読ませるのはいかがなものか。

八月、甲比丹クルチウスはオランダ領東インド総督の書簡を幕府に渡した。

書簡は、来年アメリカ使節が来航して開国を要求することを予告したもので、鎖国の危機が迫っているとしてアメリカ使節の来日前に日蘭通商条約締結の必要性を説き、長崎奉行からの要求で条約草案まで提出した。

草案の中では長崎の開港のほか治外法権の設定なども盛り込んでいたが、幕府は甲比丹の「どん欲」として何の手段も講じなかった。

大屋遠江守明啓の墓（本蓮寺）

下・開国、そして幕末。

開国迫るアメリカ、ロシア

翌、嘉永六年六月、オランダからの予告通りペリー司令長官率いるアメリカ東インド艦隊四隻が、遣日国使として浦賀に来航した。

太平の眠りを醒《さ》ます上喜撰《じょうきせん》　たった四杯《しはい》で夜も眠れず

江戸中が大騒ぎとなった黒船の来航である。江戸城内の慌てぶりが手に取るようだが、騒ぎは江戸だけではなかった。

まるで示し合わせたかのように七月、プチャーチン海軍中将率いるロシア使節極東艦隊の軍艦四隻が長崎にやって来たのである。

軍艦のうち一隻は蒸気船で、長崎の町民たちは「火船」といって驚いた（金井年表）とあるが、本当だろうか。

ゴンチャローフ日本渡航記によると、旗艦《きかん》のパルラダ号は古い三本マストの帆走船で船長は五二・七メートル、船幅一三・三メートル、備砲五二門。それにスクーナー船ボストーク号、コルベット艦オリーブツァ号。いずれも帆走軍艦である。それに運送船メンシコフ公号の四隻。これまで定説と考えていたものに対し、随分と疑い深くなってしまった。

それはともかく二百年以上にわたって続いた鎖国政策が終わりを告げようとしている。

アメリカとロシアの開国攻勢に徳川幕府がどのようにさばいたかだが、歴史はすでに答えを出している。

アメリカのペリー提督は、ロシア使節の過去二回の対日外交交渉から、穏便な態度に出ればいつまでも引き延ばしをする徳川幕府の態度を学んでおり、まっすぐ江戸に近づき、力を背景に交渉に臨んだ。

その結果、幕府は安政元年（一八五四）三月、日米和親条約を結び、下田、箱館を開港した。九月にオランダにも下田、箱館を開港、十二月には下田で日露和親条約に調印している。

なぜ歴史の答えを先に書いたかだが、長崎でのロシアとの交渉があまりにも芝居がかっているからだ。長崎で滑稽なほどの引き延ばしをしていながら、幕府のお膝元では黒船の威力に怖気づいてあたふたするばかり。あっさり開国を決めたのでは、長崎の舞台は何だったのかということになる。

それなら交渉の詳細を追うより、この物語の趣旨に沿って奉行を中心とした人間模様に焦点を当てることにしたい。

ロシア使節プチャーチン現る

経過を簡単に述べる。嘉永六年（一八五三）の長崎在勤は大沢奉行だ。

四月に牧が西丸留守居に転出、後任に浦賀奉行の水野筑後守忠徳《みずのちくごのかみただのり》が発令された。百八代である。

プチャーチンが来航したのが七月十八日、大沢が西役所でプチャーチンに会い、国書を受け取ったのが八月十九日。水野が八月二十六日に着任した。しかし大沢も在勤のままだ。二人して対応せよとのことだろう。

十二代将軍家慶《いえよし》の死去を知らせ、国書の返書が遅れると伝えたのが九月十六日。プチャーチンは十月二十三日、一旦長崎を離れる。十二月五日再び来航する。十二月八日から十日にかけて江戸から首席全権の筒井肥前守政憲、勘定奉行兼海防掛《かいほうがかり》の川路左衛門尉聖謨、目付の荒尾土佐守《あらおとさのかみ》、儒者の古賀謹一郎《こがきんいちろう》が到着。

筒井といえば今では懐かしい。八十八代奉行だったあの人だ。七十六歳の高齢になっていた。

十二月十四日から交渉が始まり、断続的に交渉を続けたが、妥結には至らず、十二月二十二日、プチャーチンは皇帝の献上品を西役所に持参、筒井が受け取った。プチャーチンは年明けて一月八日、長崎港を後にした。

経過の前半をよく見てほしい。

行間からもわかるが、幕府は徹底した引き延ばしだ。将軍家慶の死去があるとはいえ、このような外交交渉は信じ難い。ロシア側が腹を立てて帰国するか、江戸へ回航しなかったのが不思議なくらいだ。

ロシアはペリーが浦賀に向かうとの情報は前年につかんでおり、ロシアも侍従武官長・海軍中将のプチャーチンを遣日使節に任命した。目的は、日本との通商交渉とサハリンでの国境確定にあったといわれる。プチャーチンには平和的に交渉するようにとの訓令が出されていたらしい。

さてこれらの経過を踏まえつつ人間観察といきたい。もちろん観察の目は、プチャーチンの秘書官として同行した作家ゴンチャローフである。ときには日本人の目も加わるかもしれない。

なにしろ長崎奉行を追いながらつくづく感じるのは、生の言動や表情、人間臭さに触れる機会が極端に少ないのだ。人柄を仕事の実績や足跡などから嗅ぎとるしかないのである。その点文豪の観察力は辛辣かつ鋭い。

海外から見た閉塞国

人間観察の前に、開国を求めて日本にやって来た彼らの狙い、日本の鎖国に対するとらえ方を書いておきたい。ゴンチャローフは率直に本音を書いている。

さあ、いよいよ十ヵ月ごしの航海、辛苦の目的を果たすのだ。これこそ、鍵をなくしたまま閉ざされた玉手箱だ。私たちが今日まで金と武力とずるがしこい政策を用いて、交際させるべく、虎視眈々《こしたんたん》と空しい努力を重ねてきた国なのだ。人間家族の多数からなる小集団が巧妙に文明の監督から遁《のが》れて、果敢にもみずからの知力と、みずからの掟《おきて》によって自立すべく、頑として外国人の友誼と宗教と通商を拒否し、この国を啓発しようとする私たちの試みを嘲笑し、その蟻塚の身勝手な法律を、自然法にも、民権にも、その他あらゆるヨーロッパ的な法律や、いっさいの虚構に対立させている国家なのだ。

「いつまでこんな状態が続くのだろうか」と、私たちは六十フント砲をなでながら語り合うのであった。せめて日本人が自国の研究と天然資源の調査を許せばよいのだが。この地球上の定住民のいる地域で、地理上、統計上、ほとんど唯一の空白域のまま残っているのが日本なのだ。今のところ未知なるがゆえに興味深い。この国は世界最良の銅を産するが、しかし良質のダイヤモンド、銀、金、トパーズがあるかどうか、さらに、金よりも貴重な十九世紀最高の鉱産物、石炭を産出するかどうか、まだわからない。

見事なまでの本音のぶっちゃけトークではないか。鎖国している日本をそのような目と心で見ていたのだ。

鎖国を解き、明治維新となってより進んだ西洋の文明に接した日本は、慌てて文明開化と富国強兵にかじを切った。日清戦争、日露戦争に勝って調子に乗った日本は、あの悲惨な日中戦争、太平洋戦争へと突き進んだ。精神論が先に立ち、国際情報オンチそのままに唯我独尊《ゆいがどくそん》を貫いた姿勢は、長く続いた鎖国政策の負の遺産を引き継いだ結果と言えるのではないか、とつい思ってしまう。

外交交渉人に値するか

本論に戻ろう。

最初の会見で大沢奉行にあった時の印象は、背の高い痩身の男で、年は五十歳くらい、もったいぶった厳しい面持ちの十分聡明さをうかがわせる人物であった、とゴンチャローフは書いている。

しかし、その印象は時の経過とともに変化する。

大沢奉行が聡明らしく見えたとすれば、それは彼が一番高官だったからかもしれない。江戸では奉行もさだめし馬鹿面に見えることだろう、となる。

さらに江戸からの返事が早々に得られない事情を説明し始めたのでプチャーチンが「私たちが海路江戸へ向かえば早くけりがつく。一週間もあれば行ける。いかがですか」とたたみかけると、大沢の態度は一変、もったいぶったそっけない重々しい調子も、傲然と構えた顔つきもどこへやら困惑してしまった。

愛想笑《あいそわら》いを浮かべながら、ものやわらかな猫なで声で静かに長々と話すのであった。

プチャーチンがいくつかの質問をすると、奉行は次の機会まで猶予してほしいと申し出、何度も会釈して雲隠れしてしまった。ゴンチャローフにかかれば大沢奉行は形なしである。

新奉行としてやってきた水野筑後守は、賢い顔つきではない。だが、怒った表情、との印象だ。

前浦賀奉行だった水野はペリー来航前に転出しており、ペリーとはすれ違いだった。大沢、水野両奉行ともアメリカの黒船来航の情報は知っていたが、ロシア側の前ではおくびにも出さない。

これについてゴンチャローフは「日本人たちはアメリカが江戸へ来航したことを素振りにも見せない。彼らは私たちがこのことを知らないと思っている」と書いている。

やがて江戸から全権特使たちがやって来た。まず首席の筒井肥前守はどう見られたか。

少し猫背の老人。老齢のため彼の口はいつも少し開いていた。こういう老人はどこへ行っても、どんな民族の中にもいるものである。両目と唇の周りは光線のようなしわに囲まれ、まなざしにも声にも、すべてに長老らしい分別のある、愛相のよい善良さが輝いていた。それは長い人生と実生活の叡智の賜物である。この老人の物腰には、立派な教養がにじみ出ているのだ、と評価は高い。

それでも筒井が派遣されたのは貫録を付けるためであって、人好きのする性格が見込まれたからかもしれない、と現実的な見方もしている。

最も評価が高いのは、勘定奉行兼海防掛の川路左衛門尉聖謨である。特使のナンバー2で、対ロ交渉はすべて彼の双肩にかかっていた。幕末の三俊才の一人と言われるだけあってゴンチャローフにも強い印象を与えたようだ。

四十五、六歳の大きな褐色の目をした聡明機敏な面構え。理知と果敢な風貌が好ましかった。私たちを反駁する巧妙な弁論をもって知性を閃《ひらめ》かせたものの、なお、この人物を尊敬しないわけにはいかなかった。彼の一言一句、一瞥、それに物腰までがすべて良識と機知と烱眼《けいがん》と練達を顕わしていた。叡智はどこへ行っても同じことである。民族、衣装、言語、宗教を異にし、人生観まで違うにせよ、聡明な人間は、すべての愚者にもあるように共通した特徴がある。

もうべたほめである。それにしてもゴンチャローフはよく見てますね。ただし、年齢を四十五、六歳とみていたが、実際は五十二歳だった。

一方の川路は日記を残している。

プチャーチンを評して「この人、第一の人にて、まなざしただならず、よほどの者なり」。

ゴンチャローフについては「この人、無官なれどセキレターリスのことをなす。公用方取扱《こうようがたとりあつかい》というがごとし。常に使節のわきにいて口出しする者なり、謀主という躰に見ゆ」と書いている。軍師のようだとみている。両者の観察眼はさすがである。

川路は一連の交渉について「詞通ぜねども、三十日も一緒にいるならば大抵には参るべし。人情、少しも変わらず候」と感想を書いている。懸命に外交交渉をした経過が伝わって来た。その部分は後に触れたい。

ナンバー3の目付、荒尾土佐守は「非常に年配の男。痩せて浅黒く、一生を隠遁のうちに過ごした人のように視線を伏せて、その顔は幾分小鳥に似ている」、四番手の古賀謹一郎は「中年の男。いくらでもある平々凡々とした顔がシャベルのように無表情」となる。

あくまでもゴンチャローフの個人的な感想である。

ついでにいえば、ゴンチャローフは「幼稚で未開なくせに狡猾な日本民族」とも書いている。こんな文章もある。「食事の後で、一種の独特な香気のあるお茶が出された。見ると底の方にくぎの頭ほどの茶殻がある。茶の国ともあろうものがなんという、まあ野暮なことか」と。わざわざ茶柱を立てたのを知らないのである。

人間には、知っているからしゃべる人と知らないからしゃべる人のふた通りがある。これはどの国でも同じかもしれない。

せめぎあう交渉

川路の奮闘とはいかなるものか六回ほど続いた会談の行方を急いで振り返りたい。全権特使たちの名誉のために。招待、訪問、宴会、贈答のセレモニーに二週間を要した後の会談ではあったが、形を重んじる幕府の方針なのでそのことはあえて目をつぶろう。

老中の返書は、要するにロシア側の気持ちはわかるが、いろんな事情があるので合意するには三年、五年の時月を費やさざるを得ない、というものだ。ロシア側は、交渉の基本条件は国境画定《こっきょうかくてい》と通商開始であり、プチャーチンが全権を委任されていると表明した。一方、日本側は老中の返書に記された範囲を超えることはできないとの態度だ。

通商開始問題でプチャーチンは、一、二カ月の猶予ならともかく三年、五年も延期するなどできないと再考を迫った。国境問題では川路が、択捉《えとろふ》全島は日本の領土だと主張、プチャーチンが反論した。

二回目の会談でロシア側は、択捉島の折半を提案したが、川路は千島全島《ちしまぜんとう》が日本の領土だと譲らなかった。プチャーチンは国境画定が遅くなればなるほど日本は不利になると警告した。双方とも条約草案を作って協議を続けたが合意には至らなかった。

しかし、最後の会談でプチャーチンが、日本が第三国と修好通商条約を締結することがあればロシアにも同一条件で締結する意思はあるか、ロシア人に最恵国待遇《さいけいごくたいぐう》を与える意思はあるか、と問い、川路が即時その保証を与えたため会談は友好的な雰囲気で終わった。

翌年結んだ日露和親条約は、下田、箱館、長崎の開港、日露の国境はウルップ島と択捉島の間、樺太は両国雑居地と定めた。長崎での会談がベースとなっているのは言うまでもない。ということは会談の詳細を知らず、交渉は決裂したという結論だけで、経過を軽視していた私の考えが浅はかだったことになる。江戸のあたふたは別にして、長崎では真剣な外交が行われていたのである。

随分わき道にそれたようだ。鎖国から開国へとわが国が大きく転換した場面だったのでお許しを願いたい。

幕府から大物特使の派遣で、わが奉行たちの影が心なしか薄く感じられたのはやむをえまい。

ロシア使節の来航とその対応で長崎在勤を余儀なくされていた大沢は安政元年（一八五四）五月、小普請奉行に転出、後任の百九代に目付の荒尾石見守成允《あらおいわみのかみなりまさ》が発令された。どこかで聞いたことのある名前と思ったら筒井全権特使らと来崎した三席の荒尾土佐守ではないか。ゴンチャローフに「顔が幾分小鳥に似ている」といわれた人だ。八月長崎に着任した。

その少し前、水野奉行が在勤中にオランダ東洋艦隊所属の軍艦スンビン号が入港した。

オランダ政府と幕府は、蒸気船スンビン号の寄贈、同号の操船伝習のため艦長のファビウス中佐を再度派遣する、軍艦二隻を建造し、うち一隻は三年以内に交付する、などを決めた。

そのころイギリスの東インド艦隊司令長官スターリングが軍艦四隻を率いて入港、長崎で日英和親条約を結んでいる。

前年の幕府の引き延ばし作戦はどこへいったかとあきれるばかりの時の速さだ。

この年、福沢諭吉は蘭学修業のため来崎して一年間学んでいる。

逸材の登場

安政元年十二月、水野が勘定奉行に転出、安政二年（一八五五）五月に大坂町奉行の川村対馬守修就《かわむらつしまのかみながたか》が発令された。百十代である。

この年はまさに安政の開国。長崎にはイギリス、フランス軍艦の入港が相次ぎ、港口にあるねずみ島をわが国初の外国人遊歩道として開放したほどだ。六月にはオランダ軍艦フェデー号が幕府に寄贈するスンビン号を率いて入港、約束通りファビウス中佐がやって来た。ライケン大尉以下二十二人の教官が乗り込んだ海軍伝習所一行だ。

奉行の荒尾は、海軍伝習所の開設に当たり、教科書の必要性から活字印刷の建議書を幕府に提出、認められて西役所に活字判摺立所《かつじはんしょうりつしょ》を造った。幕府はさらにオランダへ印刷機や活字を注文、荒尾はオランダ通詞から印刷機一式を買い、本木昌造《もときしょうぞう》を中心にして洋書の復刻に乗り出した。

海軍伝習所は西役所内に設けられ、長崎在勤目付の永井岩之丞尚志《ながいいわのじょうなおゆき》が監督取締に当たった。伝習生は幕臣三十五人をはじ

長崎港を航行する復元された観光丸

め福岡、佐賀、薩摩など八藩から総勢百二十七人。伝習生のリーダーは勝麟太郎《かつりんたろう》（海舟）である。長崎は日本海軍の揺籃の地となった。幕府に贈られたスンビン号は後に観光丸と命名され、海軍伝習所所属の練習艦となった。

この年の暮れ、日蘭和親条約が長崎で調印され、正式に国交が始まった。立ち会った奉行は川村である。勝海舟自伝の『氷川静話』の中で、幕臣に優秀な人材がいたとして四人の名前を挙げている。その中に九十六代奉行だった戸川播磨守とともに川村修就の名もあった。川村は御庭番家筋の旗本。御庭番は将軍直属の監察機関。役人の不正摘発や情報収集に当たるところだ。

川村は手腕を買われて初代新潟奉行に抜擢され、足掛け十年の務めを無事果たした。堺奉行、大坂町奉行を経ての長崎奉行就任である。川村については家臣の酒巻興敬が備忘録を基に『おもひ出草』を残しており、当時の長崎奉行の待遇や仕事ぶりをつぶさにうかがうことができる。

それによると大坂西町奉行の折、江戸から御用召状が届いたのですぐに江戸へ向かい、登城すると将軍家定《いえさだ》の御前で長崎奉行転任を命じられた。出立前、将軍に拝謁してあいさつ、時服と黄金を頂戴して安政二年八月上旬堂々と長崎へ向かった。その時の川村が詠んだ歌。

かしこくも君が恵みを重ねきて今朝立出る袖の涼しさ

長崎奉行就任が決まると、川村の江戸屋敷には長崎の警固に当たる佐賀鍋島、福岡黒田両家から奉行拝命の祝いとして時服大紋地熨斗目上下《じふくだいもんじのしめかみしも》、綸子《りんず》、羽二重《はぶたえ》、紗《しゃ》、綾《あや》、縮緬《ちりめん》、真綿《まわた》などを畳一枚ほどの台に山と積み上げ、また鮮魚、交肴、野菜、香物などの一台に加え、さらに黄金や太刀、馬代などの贈物があった。

これはすべて先規に従ったものであるという。そのほかに薩摩、肥後、大村、唐津、五島、久留米、柳川、小倉などの九州諸候、および長州の毛利家《もうりけ》からも祝いの使者が、いずれも贈物を持参して門前に列をつくった、とあからさまに書いている。
長崎奉行の威光、権勢は幕末に至るまで衰えていないようだ。

復活の高島秋帆

忘れてはならないことを思い出した。幽閉された高島秋帆のことである。この年、つまり安政二年七月、高島は幕府役人に取り立てられたのである。高島が弘化三年（一八四六）群馬県安中藩に預けの身になったことは先に書いた。その後、幽閉の地が武蔵国岡部藩《おかべはん》との記録があり、何らかの事情で移動したと思われる。時代が時代であり、洋式兵学の必要性を感じた諸藩は密かに高島に接触し、教えを乞うていたようなのだ。

嘉永六年（一八五三）ペリーが浦賀に来航し、社会の変化に気付いた幕府は高島を赦免して解放し、安政二年（一八五五）には普請役として鉄砲方手附教授方頭取に命じている。晴れて復活したのである。

高島は海防が不整備ではアメリカとは戦えないと、処罰覚悟で「嘉永上書《じょうしょ》」を幕府に提出した。安政四年、講武所支配及び師範として砲術訓練を指導。慶応二年（一八六六）波瀾万丈の人生を六十九歳で終えた。

高島秋帆の決着がついたところで長崎市東小島町にある国指定史跡、高島秋帆旧邸を訪ねた。また行くの、と冷やかされそうだが、歴史というのは過去と現代を往復してこそ価値があると信じている。……

少し高台の住宅街にあり、思いのほか広い敷地に驚いた。数本の椿の老木があり、ちょうど開花時期で藪椿とはまた違う真っ赤な花びらが見事だった。土塀や石倉の倉庫、井戸、石垣などしか江戸時代を想像させるものはないが、何か雰囲気のある落ち着いた史跡である。

ついでに寺町の皓台寺境内の高島家墓地を訪ねた。市指定史跡で秋帆はじめ歴代の高島家

国史跡の高島秋帆宅跡（長崎市東小島町）

の子孫がまつられていた。かなりの高台にあり、健脚向きだ。

しかし、この寺の境内は各種有名人の墓があり、ゆっくり訪ね歩けば面白い出会いがあるかもしれない。外国人の姿もよく見かける中心街に近い観光スポットだ。

安政三年（一八五六）八月、イギリス艦四隻が入港、川村奉行はイギリス人と西役所で会い、市街地での遊歩を許可した。九月、長崎奉行は浦上の潜伏キリシタン約十五人を投獄した。

〝浦上三番崩れ〟である。川村、荒尾両奉行のどちらが指揮したかわからない。ちなみに〝浦上一番崩れ〟は寛政二年（一七九〇）キリシタン十九人が密訴により捕らえられたが後に放免された。〝浦上二番崩れ〟は天保十三年（一八四二）数人の信徒が捕らえられたが、間もなく無罪放免となった。〝三番崩れ〟では投獄されて多くが死んだ。もっと悲惨だったのは〝四番崩れ〟だが、それはもう少し後だ。

長崎土産

安政四年（一八五七）一月、川村は小普請奉行に転出した。

帰府行列には「対州公御武運長久」などの幟《のぼり》を押し立てた市民千余人が日見峠まで見送り、それは盛大なことであったという。ついでながら長崎奉行が江戸へ戻る道中、各宿泊所では長崎土産と称し、鉛または錫で作った支那製の指輪を子どもに与えることが慣例化しており、ことに小倉では少女が群をなして押し掛け、ひっきりなしに欲しがるので、駕籠のうちから十個くらいずつ投げ与えていくというありさまである。

大井川の川越人足なども指輪をしきりにねだり、随分とうるさいことであったと『おもひ出草』に書いてある。公式記録ではないから逆に社会の断面が読み取れる。

川村は長崎奉行時代の歌を残している。

火砲の歌よめとありければ、と前置きして。

こころして学びなしなば世のまもりくにのまもりのはしき火のわざ

新潟、堺、大坂、長崎と海外と直接接触する港湾都市を渡り歩き、国防に人一倍神経を使った川村らしい歌である。

二度目のお勤め―時代のうねりのなかで―

川村の後任には目付の大久保左近将監忠寛《おおくぼさこんしょうげんただひろ》が百十一代に発令された。しかし、大久保は四月に駿府町奉行に転出して長崎に来ることはなかった。代わって発令されたのが勘定奉行の水野筑後守忠徳である。百十二代だ。ちょっと待てよ。この人百八代だった水野ではないかと思ったら、やはりそうだった。二度目のお勤めは初めてのことだ。しかも勘定奉行を兼務しての発令だ。水野は五月に長崎に来て十月まで在勤しているが、短期間にもかかわらず結構多忙だったようなのだ。

安政四年は、三月までに第一次海軍伝習が終わり、八月に第二次海軍伝習教官隊が幕府発注の新建造船ヤパン号でやってきた。カッテンディーケ隊長以下三十七人の教官たち。その中にはオランダ海軍軍医ポンペの姿もあった。一行は第一次海軍伝習隊と交代、ヤパン号を引き渡した。この船は後に咸臨丸《かんりんまる》と命名された。

第二次海軍伝習隊が入港した折、ロシア使節プチャーチンが再び来航していた。カッテンディーケ隊長は、プチャーチンが搭乗しているロシア船が「どちらから風が吹いていても安全な、まことによい場所に投錨している」とやや嫉妬気味な感想を日記に書いている。

八月末に日蘭追加条約が長崎で調印された。事実上初の通商条約でこれ以降、列強の要求に対する条約の基本となった。九月初めには幕府とプチャーチンとの間で日露追加条約を長崎で調印、勘定奉行を兼務する水野がいずれも立ち会ったのは間違いあるまい。

このころの長崎の出来事を列記すると、九月に諏訪社が失火で全焼、ポンペが西役所内で西洋医学の講義を開始した。十月に幕府は浦上村飽ノ浦に鎔鉄所の建設に着手する。カッテンディーケ隊長らによって飽ノ浦が工場の適地であるとのエピソードは先に書いた。工事を指揮したのは海軍伝習所教官ハルデス将校。なにもないところから文字通りゼロからの出発で、ハルデスは工場建設に使う赤レンガを焼かせることから始めた。わが国でのレンガ造りの初めといわれる所以だ。出島は日本人も自由に出入りできるようになり、オランダ商人のための住宅建設で庭がほとんどなくなってしまった。

後日「モダン奉行」と称されて

水野は十二月に田安家家老に転出、二度の長崎奉行の役目を終えた。代わりに発令されたのが目付の岡部駿河守長常《おかべするがのかみながつね》、百十三代である。

岡部は安政五年（一八五八）九月に長崎入りしたが、なんと妻子を伴っての赴任。長崎奉行始まって以来のことで、奉行所の役人たちは、さぞびっくりしたことだろう。

鎖国を解き、外国の風が吹き始めたころだ。時代を反映した出来事というしかない。

安政五年といえば、彦根《ひこね》藩主井伊直弼《いいなおすけ》が大老《たいろう》に就任、十三代将軍家定《いえさだ》が没し、十四代将軍に弱冠十三歳の家茂《いえもち》が就任した。井伊大老らによる安政の大獄が始まったばかり。世は佐幕だ、討幕だと風雲急を告げ、落ち着かない世情にあった。

長崎は幕府直轄地であったために不穏な空気はそれほどなく、新しい時代を感じさせる躍動に満ちていた。

岡部が長崎奉行だった四年間はその真っ只中にあった。安政六年（一八五九）九月、荒尾が小普請奉行に転出、岡部の一人奉行になってからも変わることはなかった。

出来事を追っていくと、出島商館が廃止となり、オランダ領事館となった。ポンペは幕府に病院建設を提案、認められて養生所《ようじょうしょ》や医学所を造った。海軍伝習所は閉鎖されたが、ポンペの医学伝習、ハルデスの鎔鉄所建設は続行され、長崎製鉄所の完成となった。外国人居留地や小曽根築地《こぞねつきじ》などが造成された。

人的交流ではグラバーやフルベッキ、岩崎弥太郎などが来た。

すべて岡部の功績というわけではないだろうが、鎔鉄所の上棟式にハルデスらと出席するなど幕末長崎の発展に大きく貢献した。岡部は文久《ぶんきゅう》元年（一八六一）九月に長崎を立った。

来る時は日見峠越えだったが、帰りは海路をとった。「顧みる間もなかった妻子をねぎらうモダン奉行の心遣いだったかもしれない」と田栗氏は書いている。

三十年ぶりの来日―シーボルトの感懐―

岡部が奉行在勤の安政六年（一八五九）七月、あのシーボルトがオランダ貿易会社長崎支店顧問として長崎に帰ってきた。実に三十年ぶりの来日だ。どんなドラマが待っているか幕を開けよう。

ただし、本書はあくまで長崎奉行物語である。奉行の影はしっかり追っていきたい。

まず長崎を去った後の三十年を急ぎ振り返る。

文政十二年（一八二九）十二月、タキや一人娘イネと別れ、長崎を出港したシーボルトは、オランダ領東インド政府に日本における活動や事件の顛末《てんまつ》を報告した後、オランダ本国へ帰った。

功績が認められ勲章をもらい、政府の日本担当顧問になり、対日外交政策にも深く関与した。一方、『日本動物誌』『日本植物誌』『日本』を刊行して日本の文化、社会、風土などをヨーロッパに紹介した。私生活では貴族の娘と結婚して三男二女に恵まれた。しかし、日本への思いは断ちがたく、シーボルト追放令が解かれたのを知って貿易会社顧問の肩書で再来日したのであった。そのときすでに六十三歳。十三歳になる長男アレクサンダーを伴っていた。

長崎到着後、まもなくタキ、イネ親子と感激の対面をした。三人はただただ涙にくれるばかりであったという。

やがて懐かしい鳴滝の土地と建物を買い戻し、シーボルトとアレクサンダーは暮らし始めた。

安政六年十一月、奉行の岡部がシーボルトに日本滞在の延長を求めた。幕府内でシーボルトに外交問題の助言をしてもらおうとの話が持ち上がっていたのだ。

文久元年（一八六一）五月、幕府はシーボルトを外交顧問として江戸に招いた。

だが、時の流れはシーボルトに逆らっていた。江戸でイギリス人外交官二人が、水戸藩の脱藩者十四人に襲われ負傷する事件があり、対馬ではロシア軍艦による長期滞留と上陸占領事件が起こった。

シーボルトは事態収拾のため提言をしたが、イギリスは対馬事件の解決と引き換えにシーボルトの解雇を要求、オランダ政府も自国民間人の保護を理由にシーボルトの解雇と江戸退去を要求したのだ。

同年九月、外国奉行の水野筑後守はシーボルトを訪ね、江戸退去を申し渡した。

非情な申し渡しをしたのは、長崎奉行を二度務めたあの水野筑後守ではないか。長崎奉行所始まって以来の大騒動となったシーボルト事件を水野が知らないわけはない。せっかく外交顧問に迎えながら、わずか四ヵ月で解雇する事態となり、水野はどんな心境でシーボルトに申し渡したのだろう。

失意のシーボルトではあったが、長男アレクサンダーをイギリス公使館の通訳に就職させることに成功した。

アレクサンダーは明治になって外務省のお雇い外国人となり、不平等条約改正や万国博覧会参加など日本の国際化に貢献した。

シーボルトは長崎で四ヵ月ほど暮らした後、家族の住むドイツのボンへ帰った。

その後も日本に対する情熱は衰えず、日本博物館設立にも尽力したが、一八六六年ミュンヘンで亡くなった。七十歳だった。

シーボルトと慶賀は再会したか

三十年ぶりの来日でタキやイネとは再会できたシーボルトだったが、お抱え絵師として関係の深かった川原慶賀とは再会できたのだろうか。本書前半で四十四代日下部奉行を登場させた時、慶賀について「没年齢は不詳だが、一八六〇年ごろまで生きていたもようだ」と書いた。

シーボルトは一八六二年に長崎から帰国の途についている。

慶賀が存命で長崎にいたら会えたかもしれないが、残念ながら記録には出てこない。

これを調べているうちに思わぬ発見をした。

川原慶賀についてはどの辞書もネット情報も没年を不詳としている。少なくとも七十五歳まで生きたとか、一説には八十歳まで生きたという記述もあった。ところが秦氏のシーボルト関連年表をみていたら、一八六二年川原慶賀死去とあるではないか。没年を特定した記述は初めてである。そうなると慶賀は七十六歳まで生きていたことになる。ただし何をもって根拠としたかはわからない。

慶賀について余談がある。

拙著『龍馬の長崎』一二〜一三頁に稲佐山からみた福田港と長崎港のパノラマ写真を掲載している。

私が二〇〇八年撮影した。三枚写真を出版社で特殊構成して水平にしたものだ。いわば普通の風景写真といっていい。ところが川原慶賀筆の長崎湾眺望図を見て驚いた。写真と図が全く同じなのである。数々の島、岬、手前の山、入江の形状、すべての方角がピタリと一致しているのだ。当たり前と思わないでいただきたい。写真を見て図を描いたのならわかる。図を描いたのは一八二〇年前後と思われる。約二百年前に描かれているのだ。慶賀がいかに方角を重視して正確、詳細に写実したか、しかも見やすいように水平に描いている。慶賀には特殊な観察眼と技法があったとしか思えない。徹底した写実の真髄を見せられたようで思わずうなってしまった。図だけを見ていたらこんなに驚きはしなかっただろう。

驚きついでに慶賀の話題をもう一つ。

慶賀はシーボルト事件ではひと月余り投獄された後、叱り程度の軽い処分ですんだ。

ところが天保十三年（一八四二）長崎港図の船に鍋島家（佐賀藩）と細川家（熊本藩）の家紋を描いたとして、これが国家機密漏えいに当たるとして再び逮捕され、江戸並びに長崎所払いの刑を受けている。

長崎を追放された慶賀は鍋島藩領の野母崎脇岬《のもざきわきみさき》（現長崎市野母崎町脇岬）に行ったようだ。脇岬の観音寺《かんのんじ》は天井絵が残されているのでも有名。

弘化三年（一八四六）長崎の飛鳥氏らが先祖菩提のため石崎融思一門に依頼して描かせたもので、天井絵百五十枚のうち五枚に慶賀の落款があり、五十枚は慶賀の作品といわれている。

川原慶賀などが描いた天井絵がある観音寺（長崎市野母崎町）

早速観音寺へ飛んだ。

本堂はあいにく雨漏り修復のため工事中で、県指定文化財になっている天井絵は見ることができなかった。慶賀は晩年田口姓を名乗っており、墓の所在がわからないこともあって寺の住職らしき人に聞いてみた。「絵が残っているので長崎所払いの後、こちらへ来て描いたと思う。寺でしばらく寄宿していたかもしれない。檀家に田口姓はいないので墓はないと思う」との答えだった。

慶賀は嘉永六年（一八五三）来航したロシア使節プチャーチンを描いている。登与助のサインがオランダ語で書いてあり、それとわかる。慶賀の作品と思われる唐蘭館図は開国後に描かれており、慶賀はその後公然と長崎で活動していたように思われる。

シーボルトは一八六二年長崎から帰国しており、二人の再会の可能性は、慶賀が存命であればゼロではない。しかし、それならシーボルトは書きものに残しているはずであり、再会は果たせなかったと思うしかない。

日本追放でシーボルトが帰国した後のタキの人生にも少しふれたい。

タキは天保二年（一八三一）本籠《もとかご》町在住の町人和三郎と結婚した。和三郎はイネをかわいがって夫婦円満だったが、若くして亡くなったという。その後、タキは再婚したようだが詳細は定かでない、と新長崎市史は書いてある。

イネは明治三年（一八七〇）東京築地で産科を開業、蘭方女医として名を上げ、明治六年（一八七三）宮内省御用掛となった、一時長崎で診療していたが再び上京し、宮中の産事をつかさどった。

日本最初の産科女医。シーボルトの弟子石井宗謙《いしいそうけん》との間に娘タカがいる。

何があったか―召喚・免職―

岡部は文久元年十一月、外国奉行に転出した。

岡部が一人奉行だったことから文久元年三月に西丸留守居の朝比奈甲斐守昌寿《あさひなかいのかみまさとし》を百十四代に起用していた。しかし、朝比奈は五月に小普請奉行に異動し長崎在勤はなかった。後任は勘定吟味役の高橋美作守和貫《たかはしみまさかのかみかずつら》で百十五代。

高橋は同年九月に長崎在勤となり、岡部と交代したのだが、文久二年（一八六二）七月江戸に召喚され、八月に免職となった。なにがあったのだろうと思うのは誰しも。養生所建設をめぐっての松本良順《まつもとりょうじゅん》との対立とか、江戸城内の権力闘争のあおりを受けたなどの説があるが定かでない。

急きょ目付の妻木源三郎頼功《つまきげんざぶろうよりなり》が長崎奉行代として奉行の事務をとった。奉行代とか奉行並は歴代奉行の数に入れることにしており、妻木は百十六代となる。

その妻木が九月に亡くなる。病気か自殺か殺されたのか全くわからない。墓は寺町の皓台寺にある。七十三代永井筑前守、七十七代松平石見守の墓から一区画ほどしか離れていない。「頼功居士」の文字でやっと妻木の墓とわかった。

墓石は普通の大きさで他の墓石と並んであり、すぐには見つけにくい。寺では目付妻木源三郎の墓としてあった。

妻木の奉行代発令とほぼ同じに目付の大久保豊後守忠恕《おおくぼぶんごのかみただひろ》が百十七代となった。

発令が文久二年六月五日付。妻木の発令が文久二年六月となっている。これからみると妻木が死んだのは九月であり、死去と人事は関係なさそうだ。

ただ疑り深い筆者としては、市史の没月日が九月十日なのに対し、墓石のそれが八月五日となっている点が気にかかっている。

高橋の召喚・免職といい、妻木の急死もそうだが、妙に事件の匂いを感じてしまう。

今となっては解明のしようがない。

妻木源三郎頼功の墓（皓台寺）

大村藩主が奉行に

その文久三年（一八六三）は長崎奉行の人事としてはめまぐるしい年となった。おそらく時代が倒幕に向かって風雲急を告げ始めた世情を反映してのことだろう。何かとせわしなく、落ち着かない。経過を見てみよう。

四月に目付・小納戸の服部長門守常純《はっとりながとのかみつねずみ》が百十八代に発令された。五月、二万七千九百石の大村藩主大村丹後守純熙《おおむらたんごのかみすみひろ》が突然、百十九代奉行に発令された。六月に大久保が長崎奉行と大目付を兼務した。七月に目付の杉浦兵庫頭勝静《すぎうらひょうごのかみかつしず》が百二十代に発令されたと思ったら一週間で目付へ逆戻りした。もちろん在勤はない。八月に大村丹後守が惣奉行となる。初めての名称だ。百二十一代と数えるしかない。九月に神奈川奉行の京極能登守高朗《きょうごくのとのかみたかあき》が百二十二代に発令され、わずか二ヵ月で騎兵奉行に転出して在勤はない。

めまぐるしい原因の一つは大村藩主にありそうだ。

久しぶりに外山氏に登場願おう。「異例の大村藩主の就任」「惣奉行の辞任と尊攘運動」と題して『長崎奉行』に詳しく書いている。

要約すると、幕府は外様小藩ながら大村藩には好意的。従って歴代長崎奉行は大村藩を親戚格として処遇し、たとえば大村藩主が長崎奉行への挨拶は、他の大名が座敷で形式ばって行うのとは異なり、中座敷で挨拶もそこそこに酒肴が振る舞われる慣例だった。

こうした事情もあって幕府は、長崎奉行に大村純熙を発令した。

ところが大村は命に素直に従おうとしなかった。尊王思想に傾斜していたからだ。そこで持病の脚気《かっけ》で治療中であり、治癒の見込みも立たないので重職には耐えられず、かえって迷惑をかけるばかりであると辞表を提出した。

しかし、これは直ちに却下された。

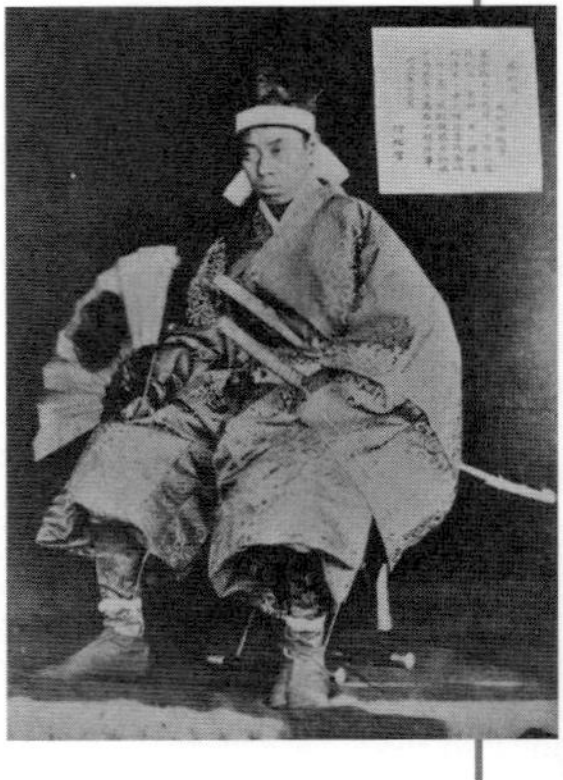

長崎奉行、惣奉行と務めた大村藩主の大村純熙（大村市立史料館蔵）

幕府は、当時長崎奉行はもっぱら旗本が任ぜられ、大名の役でなかったため栄誉として受け止めなかったと判断、あらためて長崎惣奉行に任命した。江戸参観に際して、従来は江戸城柳間詰《やなぎのまづめ》であったものを芙蓉間詰《ふようのまづめ》に代えるという厚遇までした。それでも大村は任につかず、恒例の長崎巡視も病と称して家老に代行させた。そのうち京都で八月十八日の政変があり、長州藩の過激な尊王攘夷運動が排斥されたため、いつまでも固辞し続けるのは好ましからぬ結果を招くかもしれないと判断、その年の暮れに就任を受諾した。

惣奉行は重大事件のみを扱えばよく、しかも長崎在勤の必要はなく、大村在城のままでよいとの答えが江戸から返ってきたからだ。しかし、大村の惣奉行就任は藩内の佐幕派と尊王攘夷派の対立をあおる結果となった。大村は元治《げんじ》元年（一八六四）八月、持病の脚気が再発悪化し、重職継続に耐えがたいとの理由を付けて辞表を提出、九月受理された。

なるほど、以上のような騒動があったわけだ。ならば大村藩主の長崎奉行就任をどう受け止めているか、雰囲気を探るため大村市立史料館を訪ねた。

ホームページをのぞくと大村藩の常設展があり、収蔵している歴史資料は撮影もできると書いてある。大村純熙の墓参りもしてみたい。期待を膨らませての遠出だったが、常設展は展示品が少なくややがっかりだった。

長崎奉行・惣奉行の痕跡を見つけることはできなかった。初代奉行の唐津藩主寺沢志摩守の痕跡を唐津城の資料展で見つけることができなかったのに似ている。

藩主の奉行就任は不名誉だと地元では思われているのだろうか。せめて純熙の写真でも撮らせてもらおうと係の人に申し出たら、申込書に記入の上、上司の許可が必要という。許可をもらってくださいと頼むと、土曜日の午後だったためか連絡がつかなかった。休館日は毎週月曜日だ。こういう経験をすると「お役所仕事」の五文字が浮かんでくる。仕方がないので大村家の墓所がある本経寺《ほんきょうじ》へ回った。

大村家は、大村純忠《すみただ》が日本初のキリシタン大名だったが、幕府の禁教令によって仏

大村・本経寺の大村藩主の墓碑群

教信仰を内外に示すため墓石を巨大化させたのが特徴。また笠塔婆、五輪塔、石霊屋、宝塔と形式もさまざま。国指定史跡となっている。

筆者がかつて取材に来た時は県指定有形文化財だった。時の移ろいで事実関係も変化する。現場を踏むことがいかに大事か、の教訓だろう。

二万七千石の小藩とはいえ藩主だけあって最も大きい笠塔婆は高さ七メートルもある。長崎にある奉行の五輪塔より、ここにあるそれは大きさも高さもひと回りスケールがでかい。

初代藩主喜前《よしあき》から十一代純顕《すみあき》までの墓はあったが、肝心の十二代純熙の墓がない。後日、学芸員に電話で尋ねたら、明治になって大村家は東京に移っており、純熙の墓は都内にあるという。ついでに「史料館を見る限り、純熙が長崎奉行だったことにはふれてませんね。理由があるのですか」と問うと、「幕末だけの展示をしているわけではないですから。特に理由はありません」との答えだった。純熙の写真の撮影許可は下りた。

大村純熙と家族、東京にて（長崎大学附属図書館蔵）

大名の長崎奉行就任は、初代の唐津藩主寺沢志摩守、六代の豊後府内藩主竹中采女正についで大村藩主大村丹後守が三人目。

純熙は幕府のいうことより、自藩の事情を優先した行動に終始しており、幕府の権威はものの見事に吹き飛んでしまった感がある。政権の末期症状が人事にまで表れたとみてもよさそうだ。

知性の奉行

それはこの物語の終末が近づいたことを意味する。

元治元年を整理しておこう。六月に奉行兼大目付の大久保が勤仕《きんし》並寄合《よりあい》に転出、九月に大村が依願退任となり、十月に歩兵頭の朝比奈伊賀守昌広《あさひないがのかみまさひろ》が百二十三代に起用された。この時在勤奉行は服部長門守。名前が服部左衛門佐《さえもんのすけ》に変わっている。

慶応元年（一八六五）五月、持筒頭の合原伊勢守義直《あいはらいせのかみよしなお》が奉行並（百二十四代）に発令されたが、六月には歩兵頭に転出、七月、寄合の川勝美作守広運《かわかつみまさかのかみひろかず》も奉行並（百二十五代）となったが、月末には寄合に戻っている。いずれも長崎在勤なしだ。

八月に日光奉行の能勢大隅守頼之《のせおおすみのかみよりゆき》が発令された。百二十六代である。

朝比奈は慶応元年(一八六五)九月、外国奉行兼務となり、長崎勤務をすることはなかった。この時朝比奈甲斐守《かいのかみ》に改名した。幕府の行く末がどうなるのかわからない混迷の時期なのに、改名だけは律義に忘れない。

徳川幕府は末期を迎え、江戸の混乱が長崎奉行人事にもはっきりと表れている。混乱期ではあるが、だからこそ冷静に観察していきたい。

そこで忘れてならないのは服部だ。長崎大学付属図書館に写真があり、若木太一《わかきたいち》同大名誉教授が服部について貴重な一文を書いている。服部は文久三年（一八六三）五月長崎在勤となった。赴任直後の七月、奉行への八朔銀を辞退するなど自ら姿勢を示して倹約に努め、コレラの流行に対しては養生所のポンペの後任として着任したボードウィンの提言による「コレラの養生法」を公布、慶応元年（一八六五）には養生所を精得館《せいとくかん》と改称、医学所をその付属機関とした。このほか片渕に武術道場「乃武館《だいぶかん》」を造って地元の役人や民間人に文武を奨励した。語学所では英語、フランス語、ロシア語を教えさせるなど、とかく不穏な世情にあっても落ち着いた政策を実施した。

服部は慶応二年（一八六六）八月勘定奉行に転出した。

その後、海軍奉行を経て大政奉還後は静岡県大参事、学習院教授などを歴任した。

浮ついた時代にあっても足跡が示す通りのインテリであった。

鎖国かついで欧州へ

百二十二代奉行で在勤しなかった京極能登守も気になる一人。

どこかで聞いた記憶があり、探し回った結果、ようやく福沢諭吉にたどりついた。

服部長門守（長崎大学附属図書館蔵）

福沢は文久元年（一八六一）十二月から一年間、幕府の遣欧使節団の通訳として随行している。使節団の正使は竹内下野守、副使が松平石見守、御目付が京極能登守である。通弁に福地源一郎の名もあった。京極は福沢らと一緒にヨーロッパの空気を吸っていたのだ。

ただし京極は御目付役であり、その部下に目付の役人がいる。

福沢ら通訳は使節団では最も低い位置の団員。外国語ができるので何でも見ようとするが、目付の役人たちがついてきて離れない。逆に目付役人に何か差し支えがあると、通訳たちも動けない。

そんな不自由を福沢たちは「日本の鎖国をそのままかついできて、ヨーロッパ各国を巡回するようなものだ」と通訳同士で笑ったという。

そんな笑い話はともかく和服に大小の刀を横たえてロンドン、パリを闊歩した経験は貴重だ。なお副使の松平石見守は七十七代の貴強ではないので念のため。

坂本龍馬来る

文久三年（一八六三）から元治元年（一八六四）慶応元年（一八六五）までの三年間の動きを概観してみよう。幕末も押し迫ったころの話だ。

長崎の外でもきな臭い事件が起こり始めていた。神奈川近郊の生麦村《なまむぎ》（横浜市鶴見区）で島津久光の行列とイギリス人四人が遭遇、行列を乱したとしてイギリス人一人が薩摩藩士から殺され、二人が負傷した。

生麦事件の発生だ。

即時交戦は避けられたが、幕府は謝罪と賠償金支払いを余儀なくされた。イギリス東洋艦隊は鹿児島にも遠征して犯人引き渡しと賠償金を要求、薩摩藩が拒否したため薩英戦争に発展、双方に多数の死傷者が出た。その後、和議が成立、薩摩藩は賠償金を幕府から借りて支払い、その後はイギリスと急速に接近した。

攘夷の長州藩は下関海峡でアメリカ、イギリス、フランス各艦を砲撃、米仏艦は下関を報復攻撃、米英仏蘭四国連合艦隊十七隻は横浜に集結した後、下関を砲撃して長州軍を破った。

下関事件である。長州藩は休戦を申し入れ、通航保証や賠償金支払いを締結した。

国内では、蛤御門《はまぐりごもん》の変《へん》で長州軍が御所内へ発砲する形となり、長州討伐の朝命で幕府は諸藩に出兵を命じた。

幕府と長州のいわゆる幕長戦争は第一次（一八六四）と第二次（一八六五〜一八六六）があったが、薩摩と長州が同盟を結んでいたため長州優勢、幕府軍敗退の形勢となった。

江戸から大坂城に入った家茂が病死する事態となり、十五代将軍となった慶喜《よしのぶ》は戦闘続行不可能とみて休戦に持ち込んだ。

この戦いで幕府の権威は失墜してしまった。

そのころ、つまり元治元年（一八六四）の長崎の様子を見てみよう。

二月、幕府は軍艦奉行勝海舟を長崎に派遣した。外国軍艦の下関攻撃延期の交渉に当たらせるためだ。勝は坂本龍馬や近藤長次郎《こんどうちょうじろう》らを連れている。後に長崎奉行となる能勢大隅守も目付として同行したとの話もあるが、確認できていない。

市中は倒幕の志を秘めた諸国の浪士が徘徊して不穏な雰囲気。奉行の服部は市中警備と外国人保護のために二百五十人からなる警衛隊を組織して中心街の警戒に当たった。

翌、慶応元年（一八六五）坂本龍馬は薩摩藩家老小松帯刀《こまつたてわき》と同行して来崎、亀山に軍事や貿易の拠点となる社中をつくる。世にいう亀山社中である。

大浦天主堂はこの年完成した。この天主堂は日仏条約に基づいてフランス人の礼拝堂として建てられたためフランス寺と呼ばれた。そこに浦上の潜伏キリシタンが姿を見せ、プチジャン神父に密かに信仰者であることを告げる。

信徒発見である。二百年以上にわたって信仰を守り通した人々の出現に世界は驚いた。

イギリス商人グラバーは、英国製蒸気機関車アイアン・デューク号を大浦海岸埋立地で走らせ、市民をびっくりさせる。わが国鉄道発祥の地はここから来ている。

慶応二年（一八六六）三月、目付の徳永石見守昌新《とくながいわみのかみまさよし》が百二十七代に就任した。六月に朝比奈が外国奉行専任となり、服部が八月に江戸へ帰って奉行は能勢、徳永体制となった。なお徳永は赴任の際、横浜から大坂、長崎へと海路で来ている。しかも奥さん同伴だ。ちょうど第二次幕長戦争で下関、小倉一帯は戦闘状態にあり、とても陸路は通行困難だったのである。

徳永は八月に長崎に到着、それからしばらく能勢との在勤二人体制となった。

このころはイギリス公使パークス、フランス公使ロッシュが、激しく外交攻勢の火花を散らしていた。徳川幕府の崩壊は時間の問題となっており、その後を見据えた主導権争いに両国はしのぎを削っていたのである。二人の公使は五月、相次いで長崎を訪れ、奉行の能勢と会談している。

イギリスは薩長連合側につき、フランスは幕府側を積極的に支援する構図となり、結果として幕府が倒れ、イギリスが勝利して明治維新後の主導権を握ったが、そんな外国勢の思惑など国内組は知る由もない。

慶応二年は、倒幕を目指す龍馬たちにとって災難の年だった。

一月に亀山社中リーダーの近藤長次郎（長崎名・上杉宗次郎《うえすぎそうじろう》）がユニオン号事件の責任をとって切腹、五月には社中所属のワイル・ウエフ号が台風に襲われて転覆遭難、乗組員十一人が死亡した。なお龍馬の長崎名は才谷梅太郎《さいたにうめたろう》である。

信徒発見の舞台となった国宝の大浦天主堂（長崎市南山手町）

大政奉還へ

慶応三年（一八六七）長崎では大政奉還へ向かって幕末の風雲児坂本龍馬や土佐の後藤象二郎《ごとうしょうじろう》が最後の仕込みに入っていた。

龍馬と象二郎は過去のいきさつを捨ててがっちり握手、土佐藩は亀山社中を海援隊と称して同藩に所属させ、龍馬を隊長にした。

象二郎は龍馬を伴って藩船夕顔丸で兵庫へ向かい、龍馬は新しい国家建設の手順となる構想、いわゆる船中八策《せんちゅうはっさく》を練る。

二人は京で薩摩藩の西郷隆盛《さいごうたかもり》、大久保利通《おおくぼとしみち》らと会い、大政奉還の薩土盟約を結ぶ。

倒幕は水面下で着々と進んでいたのである。

同年六月、長崎奉行は浦上の四つの秘密教会を一斉に捜索、信者六十八人を捕らえた。

寺請制度に逆らい、死者を僧侶を介さずに自葬したからである。

この事件は外国使節団の抗議によって大きな外交問題に発展した。〝浦上四番崩れ〟である。

十月、後藤象二郎らは大政奉還建白書を老中に提出、将軍慶喜は在京四十藩重臣を二条城に集め、大政奉還《たいせいほうかん》を諮問する。

そして慶喜は朝廷に征夷大将軍の辞表を提出するのである。

慶応三年（一八六七）八月、勘定奉行並だった河津伊豆守祐邦《かわづいずのかみすけくに》が百二十八代奉行に発令され、十月十一日海路長崎丸で着任した。

河津は十月十六日の引き継ぎの時点で大政奉還をまだ知らない。

十一月六日、目付の保田鉄太郎《やすだてつたろう》が来崎して大政奉還の報をもたらす、と記録にあり、十二月二十六日、目付の新見相模守《しんみさがみのかみ》が正式に大政奉還を長崎奉行に伝達したようだ。

その前に能勢と徳永の奉行退任のいきさつに触れておかねばならない。

フランス公使ロッシュは大坂城で慶喜と会見、浦上事件はキリシタン弾圧だと談判している。

幕府はロッシュとの口約を破り、浦上信徒に拷問を加え、改宗を強要したことに遺憾の意を表明、奉行の能勢と徳永に責任をとらせ、十二月十二日罷免して江戸に召喚している。

形式だけを重視する幕府のやり方は相変わらずである。

幕府あっての長崎奉行

河津の話に移ろう。

彼は文久三年（一八六三）十二月、横浜を出発した第二回遣欧使節団（団長・池田筑後守《いけだちくごのかみ》以下三十四人）の副使としてフランスに派遣され、ナポレオン三世にも謁見している。

往路エジプトに立ち寄り、スフィンクスの前で記念写真に収まる武士の一団に河津の姿が映っている。帰国して池田団長らと切腹覚悟で幕府に開国の必要性を建議した気骨の持ち主なのだ。

そのため免職、閉塞を命じられたが、間もなく許されて勘定奉行並となり、長崎奉行に抜擢されたのである。彼の心情を察しつつ経過を見ていきたい。

慶応四年（一八六八）正月、河津は市中の警備を厳重にして諸藩の蜂起に備えた。

十日未明、本古川町から出火して榎津町、万屋町、浜町一帯に延焼する火事があり、土佐商会も焼けた。

鳥羽《とば》・伏見《ふしみ》の戦いで幕府軍が大敗したと長崎に入港したフランス軍艦から情報がもたらされる。

幕府の命運が尽きたと判断した河津は、長崎退去を決意する。長崎での武力衝突を避けるため退去したとする説があるが、長崎奉行所はそもそも武力そのものをもっていない。退去するか、混乱防止に努めるかしかない。

河津は江戸からの幕吏を集めて協議、外国船を雇えば海路の懸念はないとして、江戸役人とその家族全員江戸に帰ると十二日決めた。

欧州の事情に詳しい河津である。しかも開国派とあっては大政奉還やむなしの心境になったとしても不思議ではない。

部下とその家族の生命を守ることが奉行に与えられた役割と割り切ったとすれば、理解できないこともない。

職務を放棄して一目散に江戸へ逃げ帰った、と見るのは酷であろう。

十三日、河津は長崎港警備当番である筑前黒田藩の長崎聞役を呼び、奉行は中央情勢によりひとまず東上する、長崎表の政治外交貿易、土地の保護などを筑前、肥前両藩に委託する、人心動揺を防止する陽動作戦として西役所を立山役所に引っ越しする、ことなどを告げた。

十四日、西役所と片渕の役宅から荷物を大波止へ移送、西役所から書物箪笥などを立山役所に搬入、大波止から夜陰を利用して外国船に江戸役人と家族、必要器具書類を送りこませた。長崎会所の金も持ち込んだ。

十五日、出港直前に海援隊の菅野覚兵衛《すがのかくべえ》が乗り込み、「長崎会所の金は政府の金で、徳川の金ではない」と主張し、取り返す。ただ江戸までの旅費として二千両を奉行の河津に返した、などの記録がある。

十五日長崎港より外国船（北米商船雇い上げ）に乗り組み、河津奉行一行は二十日横浜港に着き、即日帰府したとなっている。河津は二十三日免職となり、河津とともに逃げ帰った長崎奉行支配組頭の中台信太郎が二十五日、長崎奉行並に発令されている。

中台が百二十九代、最後の長崎奉行であることは間違いない。

ただし、中台は二月二十三日寄合となり、長崎奉行職は消滅した。

在職期間はわずか二十八日間。

徳川幕府が最後はあっという間に消えたように、

人間の鎖で繋がっていた長崎奉行も、ろうそくの灯が消えるように、

すっと姿を消した。

旅路の果て

長崎奉行探しの旅がひとまず終わった。長かった。

なにしろ徳川幕府が始まる十年前から幕府が倒れるまで二百七十五年間である。

それを原稿執筆でいえば八ヵ月間で駆け抜けた。

初めのもくろみは読者の皆さんと一緒に奉行探しをしようというものだった。それが成功したか疑わしいが、奉行探しに右往左往する筆者の動きを少しは理解してもらえたのではないかと思っている。

奉行に焦点を当てているつもりが、世の中は開国へ、討幕へと知らぬ間に動き出し、激しい潮流となっていた。

長崎奉行を追いながらもそれがひしひしと伝わって来た。同時に徳川幕府とは一体何だろうと考えさせられた。幕末になるとそれが一層顕著になる。

倒幕の立役者の一人であった坂本龍馬は京都で暗殺されたが、事件に触れるいとまがないほど時流は動いていた。長崎奉行に関係する事柄に絞り、その後の動きを書いておかなければならないだろう。

土佐の佐々木三四郎（高行）、薩摩の松方助左衛門（正義）、肥前の大隈八太郎（重信）らが事態収拾を協議、奉行がいなくなった西役所を長崎会議所にして、薩摩、長州、土佐、肥前をはじめ十八藩が合議して治安の維持に当たった。

間もなく新政府によって長崎裁判所（民政機関）が置かれ、九州鎮撫《ちんぶ》長崎総督府がスタートした。社会的な混乱は避けられたのである。佐々木は明治新政府では参議、宮中顧問官、枢密顧問官などを歴任、明治天皇の側近を務めた。松方、大隈はそれぞれ二度総理大臣を務め、日本近代化の基礎づくりに貢献した。

〝浦上四番崩れ〟は続報が必要だ。慶応三年六月、長崎奉行が信徒六十八人を捕らえたことまでは書いた。

一旦は釈放されたが、慶応四年五月、キリシタン中心人物百十四人を捕らえて長州、津和野、福山に流罪とした。明治二年（一八六九）十二月までに合計三千三百八十人を全国二十二カ所へ島流しにした。一村総流罪である。各国領事は新政府に流罪の不当を訴え、英国公使パークスは処分の撤回を要請したが、野村知事から拒否されている。

しかし、各国の非難は次第に強まり、新政府は明治六年（一八七三）ついにキリシタン禁制の高札《こうさつ》を撤去し、処分を撤回した。幕府が慶長《けいちょう》十七年（一六一二）出した禁教令から二百六十一年ぶりに信教の自由は回復したのである。

各地に配流されていた信者千九百三十人は帰村を許された。しかし、流刑地での犠牲者は約六百人に上ったという。浦上に戻った信者たちはこの長い放浪を「旅《たび》」と呼んだ。

長崎奉行は言うまでもなく徳川幕府、権力の側の人間たちである。

当初はあまりそういう意識はなく、幕府直轄地長崎という特殊な地域を治めたのはいかなる人間たちか、という素朴な動機からスタートした。ところが奉行探しをするに従って時代にほんろうされる中間管理職の厳しさや悲しさ、弱さがほの見え、懸命に職務を果たそうとする武士の魂も見えてくる。奉行の姿を追っていくと、長崎はおろか日本の歴史が手に取るようにわかる気がしてくる。

そして徳川幕府とは、鎖国とは、信教の自由とは、国民の暮らしとは、世界とのつながりとは、とさまざまな問いかけが後ろからついてくる。それらは現代にあって読者がそれぞれに判断することだろう。

奉行探しの締めくくりとして、長崎奉行所立山役所の跡地に建つ長崎歴史文化博物館をあらためて訪ねた。

この博物館の最大の特徴は、約四万八千点にも及ぶわが国有数の海外交流史に関する貴重な歴史資料、美術工芸品、古文書などを収蔵していることだ。

長崎奉行撤退後に長崎の治安維持に尽力をした大隈重信（長崎大学附属図書館蔵）

長崎学の調査研究をしようと思えば、格好の学習の場となる。二階には常設の長崎奉行所ゾーンもあり、奉行関係の復元展示室やキリシタン関連展示、シアターなどがある。

歴史に名を残した長崎奉行（上司にしたい長崎奉行）として十人を挙げるなど、くだけた展示もある。

同博物館では長崎奉行を百二十七代（百二十六人）と数えており、本書の百二十九代（百二十七人）とは食い違う。惣奉行や奉行代をどう解釈するかで数字が違ってくる。名前の読み方もまちまちだ。

長崎奉行に一番詳しい同館研究グループ主任研究員の深瀬浩一郎《ふかせこういちろう》さんに会って、数々の疑問点をぶつけて話し合った。長崎奉行に関する知識がほとんどなかった筆者は、「知らない」からこそ出てくる疑問と格闘し、少しずつ知識を深めてきた。今度は少し「知ってきた」からこそ出てくる疑問がある。わずかに成長したが、まだまだである。

とりあえずの疑問は解消したが、歴史に翻弄された長崎奉行をどこまでとらえたかは心もとない。しかし、時代とともに研究は進み、定説も変化している。「過去のままの延長線上では歴史の真実は見えない。長崎奉行研究も新しいステージに入ってきたのではないか」との考えで深瀬さんと意見が一致した。その意味では同博物館は最も頼りになる学習基地である。

ひとまず長崎奉行探しの旅を終わる。

百二十九代もいた長崎奉行。一度も会ったことのない人たちなのに名前を聞くと何か懐かしささえ感じてしまう。足跡に濃淡はあっても、いずれも仕事に生きる人間像が頼もしく浮かび上がってくる。人間はいかにあるべきかを教えてくれた奉行たちがたくさんいた。中には気の毒な人もいたが、総じて職務を果たそうとする奉行群像を見た。

時代を超えて人間はいかに生きるかを教えられた。

そのことに感謝してひとまず旅を終わろうと思う。

付き合って下さった読者の皆様、歴代奉行の皆様ありがとうございました。

資料

長崎奉行年表／長崎中心街地図／参考文献

代	氏名	和暦	在任年月	前職	石高	後職
一	寺沢志摩守広高	文禄元年〜慶長七年	一〇年		一二万三千	唐津藩主
二	小笠原一庵	慶長八〜一一年	三年余	隠居		処罰
三	長谷川左兵衛藤広	慶長一一〜元和三年	一一年余	長崎買物係		堺代官
四	長谷川権六藤正	元和三末か四年〜寛永二末か三年	八年未満	奉行下代		
五	水野半左衛門河内守守信	寛永三〜五年一一月頃	二年余	使番	三千五百	堺代官
六	竹中采女正《うねめのかみ》重義	寛永五年冬〜一〇年二月一一日	四年余	豊後府内城主	二万	私曲切腹
七	曾我又左衛門古祐《ひさすけ》	寛永一〇年二月一四日〜一〇年内	一年未満	目付	一千（加増一千）	目付
八	今村伝四郎正長	→	→	下田奉行	三千六百	下田奉行
九	榊原小源太飛騨守職直《もとなお》	寛永一一年五月一八日〜一五年六月二九日	四年一ヵ月	書院番組頭	二千五百	閉門
一〇	神尾《かんお》内記元勝	寛永一一年五月一八日〜一一年内	一年未満	作事奉行	一千八百	作事奉行
一一	仙石弥兵衛大和守久隆	寛永一二年五月二〇日〜一三年四月一〇日	一〇ヵ月	目付	四千	小姓組番頭
一二	馬場三郎左衛門利重	寛永一三年五月一九日〜承応元年一月二八日	一五年八ヵ月	目付	二千六百	寄合か
一三	大河内善兵衛正勝	寛永一五年一一月一〇日〜一七年六月一三日	一年七ヵ月	使番	二千	寄合
一四	柘植《つげ》平右衛門正時	寛永一七年六月一二日〜一九年一二月九日	二年六ヵ月	目付	二千四百	在職中没
一五	山崎権八郎正信	寛永一九年一〇月二六日〜慶安三年一〇月一七日	七年一一ヵ月	目付	一千	在職中没
一六	黒川与兵衛正直	慶安三年一一月一九日〜寛文四年一二月二三日	一四年一ヵ月	目付	五百	寄合
一七	甲斐庄《かいのしょう》喜右衛門正述《まさのぶ》	承応元年一月二八日〜万治三年六月五日	八年四ヵ月	堀普請奉行	二千	
一八	妻木《つまき》彦右衛門重直	万治三年六月二一日〜寛文二年四月一二日	一年九ヵ月	使役	一千二百	勘定奉行
一九	嶋田久太郎利木《としき》	寛文二年五月一日〜六年一月三〇日	三年八ヵ月	目付	一千	町奉行
二十	稲生七郎右衛門正倫《まさとも》	寛文五年三月一三日〜六年二月一七日	一一ヵ月	目付	七百 三百表	在職中没

二一	下曽禰三十郎信由《のぶよし》	寛文六年三月一三日～六年六月八日（西役所入り奉行代）	三カ月	使番 久留米目付	一千二百	使番
二二	松平甚三郎隆見《たかみ》	寛文六年三月一九日～一一年五月三日	五年一カ月	先手弓頭	一千 新恩五百	寄合
二三	河野《こうの》権右衛門通成《みちなり》	寛文六年三月一九日～一二年三月一七日	五年一一カ月	使番	一千二百 新恩五百	寄合
二四	牛込《うしごめ》忠左衛門重态《しげのり》	寛文一一年五月六日～天和元年四月九日	九年一一カ月	目付	六百表 新恩五百	小普請
二五	岡野孫九朗貞明《さだあきら》	寛文一二年三月三〇日～延宝八年三月一二日	七年一一カ月	使番	一千 新恩五百	寄合
二六	川口源左衛門摂津守宗恒《むねつね》	延宝八年三月二五日～元禄六年一二月一五日	一三年八カ月	目付	一千七百 新恩五百 加増五百	町奉行
二七	宮城監物《けんもつ》和充《まさみつ》	天和元年五月一二日～貞享三年一一月四日	五年五カ月	目付	廩米六百俵 新恩五百	罷免
㉘	大沢左兵衛基哲《もとのり》	貞享三年八月二一日～四年五月二八日	九カ月	目付	六〇〇俵 五百 新恩五百	在職中没
二九	山岡十兵衛対馬守景助《かげすけ》	貞享四年二月一八日～元禄七年一二月一四日	七年一〇カ月	先手鉄砲頭	一千五百 新恩五百	寄合
三〇	宮城主殿越前守和澄《まさずみ》	貞享四年八月一一日～元禄九年二月二四日	八年六カ月	目付	四千	在職中卒
三一	近藤五左衛門備中守用高《もちたか》	元禄七年一月一一日～一四年一二月一日	七年一〇カ月	先手鉄砲頭	三千	大目付
三二	丹羽五左衛門遠江守長守	元禄八年二月五日～一五年閏八月一五日	七年七カ月	目付	一千 新恩五百	町奉行
三三	諏訪兵部下総守頼蔭	元禄九年三月二八日～一一年九月二六日	二年五カ月	持筒頭	一千五百 新恩五百	閉門赦免後、小普請
三四	大嶋雲八伊勢守義也《よしなり》	元禄一二年六月二八日～一六年七月二八日	四年一カ月	新番頭	四千四百	作事奉行
三五	林籐五郎土佐守忠和《ただかず》	元禄一二年六月二八日～一六年一一月一五日	四年四カ月	目付	三千	町奉行
三六	永井采女讃岐守直允《なおちか》	元禄一五年一月一一日～宝永六年九月二九日	七年八カ月	目付	三千	在職中病免
三七	別所孫右衛門播磨守常治《つねはる》	元禄一五年一〇月一五日～正徳元年四月一一日	八年五カ月	目付	一千	寄合
三八	石尾織部阿波守氏信	元禄一六年七月二八日～宝永二年一二月一日	二年四カ月	目付	二千二百	勘定奉行
三九	佐久間宇右衛門安芸守信就《のぶなり》	元禄一六年一一月一五日～正徳三年三月一二日	九年三カ月	西丸留守居	一千七百	在職中辞職

代	氏名	和暦	在任年月	前職	石高	後職
四〇	駒木根長三郎肥後守政方	宝永三年一月一一日～正徳四年一一月一八日	八年一〇カ月	目付	一千七百	作事奉行
四一	久松忠次郎備後守定持《さだもち》	宝永七年一月二九日～正徳五年一一月七日	五年九カ月	目付	七百 新恩五百	作事奉行
四二	大岡五郎右衛門備前守清相《きよすけ》	正徳元年四月一二日～享保二年四月一一日	五年一一カ月	西丸留守居	三千	在職中卒
四三	石河《いしこ》三右衛門土佐守政郷《まささと》	正徳五年一一月七日～享保一一年五月二五日	一〇年六カ月	使番 初代長崎目付	二千七百	寄合
四四	日下部作十郎丹波守博貞	享保二年五月一二日～一二年閏一月一二日	九年八カ月	長崎目付	一千三百	寄合
四五	三宅大学周防守康敬《やすよし》	享保一一年五月二八日～一七年八月七日	六年三カ月	目付	七百 加増三百	大目付
四六	渡辺外記《げき》出雲守永倫《ながとも》	享保一二年閏一月一五日～一四年五月一三日	二年三カ月	新番頭	一千五百	在職中卒
四七	細井藤左衛門因幡守安明《やすあきら》	享保一四年六月二八日～元文元年九月一八日	七年二カ月	奈良奉行	八百	在職中卒
四八	大森半七郎山城守時長	享保一七年八月七日～一九年二月四日	一年五カ月	目付	一千四百七十	在職中免 小普請
四九	窪田弥十郎肥前守忠任《ただとう》	享保一九年二月八日～寛保二年三月二八日	八年一カ月	佐渡奉行	七百	西丸留守居
五〇	荻原源左衛門伯耆守美雅《よしまさ》	元文元年一〇月二八日～寛保三年一月一一日	六年二カ月	佐渡奉行	五百	勘定奉行
五一	田付又四郎阿波守景彪《かげあつ》	寛保二年三月二八日～寛延元年六月二〇日	五年二カ月	佐渡奉行	三〇〇 新恩二百	西丸留守居
五二	松波平右衛門備前守正房	寛保三年一月一一日～延享三年三月二七日	三年二カ月	佐渡奉行	七百	在職中卒
五三	安部主計頭一信	延享三年五月一日～宝暦元年二月一三日	四年九カ月	目付	六百四十	寄合
五四	松浦與次郎河内守信正	寛延元年六月二〇日～宝暦二年二月一五日（勘定奉行と兼帯）	三年七カ月	勘定奉行	七百 加増五百	勘定奉行
五五	菅沼新三郎下野守定秀	宝暦元年二月二五日～七年六月一日	六年三カ月	長崎目付	一千二百二十	勘定奉行
五六	大橋五左衛門近江守親義	宝暦二年二月一五日～四年四月九日	二年二カ月	目付	二千百二十	勘定奉行
五七	坪内権之助駿河守定央《さだふさ》	宝暦四年四月九日～一〇年六月二三日	六年二カ月	目付	一千	勘定奉行
五八	正木大膳志摩守康恒	宝暦七年六月十五日～宝暦十三年五月一〇日	五年一〇カ月	目付	七百	作事奉行
五九	大久保荒之助土佐守忠與《ただとも》	宝暦一〇年六月二三日～一二年五月二九日	一年一一カ月	目付	一千二百	寄合

六〇	石谷《いしがや》左内備後守清昌《きよまさ》	宝暦一二年六月六日～明和七年六月一七日（勘定奉行と兼帯）	八年	勘定奉行	五百 新恩三百	勘定奉行
(六一)	大岡吉次郎美濃守忠移《ただより》	宝暦十三年六月一日～明和元年六月一二日	一年	山田奉行	二千二百六十	在職中卒
六二	新見《にいみ》又四郎加賀守正栄《まさなが》	明和二年一月二六日～安永三年一一月二六日	九年一〇カ月	小普請奉行	一千百六十	作事奉行
(六三)	夏目藤四郎和泉守信政	明和七年六月一七日～安永二年六月一二日	二年一一ヵ月	普請奉行	二百五十表 新恩五十表	在職中卒
六四	桑原善兵衛能登守盛員《もりかず》	安永二年七月一八日～四年一一月一七日	二年三カ月	目付	五百	作事奉行
六五	柘植三蔵長門守正寔《まさたね》	安永四年六月八日～天明三年三月二〇日	七年九カ月	佐渡奉行	一千五百	作事奉行
六六	久世平九郎丹後守広民	安永四年一二月三日～天明四年三月一二日	八年四カ月	浦賀奉行	三千	勘定奉行
(六七)	土屋帯刀駿河守守直	天明三年四月一九日～四年五月一八日	一年	大坂町奉行	一千	在職中卒
(六八)	戸田主膳出雲守氏孟《うじたけ》	天明四年三月一二日～五年一〇月四日	一年六カ月	佐渡奉行	五百	在職中卒
六九	土屋長三郎伊予守正延《まさのぶ》	天明四年七月二六日～五年七月一二日	一一カ月	京都町奉行	一千	在職中卒
七〇	松浦與次郎和泉守信桯《のぶきよ》	天明五年七月二四日～七年三月一二日	一年八カ月	小普請奉行	四百	大目付
七一	水野要人若狭守忠通《ただゆき》	天明六年二月二六日～寛政四年七月一日（寛政二年三月二八日勘定奉行（准）兼帯）	六年五カ月	西丸目付	千二百	先手弓頭
七二	末吉善左衛門摂津守利隆	天明七年三月一二日～寛政元年閏六月一二日	二年四カ月	目付	二百俵 加増百俵	新番頭
(七三)	永井伊織筑前守直廉《なおかど》	寛政元年閏六月一二日～四年閏二月六日	二年八カ月	目付	一千	在職中卒
七四	平賀丹宮式部少輔貞愛《さだえ》	寛政四年三月一日～九年一一月二二日	五年八カ月	目付	廩米四百俵	普請奉行
七五	高尾惣十郎伊賀守信福《のぶとみ》	寛政五年二月二四日～七年二月五日	一年一一ヵ月	日光奉行	五百	普請奉行
七六	中川勘三郎飛騨守忠英《ただてる》	寛政七年二月五日～九年二月一二日	二年	目付	一千	勘定奉行
(七七)	松平次郎兵衛石見守貴強《たかます》	寛政九年三月一四日～一一年一一月二五日（寛政一〇年一二月三日勘定／長崎奉行兼帯）	二年八カ月	大坂町奉行	千二百	在職中卒
七八	朝比奈次左衛門河内守昌始《まさもと》	寛政一〇年五月一六日～一二年一月二八日	一年八カ月	佐渡奉行	五百	新番頭
七九	肥田十郎兵衛豊後守頼常	寛政一一年二月二四日～文化三年一月三〇日	六年一カ月	勘定吟味役	百五十 新恩百五十	小普請奉行

代	氏名	和暦	在任年月	前職	石高	後職
八〇	成瀬吉右衛門因幡守正定	享和元年四月三日～文化三年四月一四日	五年	大坂町奉行	二千四百	在職中卒
八一	曲淵勝次郎和泉守 甲斐守景露《かげみち》	文化三年三月四日～九年二月一七日	五年一一ヵ月	京都町奉行	千六百五十	勘定奉行
八二	松平伊織図書頭康英《やすひで》	文化四年一月三〇日～五年八月十七日	一年六ヵ月	目付	二千	在職中卒
八三	土屋帯刀紀伊守廉直《ただなお》	文化六年三月五日～一〇年五月九日	四年二ヵ月	堺奉行	一千	小普請奉行
八四	遠山金四郎左衛門尉景普《かげみち》	文化九年二月一七日～一三年七月二四日	四年五ヵ月	目付	五百	作事奉行
八五	牧野靱負大和守成傑《しげたけ》	文化一〇年五月一四日～一二年六月一七日	二年一ヵ月	作事奉行	二千五百	新番頭
八六	松山惣右衛門伊予守直義《なおよし》	文化一二年六月一七日～一四年六月三〇日	二年	勘定吟味役	三百俵 加増三百俵	西丸鑓奉行
八七	金澤瀬兵衛大蔵少輔千秋《ちあき》	文化一三年七月二四日～文政元年四月二八日	一年九ヵ月	佐渡奉行	百五十俵 新恩三百俵	新番頭
八八	筒井左次右衛門和泉守政憲	文化一四年七月二一日～文政四年一月二九日	三年六ヵ月	目付	二千二百	町奉行
八九	間宮諸左衛門筑前守信與	文政元年四月二八日～五年六月一四日	四年一ヵ月	目付	七百	作事奉行
九〇	土方八十郎出雲守勝政	文政四年三月一七日～一〇年閏六月二四日	六年四ヵ月	目付	千五百六十	西丸留守居
九一	高橋三平越前守重賢《しげかた》	文政五年六月一四日～九年五月二四日	三年一一ヵ月	松前奉行	三百俵	新番頭
九二	本多弥八郎佐渡守正収《まさとき》	文政九年六月一七日～天保元年五月一〇日	三年一一ヵ月	日光奉行	三千	持弓頭
九三	大草主膳能登守高好	文政一〇年閏六月二四日～天保四年五月二〇日	五年一〇ヵ月	目付	三千五百	小普請奉行
九四	牧野采女長門守成文《しげふみ》	天保元年五月二八日～七年六月七日	六年	山田奉行	一千五百	西丸留守居
九五	久世政吉伊勢守広正	天保四年六月二〇日～一〇年四月七日	五年九ヵ月	大坂町奉行	三千五百	田安家家老
九六	戸川雄三郎播磨守安清	天保七年六月七日～十三年二月一七日	五年八ヵ月	目付	五百	勘定奉行
九七	田口五郎左衛門加賀守喜行《よしゆき》	天保一〇年四月七日～一二年四月一五日	二年	勘定吟味役	三百俵	勘定奉行
九八	柳生健次郎伊勢守久包《ひさかね》	天保一二年四月二八日～一四年九月一日	二年四ヵ月	目付	一千百	山田奉行
九九	伊沢助三郎美作守政義	天保一三年三月二八日～弘化二年一二月二日	三年九ヵ月	浦賀奉行	三千二百五十	西丸留守居

一〇〇	井戸大内蔵対馬守覚弘《さとひろ》	弘化二年一二月三日～嘉永二年八月四日	三年八カ月	目付	二五四八	町奉行
一〇一	平賀三五郎信濃守(式部少輔)勝足	弘化三年閏五月六日～嘉永元年五月二六日	二年	目付	一千	西丸留守居
一〇二	稲葉清次郎出羽守正申《まさのぶ》	嘉永元年五月二六日～一〇月三日	四カ月	目付	五百	在職中卒
一〇三	大屋図書遠江守明啓	嘉永元年一一月一日～三年五月二五日	一年六カ月	小普請奉行	一千百五十	在職中卒
一〇四	内藤庄之助安房守忠明	嘉永二年九月二四日～五年五月一五日	二年八カ月	禁裡附	一千	西丸留守居
一〇五	一色数馬丹後守直休《なおやす》	嘉永三年七月八日～一一月二九日	四カ月	普請奉行	三千	勘定奉行
一〇六	牧市次郎志摩守義制	嘉永三年一一月二九日～六年四月二八日	二年四カ月	小普請奉行	千二百	西丸留守居
一〇七	大沢仁十郎豊後守秉哲《とりあき》	嘉永五年五月十五日～安政元年五月九日	一年一一カ月	目付	二千六百	小普請奉行
一〇八	水野甲子二郎筑後守忠徳	嘉永六年四月二八日～安政元年一二月二四日	一年八カ月	浦賀奉行	四百	勘定奉行
一〇九	荒尾平八郎土佐守(石見守)成允《なりまさ》	安政元年五月九日～六年九月一〇日(安政四年閏五月二二日勘定奉行次席兼任)	五年四カ月	目付	五百	小普請奉行
一一〇	川村清兵衛対馬守修就《ながたか》	安政二年五月一日～四年一月二二日	一年八カ月	大坂町奉行	三百俵	小普請奉行
一一一	大久保三四郎右近将監忠寛	安政四年一月二二日～四月一五日	二カ月	目付	五百	駿府町奉行
一一二	水野筑後守忠徳	安政四年四月一五日～一二月三日(勘定奉行と兼帯し着任)	八カ月	勘定奉行	五百	田安家家老
一一三	岡部右兵衛尉駿河守長常	安政四年一二月二八日～文久元年一一月一六日	三年一一カ月	目付	千三百	外国奉行
一一四	朝比奈八左衛門甲斐守昌寿《まさとし》	文久元年三月二二日～五月一二日	一カ月	西丸留守居	五百	小普請奉行
一一五	高橋平作美作守和貫《かずつら》	文久元年五月一二日～二年八月一六日	一年三カ月	勘定吟味役	百俵	罷免
一一六	妻木源三郎頼功	文久二年六月～九月一〇日(長崎奉行代理)	二カ月余り	目付	一千	在職中没
一一七	大久保嘉平次豊後守忠恕《ただひろ》	文久二年六月五日～元治元年六月一七日(文久三年六月一二日より大目付兼帯)	二年	目付	五千	勤仕並寄合
一一八	服部帰一長門守(左衛門佐)常純	文久三年四月二六日～慶應二年八月八日	三年三カ月	小納戸	六百	勘定奉行
一一九	大村修理丹後守純熙《すみひろ》	文久三年五月二六日～八月八日	二カ月	肥前大村藩主	二万七千九百	大村藩主

代	氏名	和暦	在任年月	前職	石高	後職
一二〇	杉浦正一郎勝静《かつしず》	文久三年七月二三日～七月二九日	一週間	目付	四五〇俵	目付
一二一	大村丹後守純熙	文久三年八月八日～元治元年九月二一日（長崎惣奉行として就任）	一年一ヵ月	肥前大村藩主	二万七千九百	大村藩主
一二二	京極啓之助能登守高朗《たかあき》	文久三年九月八日～一一月二八日	二ヵ月	神奈川奉行	二千二百	騎兵奉行
一二三	朝比奈八太郎伊賀守（甲斐守）昌広	元治元年一〇月一一日～慶應二年六月一五日（慶應元年九月一三日より外国奉行兼帯）	一年八ヵ月	歩兵頭	五百	外国奉行
一二四	合原《あいはら》猪三郎伊勢守義直	慶應元年閏五月一日～六月一九日（長崎奉行並）	一ヵ月	持筒頭	百俵	歩兵頭
一二五	川勝縫殿助美作守広運《ひろかず》	慶應元年七月一〇日～三〇日　（長崎奉行並）	三週間	寄合	三百俵	寄合
一二六	能勢金之助大隅守頼之	慶應元年八月一〇日～慶應三年一二月一二日	二年四ヵ月	日光奉行	二千	寄合
一二七	徳永主税石見守昌新《まさよし》	慶應二年三月七日～一二月一二日	一年九ヵ月	目付	二千五百	寄合
一二八	河津三郎太郎伊豆守祐邦《すけくに》	慶應三年八月一五日～慶應四年一月一三日	五ヵ月	勘定奉行並	百俵	外国事務副総裁
一二九	中台信太郎	明治元年一月二五日～二月二三日（長崎奉行並）	二八日	長崎奉行支配組頭	百俵	勤仕並寄合

【年表について】

- 長崎にて亡くなった奉行については囲み丸にて明記した。
- 「氏名」は称呼を含んでいる。
- 「在任期間」については、日数は省略し、月数に閏月を加えた。
- 一ヵ月未満の在職者は、週間にて記した。
- 「石高」は単位の記載のないものは「石」となっている。

長崎中心街地図

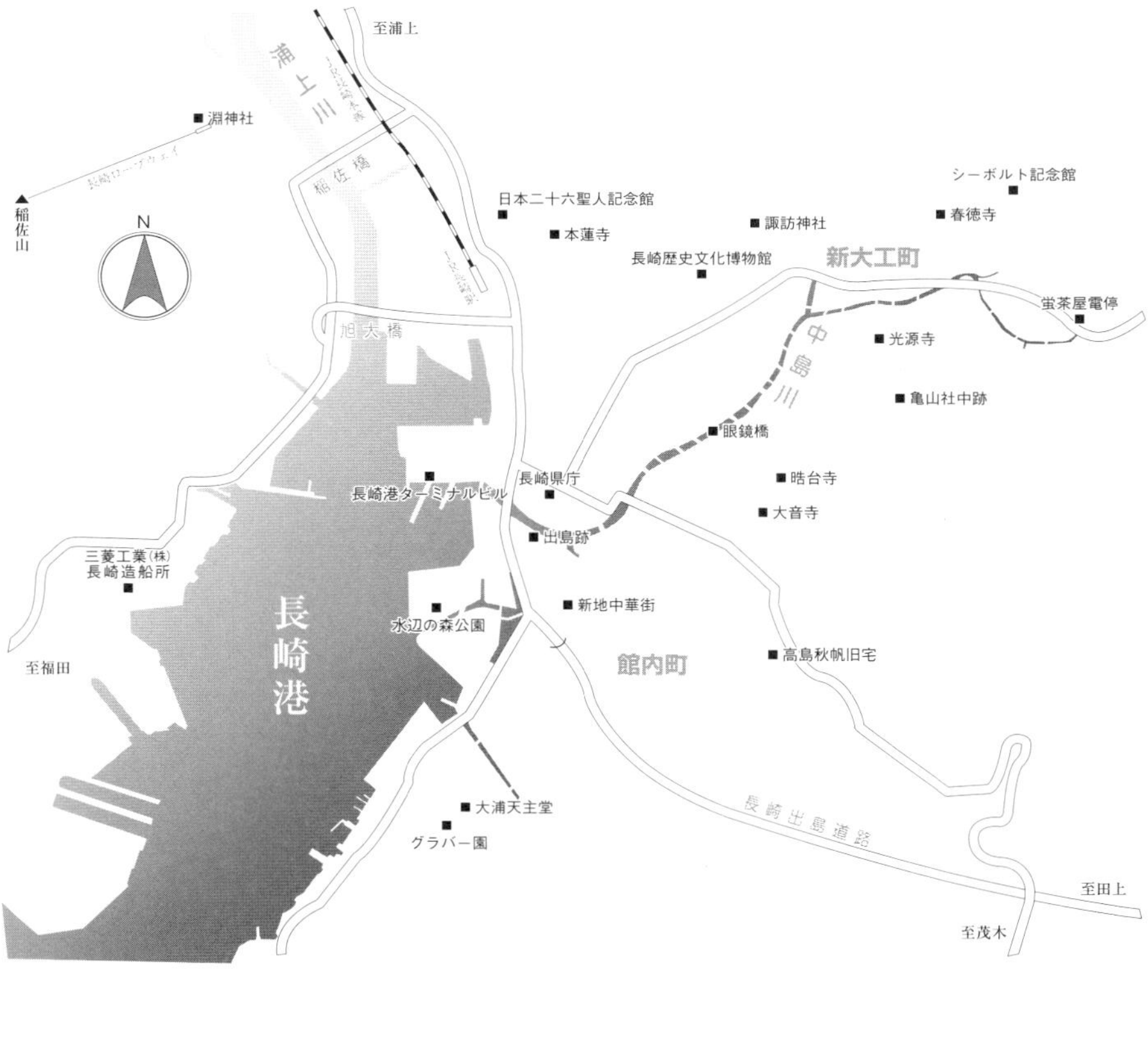

至浦上
浦上川
JR長崎本線
淵神社
長崎ロープウェイ
稲佐山
N
稲佐橋
日本二十六聖人記念館
本蓮寺
諏訪神社
シーボルト記念館
春徳寺
長崎歴史文化博物館
新大工町
蛍茶屋電停
旭大橋
中島川
光源寺
亀山社中跡
眼鏡橋
長崎県庁
長崎港ターミナルビル
晧台寺
大音寺
出島跡
三菱工業(株)
長崎造船所
新地中華街
水辺の森公園
長崎港
館内町
高島秋帆旧宅
至福田
大浦天主堂
グラバー園
長崎出島道路
至田上
至茂木

長崎奉行物語　参考文献

長崎市史年表　……　長崎市史編さん委員会　……　長崎市

新長崎市史第二巻近世編　……　長崎市史編さん委員会　……　長崎市

崎陽創刊号「藤木文庫」……　藤木博英社

崎陽第2号「享保の大飢饉と長崎」……　鈴木康子　……　藤木博英社

崎陽第2号「近世前期長崎における刑罰体系とその執行」……　安高啓明　……　藤木博英社

崎陽第2号「長崎奉行所組織の基礎的考察」……　本馬晴子　……　藤木博英社

崎陽第3号「オランダ東インド会社にとってのポルトガル使節船来航事件」……　松尾晋一　……　藤木博英社

世界史の中の長崎　……　中西啓　……　木耳社

街道をゆく11肥前の諸街道　……　司馬遼太郎　……　朝日文庫　朝日新聞社

長崎ぶらり散歩　……　原田博二　……　親和文庫　藤木博英社

長崎市立飽浦小学校創立百周年記念誌　……　同小同窓会記念事業実行委員会

文政十一年のスパイ合戦　検証・謎のシーボルト事件　……　秦新二　……　文春文庫　文芸春秋

江戸参府紀行　……　ジーボルト／斎藤信訳　……　東洋文庫　平凡社

長崎奉行　……　鈴木康子　……　筑摩選書　筑摩書房

長崎奉行　……　外山幹夫　……　中公新書　中央公論社

江戸城　……　深井雅海　……　中公新書　中央公論新社

犯科帳　……　森永種夫　……　岩波新書　岩波書店

中島川遠目鏡……宮田安……長崎文献社

埋もれた歴史散歩……田栗奎作……長崎書房

幕末の長崎……森永種夫……岩波新書　岩波書店

長崎聞役日記……山本博文……ちくま新書　筑摩書房

評伝長崎喧嘩騒動（深堀義士伝）……坂本勉……新風書房

長崎喧嘩録……江口功一郎……創芸出版

長崎地役人総覧……籏先好紀……長崎文献社

ゴンチャローフ日本渡航記……イワン・A・ゴンチャローフ……講談社学術文庫　講談社

ケンペル……ボダルト・ベイリー……ミネルヴァ書房

龍馬の長崎……本田貞勝……長崎文献社

コラム長崎散歩……本田貞勝……長崎文献社

長崎海軍伝習所の日々……カッテンディーケ……東洋文庫

新訂福翁自伝……福沢諭吉……岩波文庫

数学者の休憩時間……藤原正彦……新潮文庫　新潮社

長崎県大百科事典……長崎新聞社

鎖国……和辻哲郎……筑摩書房

歴史読本2009年1月号……新人物往来社

新島原街道を行く……松尾卓次……出島文庫

長崎先民伝……蘆千里

幕末遠国奉行の日記　御庭番川村修就の生涯……小松重男……中公新書　中央公論社

現川焼の研究（再版）……正林陶城……諫早やきものを語る会

古写真に見る幕末明治の長崎……姫野順一……明石書店

あとがき

気楽に始めた長崎奉行探しの旅だったが、次第に長崎奉行の姿が見えてきて「これはぜひ多くの人に読んでもらわなければ」と途中から全力疾走に変わった。終わって感じるのは、壮大な人間の鎖である。

時代や体制にほんろうされながら職務に精励する態度、背後にあるものは違うかもしれないが、それぞれに人間味、人柄が伝わってくる。

徳川幕府、歴代将軍、統治機能や政治のありよう、封建制度や身分制度、あるいは鎖国政策と世界の潮流、信教の自由、民主主義など私たちにとって大切なものは何かを考えさせられた。

「この書の内容をなす個々の事項は、それぞれの専門家によってすでに明らかにされていることのみであって、何一つ著者が新しく発見したことはない。しかし、それらの数多くの事項をこの書のような連関において統一し、概観するということは、おそらく初めての試みであると思う」

これは「鎖国　日本の悲劇」（和辻哲郎著、筑摩叢書）の序の一節である。日本を代表する哲学者の元東京帝国大学教授、和辻哲郎さんの一節を借りるのは大変恐れ多いが、長崎奉行のすべてを概観する作業を続けているとき、この一節に巡り合い、全く同じ心境だったので、「連関において統一し概観」できたかどうかはともかくとして正直に記しておきたい。

歴代長崎奉行を知ることは、長崎の歴史を知ること、それは江戸時代の日本を知ることであり、世界を知ることにつながっている、と思う。

歴史の定説は時とともに変化する。

ものの見方は、立場の違いによって違った形となって表れることなど多くのことを学んだ。

公のために懸命に職務に尽くす人間の姿は、時代を超えて貴重である。

歴史を実感してもらうためにできるだけ写真を入れた。郷土史研究の一助になればと願う。


出版に際し、中村法道長崎県知事、大堀哲長崎歴史文化博物館館長、溝田勉長崎外国語大学総括副学長に過分なる序文をいただいた。

感謝にたえない。


私事で恐縮だが、古希を迎えて本書を完成することができた。

現役時代と劣らぬ取材、執筆意欲に自分をほめてやりたい。その分妻敏子には迷惑をかけた。

心から感謝している。

取材では皓台寺、大音寺、本蓮寺、春徳寺、光源寺はじめ長崎歴史文化博物館、長崎大学付属図書館、大村市立史料館、藤木博英社はじめ関係各位に大変お世話になった。


出版に際しては奇しき縁からＩＢＣコンサルティング＆パブリッシンググループの賀川洋会長、岩永学園の岩永守弘代表のお世話になった。

雄山閣の長坂慶子会長、編集部の安齋利晃氏、カバー・表紙をデザインした青木淳氏にも大変ご苦労をおかけした。

深く感謝申し上げたい。

著者紹介

本田貞勝（ほんだ　さだかつ）

＜著者略歴＞
昭和 20 年（1945）1 月 12 日　長崎市生まれ。
原爆投下時は諫早市の母方に疎開して無事、入市被爆。
立命館大学法学部卒業後、昭和 42 年（1967）4 月　長崎新聞社入社。
カネミ油症事件、諫早湾干拓事業などの社会的な事柄を取材。
長崎平和宣言起草委員、公益財団法人長崎平和推進協会理事などを務める。
平成 26 年（2014）から長崎外国語大学客員教授。

＜主要著書＞
『コラム長崎散歩』（2007）、『龍馬の長崎』（2009）ともに長崎文献社刊。

2015年 1 月23日　初版発行
2015年 3 月20日　第二版発行

《検印省略》

長崎奉行物語《ながさきぶぎょうものがたり》　—サムライ官僚群像《かんりょうぐんぞう》を探《さが》す旅《たび》—

著　者　本田貞勝
発行者　宮田哲男
発行所　株式会社 雄山閣
〒 102-0071　東京都千代田区富士見 2-6-9
ＴＥＬ　03-3262-3231 / ＦＡＸ　03-3262-6938
ＵＲＬ　http: //www.yuzankaku.co.jp
e-mail　info@yuzankaku.co.jp
振　替：00130-5-1685
印刷／製本　株式会社ティーケー出版印刷

ISBN978-4-639-02346-3 C1026
N.D.C.201　214p　21cm